T0029371

DEVOCIONALES

DIARIOS

de los

SALMOS

DEVOCIONALES

DIARIOS

de los

SALMOS

365 REFLEXIONES PARA TODOS LOS DÍAS

JOYCE MEYER

ORIGEN

Penguin
Random House
Grupo Editorial

Título original: *Daily Devotions from Psalms: 365 Daily Inspirations*

Primera edición: febrero de 2024

Esta edición es publicada bajo acuerdo con FaithWords, Nueva York.
Todos los derechos reservados.

Copyright © 2022, Joyce Meyer
Copyright © 2024, Penguin Random House Grupo Editorial USA, LLC
8950 SW 74th Court, Suite 2010
Miami, FL 33156

Traducción: María Natalia Paillié
Diseño de cubierta: Gabriella Wikidal
Adaptación de cubierta: Penguin Random House Grupo Editorial

Penguin Random House Grupo Editorial apoya la protección del *copyright*.
El *copyright* estimula la creatividad, defiende la diversidad en el ámbito de las ideas
y el conocimiento, promueve la libre expresión y favorece una cultura viva. Gracias por comprar
una edición autorizada de este libro y por respetar las leyes del Derecho de Autor y *copyright*.
Al hacerlo está respaldando a los autores y permitiendo que PRHGE continúe publicando libros
para todos los lectores.
Queda prohibido bajo las sanciones establecidas por las leyes escanear, reproducir total
o parcialmente esta obra por cualquier medio o procedimiento, así como la distribución
de ejemplares mediante alquiler o préstamo público sin previa autorización.

Impreso en Colombia / *Printed in Colombia*

ISBN: 978-1-64473-958-7

24 25 26 27 28   10 9 8 7 6 5 4 3 2 1

ORIGEN es una marca registrada de Penguin Random House Grupo Editorial

DEVOCIONALES

DIARIOS

de los

SALMOS

INTRODUCCIÓN

El Libro de los Salmos es asombroso. Nos ayuda a conocer y a comprender a Dios, nos enseña a alabarlo, nos instruye en la sabiduría, nos anima y nos ofrece consejos prácticos para nuestro día a día. También nos muestra que podemos ser del todo honestos con Dios sobre cómo nos sentimos, pues en sus páginas vemos a los escritores de los salmos vaciar sus corazones ante Él, bien sea que se sintieran alegres, seguros, esperanzados, enojados, asustados, desanimados, solitarios o deprimidos. Al verter sus corazones a Dios recibieron fuerza y consuelo; se dieron cuenta de que Él es absolutamente digno de confianza, reafirmaron su fe en Él y le dieron gracias y alabanza. El diccionario bíblico de Bibliatodo.com, define la alabanza como "acción que tiende a glorificar, ensalzar y bendecir el nombre y la persona de Dios". Por esto, cuando alabamos a Dios, le hacemos saber lo que significa para nosotros, que es mucho más de lo que jamás podríamos expresar.

Espero que este devocional te ayude a relacionarte con Dios de la misma forma como se relacionaron con Él los salmistas, y que compartas tu corazón con Él de manera libre y nueva mientras lo recorres y por el resto de tu vida. Con su estudio, creo que descubrirás cualidades nuevas y maravillosas acerca de Dios y fortalecerás tu fe y confianza en Él. No importa lo que enfrentes en la vida, Dios quiere estar involucrado. Quiere que le digas cómo te sientes y quiere ayudarte.

Los Salmos es el libro más extenso de la Biblia, con 150 capítulos que en su origen fueron escritos como cantos o poemas de adoración durante el período del 1000 al 300 a. C. El pastor del Antiguo Testamento que se convirtió en el rey David escribió la mayor parte del Libro de los Salmos, y otros, incluidos Moisés, Asaf y los hijos de Coré, también escribieron salmos.

Oro para que el Libro de los Salmos te dé consuelo y te puedas acercar más a Dios y comprender su amor por ti de una manera completamente nueva a medida que este devocional te guía durante el año que tienes por delante.

DÍA
1

ELIGE CON CUIDADO A TUS AMIGOS

Bienaventurado el hombre que no anda según el consejo de los impíos.

SALMO 1:1 (RVA-2015)

La compañía que mantenemos es importante porque tendemos a adoptar los rasgos de las personas con quienes pasamos mucho tiempo. Elige pasar tiempo con personas que te motivarán a ser mejor, no con personas que te tienten a bajar tus estándares o a comprometer tu moral.

Pídele a Dios que organice conexiones divinas para ti, para que estés continuamente influenciado por las mejores personas. No elijas a tus amigos por el deseo de estar en el grupo social más popular o porque creas que pueden ayudarte a subir la cima del éxito. Elije personas que hayan demostrado tener un carácter piadoso.

Llegar a conocer a las personas toma tiempo, y necesitamos verlas en todo tipo de situaciones para ver cómo responden. ¿Cómo tratan a otras personas, especialmente a las que podrían considerar *sin importancia*? Para Dios, todos somos igual de importantes y así cada persona debe ser importante para nosotros.

Al comenzar este nuevo año, haz un inventario de las personas que ejercen influencia sobre ti. Si no te están ayudando a ser una mejor persona, es posible que tengas que orar para saber si es prudente pasar tanto tiempo con ellas o no.

Padre, ayúdame a tomar buenas decisiones sobre las personas a las que permito influir en mi vida y ayúdame a ser una buena influencia para todos los que me rodean.

DELÉITATE EN LA PALABRA DE DIOS

Bienaventurado el hombre que [...] en la ley del Señor encuentra su delicia, y en ella medita de día y de noche.

SALMO 1:1-2 (RVA-2015)

Dios quiere que nos deleitemos en sus maneras y que pensemos en Su Palabra una y otra vez para entenderla por completo. Cuanto más estudiemos, reflexionemos y hablemos de la Palabra de Dios, más nos beneficiaremos de ella. Las personas que dan a la Palabra de Dios un lugar de importancia en su vida serán como árboles plantados junto a corrientes de agua, árboles que nunca dejan de dar buen fruto, sin importar cómo les vaya en la vida (Salmo 1:3). Serán firmes y constantes.

La Palabra de Dios es alimento para nuestro espíritu y nos da fortaleza. Nos permite atravesar dificultades mientras seguimos caminando en amor y haciendo lo que deberíamos hacer. Es importante evitar que nuestras circunstancias gobiernen nuestro comportamiento. Debemos permitir que el Espíritu Santo nos guíe siempre. El Salmo 1 nos enseña que este tipo de persona prosperará en todo lo que haga. Pero los impíos son como la paja que se lleva el viento (vv. 3–4). No tienen fuerza para mantenerse firmes cuando enfrentan inconvenientes o están sufriendo.

Padre, quiero ser un cristiano fuerte y espiritualmente maduro que traiga gloria y honra a tu nombre a través de su comportamiento. Ayúdame a mantenerme fuerte en Tu Palabra y tenerte primero en mi vida.

DIOS RÍE

El que mora en los cielos se reirá; el Señor se burlará de ellos.

SALMO 2:4 (RVR1960)

La primera parte del Salmo 2 dice que los pueblos y las naciones se amotinan y se levantan contra el Señor, decididos a andar su propio camino en lugar de seguir el camino de Él. Son rebeldes y resisten la autoridad de Dios en su vida. La Biblia nos enseña que Dios se ríe de esto. Pero no se ríe porque piense que su comportamiento es gracioso; se ríe porque sus acciones son inútiles. Dios gobierna y al final siempre gana.

Dios no es un dios de ira, pero puede sentirla y reprender a los que se niegan a caminar en su camino. Él nos dará las naciones por herencia (v. 8) y hará que nuestra vida sea maravillosa si tan solo lo amamos y le obedecemos, pero si elegimos no obedecer, nuestra vida será infeliz, y seremos como una vasija de cerámica que estalla en el suelo y queda hecha pedazos (v. 9).

Debemos sentir un temor y asombro reverenciales de Dios, y saber que, aunque Él es bueno, hay consecuencias por la continua desobediencia. Los pueblos y las naciones que aman y sirven a Dios serán bendecidos al refugiarse en Él.

Padre, creo que todo lo que me dices que haga es por mi bien. Ayúdame a ser sabio y sin demora obediente a ti en todo momento.

DIOS ES
NUESTRO REDENTOR

Clamo al Señor a voz en cuello y desde su monte santo él me responde.
SALMO 3:4 (NVI)

No importa cuántas personas estén en contra nuestra, Dios es nuestro redentor. Nuestros enemigos tratan de decirnos que Dios no nos librará, pero siempre lo hace. Puede que la salvación no suceda de la forma que esperamos o cuando deseamos que suceda, pero Dios no nos desamparará cuando a Él clamamos y en Él ponemos nuestra confianza.

Dios es un escudo que nos rodea y es Él quien nos levanta la cabeza cuando estamos desanimados. Aun cuando nos preocupamos por las cosas Dios nos ayuda a dormir bien por la noche, y al despertar nos sentimos renovados y listos para enfrentar otro día.

No debemos temer, sin importar cuántas personas o cosas vengan en nuestra contra, porque Dios es más grande que todo. Peleará nuestras batallas por nosotros mientras descansamos en Él. Lidiará con todos nuestros enemigos, y nuestra salvación proviene de Él. Anímate porque hoy no estás solo y Dios lucha por ti.

Padre, gracias porque estás conmigo y luchas por mí. Ayúdame a no preocuparme ni a creer las mentiras de mis enemigos.

NO TEMERÉ

*Yo me acosté y dormí. Desperté, porque el Señor me sostuvo. No teme-
ré a las decenas de millares del pueblo que han puesto sitio contra mí.*

SALMO 3:5-6 (RVA-2015)

El miedo es uno de los mayores problemas que enfrentan las personas; sin embargo, la Palabra de Dios con frecuencia nos anima a
no temer. Una de las razones más importantes por la cual no debemos temer es porque Dios está con nosotros. Él nunca nos fallará ni nos abandonará (Deuteronomio 31:8), y así como sostuvo
al salmista David, nos sostiene a nosotros. Por lo tanto, podemos
decir junto a David: *No temeré.*

¿Podrías intentar imaginar tu vida sin miedo? Me sorprendo
al responder con miedo mucho más seguido de lo que desearía y,
tal vez al igual que tú, todavía estudio la Palabra de Dios y oro
por este ámbito de mi vida porque quiero vivir por la fe y no
permitir que el temor me robe la alegría. El temor trae castigo
(1 Juan 4:18), y Dios no quiere castigarnos. Él envió a Jesús a la
tierra para que pudiéramos tener y disfrutar una calidad de vida
abundante (Juan 10:10).

En algún momento viví con grandes y constantes temores.
Estoy agradecida de haber sido librada de la mayoría, pero en este
ámbito quiero la victoria total. Estoy segura de que tú también.
No te desanimes. Dios nos libra de nuestros enemigos "poco a
poco" (Deuteronomio 7:22). Día a día puedes mejorar cada vez
más en todo sentido. Sigue insistiendo y recuerda que Dios te sostiene y puedes confiar en Él.

*Padre, confío en ti y confío en que me sostienes, trabajas en mí y me
libras de todos mis temores. No temeré porque creo que estás conmigo. Gracias.*

LA JUSTICIA DE DIOS

Respóndeme cuando clamo, oh Dios de mi justicia. Cuando estaba en angustia; Tú me hiciste ensanchar; ten misericordia de mí, y oye mi oración.

SALMO 4:1 (RVR1960)

En el versículo de hoy, David invoca al Señor como "Dios de mi justicia". La Biblia menciona dos tipos de justicia. Creo que la mayoría de las personas ve la justicia como una cualidad que proviene del comportamiento correcto, pero para nosotros, creyentes en Jesucristo, un tipo de justicia completamente diferente está disponible.

En términos simples, la justicia de Dios se puede definir como "una buena relación con Él", y es un regalo que Él nos da cuando recibimos a Cristo como Señor y Salvador. Es un regalo de su gracia, que recibimos por medio de la fe. No podemos hacer nada para ganarlo o hacernos dignos de él; ya se pagó a través del sufrimiento, muerte y resurrección de Jesús.

Dios nos ve como justos en Cristo porque Jesús tomó nuestro pecado y nos dio su justicia. Debido a este acto de amor y misericordia, Dios ahora nos piensa en buena relación con Él en todo sentido. No tenemos que pensar en nosotros mismos como *incorrectos*, pero podemos estar seguros de que estamos en correcta relación con Dios a través de Cristo.

Padre, gracias por enviar a tu hijo a morir por mi pecado y darme su justicia.

DUERME BIEN

En paz me acuesto y me duermo, porque solo tú, Señor, me haces vivir confiado.

SALMO 4:8 (NVI)

Muchas personas no pueden dormir bien por la noche, pero el salmista David nos dice que nuestro sueño puede ser dulce, sin importar el tipo de dificultad que enfrentemos. Nunca intentes resolver tus problemas al pensar en ellos una y otra vez; en cambio, toma el tiempo que pasarías preocupándote y ora por lo que necesitas mientras das gracias a Dios por todas las cosas maravillosas que ya ha hecho por ti.

Si estás en la cama pensando en la bondad de Dios, pronto te quedarás dormido. Dios responde a las oraciones, pero no responde a las preocupaciones ni a las quejas. El Señor te consagró para sí mismo y te escucha cuando lo llamas. Él nos libera de nuestra angustia y tiene misericordia de nosotros cuando oramos.

Si no estás durmiendo bien, examina tu corazón y pide a Dios que te muestre si has hecho algo por lo que necesites arrepentirte. Si es así, arrepiéntete y vete a dormir con la conciencia limpia. No podemos ocultarle nada al Señor, y es mejor no intentarlo. Habla con Él abierta y honestamente sobre cualquier cosa que te preocupe, recibe su perdón y misericordia, y no te preocupes más.

Dios, eres tan bueno y misericordioso, y estoy agradecido por tu perdón y por todas las formas como me ayudas. Gracias.

MAÑANAS CON DIOS

Por la mañana, Señor, escuchas mi clamor; por la mañana te presento mis ruegos y quedo a la espera de tu respuesta.

SALMO 5:3 (NVI)

No importa cuánto tengas que hacer por las mañanas; es bueno pasar un tiempo con el Señor antes de hacer otras cosas. Comienza tu día con Él, y el resto del día irá mucho mejor de lo que sería si no lo haces. Ora y pídele a Dios que te ayude con todo lo que enfrentas cada día y espera expectante su ayuda.

Santiago 4:2, dice: "No obtienen lo que desean, porque no piden" (RVC). Pídele a Dios que te guíe en la justicia y que extienda su protección sobre ti. El Salmo 5:12 dice que Dios promete rodear a los justos con su gracia *como con un escudo*. Imagina lo emocionante que será el día que Dios te favorezca donde quiera que vayas. Estate atento y agradécele.

Creo que Dios hará que para ti las cosas difíciles sean fáciles y su gracia traerá desarrollo en tu vida a medida que lo ames, lo alabes y lo adores. Dios te ama y espera escuchar tu voz en la mañana, y se deleita al responder tus peticiones. Presta atención a sus respuestas, porque seguro llegarán.

Padre, me emociona este día porque sé que estás conmigo y confío en que me guiarás y me favorecerás en todo lo que haga. Gracias.

HACES SONREÍR A DIOS

Guíame, Señor, en tu justicia, y por causa de mis adversarios endereza tu camino delante de mí.

SALMO 5:8 (RVC)

En el Salmo 5, David deja en claro que Dios no se complace con los impíos ni con la gente malvada ni con los soberbios. Pero, gracias a su gran amor, los que lo aman y buscan la gracia pueden entrar en su presencia y postrarse ante Él.

Estoy segura de que Dios se siente complacido contigo cuando pasas tiempo con Él y deseas aprender sus enseñanzas. Cuando lo buscamos, seguramente lo hacemos sonreír. No somos perfectos, pero al menos buscamos crecer en nuestra relación con Él y Él se deleita en quienes lo hacen.

Cuando Jesús fue bautizado, "hubo una voz de los cielos, que decía: 'Este es mi Hijo amado, en quien tengo mis complacencias'" (Mateo 3:17, RVR1960). Luego, en el monte de la transfiguración, Dios volvió a decir estas palabras (Mateo 17:5). Nuestra tentación sería pensar, *solo porque era Jesús*, pero creo que nuestro Padre amoroso también nos dice lo mismo cuando lo buscamos y deseamos conocer y seguir sus enseñanzas.

No tengas miedo a pensar que Dios está complacido contigo. Te dará la confianza que necesitas para hacer lo que Él te pide que hagas. Sigue creciendo en Él, deja que te lleve de una etapa de madurez espiritual a la siguiente. Recuerda siempre que, aunque tu comportamiento no sea perfecto, Dios ve tu corazón y sabe que quieres complacerlo.

Padre, daré un paso de fe y creeré que estás complacido conmigo, aunque no soy perfecto en todas mis maneras. Te amo y quiero tu voluntad en mi vida, y creo que eso te complace. Gracias.

DILE A DIOS CÓMO TE SIENTES

Ten piedad de mí, Señor, porque desfallezco; sáname, Señor, porque mis huesos están en agonía.

SALMO 6:2 (NVI)

En el Salmo 6, David comparte con total honestidad sus sentimientos con Dios. Dice que está agotado por sus quejidos, y que toda la noche inunda su lecho de lágrimas (v. 6). Está exhausto de tratar con sus enemigos y clama a Dios que tenga misericordia de él (v. 2). Quiere saber hasta cuándo le hará esperar el Señor por la salvación (v. 3). Es bueno saber que podemos decirle a Dios cómo nos sentimos, porque a veces necesitamos desahogar nuestros sentimientos, y es mejor hacerlo con Dios. Aunque David tuvo dificultades, llenó este salmo con confesiones de fe.

Dice: "Vuélvete, Señor, y sálvame la vida; por tu gran amor, ¡ponme a salvo!" (v. 4, NVI). Infiere que los muertos no alaban a Dios (v. 5), pero él sí. Confiesa que cree que el Señor ha escuchado su clamor de misericordia y ha aceptado su oración (v. 9) y que todos sus "enemigos quedarán avergonzados y angustiados" (v. 10, NVI). Me gusta mucho la honestidad de este salmo sobre los sentimientos de David y, sin embargo, su fe está en la bondad y la integridad del Señor.

Podríamos sentirnos mejor sobre algunas de nuestras dificultades si siguiéramos el ejemplo de David y, en lugar de intentar impresionar a Dios con nuestras oraciones, fuéramos al mismo tiempo totalmente honestos y estuviéramos llenos de fe.

Padre, estoy muy agradecido de poder acudir a ti con honestidad y sin pretensiones. Aunque mi fe está en ti, todavía me siento abrumado y débil a veces. Aun así, confío en que de nuevo me salvarás y me harás fuerte.

EL ANTÍDOTO CONTRA LA PREOCUPACIÓN

Muy angustiada está mi alma; ¿hasta cuándo, Señor, hasta cuándo?

SALMO 6:3 (NVI)

El pasaje de hoy habla de un alma atormentada. Por lo general, alguien con el alma atormentada se siente preocupado y ansioso. Jesús nos dice que no nos preocupemos por el mañana porque cada día trae sus propios afanes (Mateo 6:34). Es muy probable que logremos encontrar algo de qué preocuparnos todos los días, pero no tenemos que preocuparnos por nada. Cuando tenemos problemas, podemos lanzar nuestra ansiedad sobre el Señor, y Él nos consolará y aliviará nuestra carga. Filipenses 4:6–7 nos dice que no nos angustiemos ni nos preocupemos por nada, sino que oremos y seamos agradecidos, y así tendremos la paz de Dios que sobrepasa todo entendimiento.

La oración es el antídoto contra la preocupación. Podemos preocuparnos, o podemos entregar nuestros problemas a Dios en oración y disfrutar de nuestra vida mientras Él se ocupa de ellos. Puede que la preocupación nos dé dolor de cabeza, pero no sirve para resolver problemas. Entonces, ¿para qué perder el tiempo haciendo algo que no sirve de nada?

Todos, incluyéndome, hemos perdido muchas horas de nuestra vida preocupándonos por cosas que nunca sucedieron o que se resolvieron a su debido tiempo. La preocupación nos afecta de muchas maneras: nos hace envejecer, nos causa dolor en varias partes del cuerpo, nos hace infelices y difíciles de tratar, e incluso puede hacer que comencemos a resentirnos con las personas que parecen no tener ningún problema. Pero nada de esto tiene que ocurrir. Lo único que debemos hacer es confiar a Dios con todo lo que nos preocupa, un día a la vez.

Padre, perdóname por el tiempo que he perdido al preocuparme cuando pude haber confiado en ti y haber dejado que resolvieras mis problemas. Ayúdame a confiar más en ti en el futuro.

AGRADECE LO QUE TIENES

Me he consumido a fuerza de gemir; todas las noches inundo de llanto mi lecho, riego mi cama con mis lágrimas.

SALMO 6:6 (RVR1960)

Me parece que podríamos coincidir en que al momento de escribir el pasaje de hoy el salmista David sentía compasión de sí mismo. Todos nos sentimos así alguna vez. La mejor manera de liberarse de la autocompasión es dando gracias por lo que tienes; me refiero a contar tus bendiciones, literalmente. Consigue un papel o un cuaderno y haz una lista de tus bendiciones. Ahora escribe por qué te compadeces de ti mismo y mira ambas listas. Estoy segura de que tus bendiciones superarán con creces tus problemas. El amor no es egoísta, pero la autocompasión sí: se enfoca por completo en uno mismo.

Al igual que muchas otras emociones negativas, la autocompasión es una pérdida de tiempo. Lidié con la autocompasión durante muchos años. Cada vez que no me salía con la mía, sentía lástima por mí misma. Si Dave jugaba golf y yo estaba sola en casa, sentía pena por mí misma. Si tenía algún tipo de problema, me compadecía de mí misma. Estoy muy contenta de que Dios me haya liberado de la autocompasión, porque es lamentable.

La autocompasión no mejora nada; solo hace que la gente se sienta peor. Un día, Dios le habló a mi corazón y dijo: *Joyce, puedes ser miserable o poderosa, pero no puedes ser ambas cosas.* Sabía que tenía que tomar una decisión y, por fortuna, decidí que preferiría tener poder.

Si se lo pides, Dios te permitirá superar el sentimiento de lástima por ti mismo ayudándote a recordar todas las bendiciones en tu vida.

Padre, no quiero sentir lástima por mí mismo. Sé que hacerlo es una falta de respeto hacia ti porque me has bendecido mucho. Ayúdame a evitar esta emoción negativa. Gracias.

TEN LA DISPOSICIÓN DE AFRONTAR TUS FALTAS

Señor mi Dios, ¿qué es lo que he hecho? ¿Qué maldad hay en mis manos? Si he perjudicado al que estaba en paz conmigo, si he despojado sin razón al que me oprime, entonces que mi enemigo me persiga y me alcance; que me haga morder el polvo y arrastre mi honra por el suelo.

SALMO 7:3-5 (NVI)

En el pasaje de hoy, sus enemigos persiguen a David y él, con valentía, ora para que se le castigue con justicia y sus enemigos lo alcancen si ha maltratado a alguien. David no tiene miedo de enfrentarse a la verdad, porque solo la verdad nos hace libres (Juan 8:32). David no había maltratado a sus aliados, pero me llama la atención el hecho de que estuviera dispuesto a asumir las consecuencias en caso de que lo hubiese hecho.

En este mismo salmo, David también le pide a Dios que surja en su furia y se levante contra sus enemigos y decrete justicia para él (v. 6). Entonces dice, audazmente: "júzgame, oh Señor, de acuerdo con mi justicia y mi integridad" (v. 8 RVA-2015). Algunas personas podrían considerar que el recordarle al Señor que él es un hombre justo e íntegro es orgulloso, pero creo que David habla así por su gran confianza en Dios.

Estaba dispuesto a ser corregido si había hecho algo malo, lo cual le dio fe para reclamar las promesas de Dios sobre salvarlo de sus enemigos.

Padre, gracias porque puedo depender de ti para corregirme cuando lo necesito, pero también para ayudarme cuando tengo problemas.

LO QUE SE SIEMBRA SE RECOGE

Un pozo ha cavado, y lo ha ahondado; y en el hoyo que hizo caerá.

SALMO 7:15 (RVR1960)

El pasaje de hoy nos enseña una lección importante: cuando les causamos problemas a los demás, se nos devolverán esos problemas, y cuando una persona origina violencia, le caerá sobre la propia cabeza. Este es el principio de la siembra y la cosecha. En Génesis 8:22, encontramos que mientras la tierra permanezca, habrá *sementera y siega*, siembra y cosecha. Aunque este versículo habla de cosechar plantas que nos darán alimento, podemos ver que la semilla que se siembra trae una cosecha, según el tipo de semilla que se plantó.

Pablo enseña que no deberíamos engañarnos al pensar que no cosecharemos lo que hemos sembrado. Dice que no se puede burlar a Dios, "pues todo lo que el hombre sembrare, eso también segará" (Gálatas 6:7, RVR1960). Mateo 7:1–2 dice: "No juzguen para que nadie los juzgue a ustedes. Porque tal como juzguen se les juzgará, y con la medida que midan a otros, se les medirá a ustedes" (NVI). Y Lucas 6:31 dice: "Traten a los demás tal y como quieren que ellos los traten a ustedes" (NVI), que también se conoce como la regla de oro. Imagina lo maravilloso que sería el mundo si todos tratáramos a los demás justo como nos gustaría que nos trataran.

Comencemos hoy por aplicar en mayor medida el principio de sembrar y cosechar, y preparémonos para una abundante cosecha de cosas buenas.

Padre, me arrepiento de cualquier momento donde haya maltratado a otros y te pido perdón. Quiero empezar de nuevo y, con tu ayuda, sembrar lo que me gustaría cosechar.

DÍA
15

LA ALABANZA DERROTA A NUESTROS ENEMIGOS

De la boca de los niños y de los que maman, fundaste la fortaleza, a causa de tus enemigos, para hacer callar al enemigo y al vengativo.

SALMO 8:2 (RVR1960)

La alabanza tiene un gran poder. Cuando alabamos a Dios, confundimos al enemigo. Un ejemplo de esto se puede ver en 2 Crónicas 20:22, cuando Josafat se preparaba para pelear una batalla: "Cuando comenzaron el canto y la alabanza, el Señor puso emboscadas contra los hijos de Amón, los de Moab y los de la región montañosa de Seír que habían venido contra Judá, y fueron derrotados" (RVA-2015).

Cuando el diablo trae circunstancias adversas a nuestra vida, espera que nos enojemos y atemoricemos. Pero si alabamos, adoramos y agradecemos a Dios, los planes del diablo se frustran y es derrotado. Nuestra alabanza silencia al enemigo y al vengador, tal como dice el pasaje de hoy. Alabamos a Dios cada vez que hablamos o cantamos acerca de su bondad y las maravillas que ha hecho.

Puede que ahora mismo te encuentres en una batalla, preguntándote qué hacer. Te sugiero que alabes a Dios al recordar y agradecerle todas las cosas buenas que ha hecho por ti en el pasado. Mientras lo esperas para que te dé la victoria en tu situación actual, tu alabanza hará retroceder al enemigo y, al mismo tiempo, aumentará tu alegría.

Padre, tengo muchas razones para alabarte. Estoy agradecido por todas tus obras poderosas y por todas las victorias que me has dado en el pasado, y una vez más espero un gran avance. Te alabo por esta victoria incluso antes de verla.

CREADO PARA GOBERNAR

Le diste dominio sobre la obra de tus manos; todo lo pusiste bajo sus pies.

SALMO 8:6 (NVI)

Cuando David considera los cielos, la luna y las estrellas que Dios ha puesto en su lugar y cuán majestuosos son, dice: "¿Qué es el hombre, para que tengas de él memoria, y el hijo del hombre, para que lo visites?" (Salmo 8:4, RVR1960).

Como seres humanos, hemos sido creados "poco menores que los ángeles" y estamos coronados de "gloria y honra" (Hebreos 2:7, RVR1960). También se nos ha dado una posición de autoridad sobre todas las demás cosas creadas, y Dios espera que seamos valientes y usemos nuestra autoridad para resistir al diablo y todas sus acciones malignas. Santiago 4:7 nos enseña: "Así que sométanse a Dios. Resistan al diablo y él huirá de ustedes" (NVI).

En Cristo, estarás "a la cabeza, nunca en la cola", y cuando sigues los mandamientos del Señor, "siempre estarás en la cima, nunca en el fondo" (Deuteronomio 28:13, NVI). Se te ha dado el nombre de Jesús, que está por encima de todo nombre (Filipenses 2:9–11). Si sabes quién eres y lo que significa ser hijo de Dios, entonces mantendrás la frente en alto y estarás seguro de que puedes hacer lo que necesites en Cristo, quien te fortalece (Filipenses 4:13).

Dios te cuida y se preocupa íntimamente por ti, así que no debes sentir temor.

Padre, gracias por crearme y aceptarme como tu hijo. Gracias por darme autoridad, poder y el nombre de Jesús.

LA IMPORTANCIA DE UN CORAZÓN AGRADECIDO

Quiero alabarte, Señor, con todo el corazón, y contar todas tus maravillas.

SALMO 9:1 (NVI)

A lo largo del Libro de los Salmos, David con frecuencia da gracias a Dios. Quizás esta sea una de las principales razones por las que Dios llama a David un hombre conforme a su corazón (1 Samuel 13:14; Hechos 13:22). David era humilde, y reverenciaba y respetaba a Dios. Estaba arrepentido, confiaba en Él, lo amaba y era devoto. Fue fiel y obediente, y le dio a Dios la gloria y el reconocimiento que merecía. Sin embargo, David no era perfecto; sabemos por las Escrituras que en un momento de debilidad cometió adulterio y asesinato. Se arrepintió de sus pecados (2 Samuel 11:3–5, 14–17; 12:9, 13), y aun así Dios lo llama un hombre conforme a su corazón.

Lo anterior debería darnos esperanza. Creo que uno de los mejores rasgos del carácter de David era el hecho de ser agradecido, porque bastante se conoce de una persona cuando esta tiene un corazón agradecido. Es fácil quejarnos, porque en nuestra vida nos enfrentamos a muchas circunstancias y personas desagradables que nos irritan, pero, al mismo tiempo, tenemos mucho más por lo cual estar agradecidos que lo que tenemos para quejarnos.

Recomiendo comenzar cada día con acciones de gracias, así como desarrollar el hábito de agradecer a Dios a lo largo del día por lo mucho que hace por ti. Dar las gracias forma parte de la alabanza, y en el Salmo 9:3, después de que David declara la alabanza a Dios en los versículos 1 y 2, dice que sus enemigos se dieron la vuelta; luego tropezaron y perecieron ante Dios. David agradeció de todo corazón y sus enemigos fueron vencidos.

Padre, me arrepiento de todas las veces que me he quejado cuando debería haberte dado gracias por toda tu bondad. Ayúdame a desarrollar el hábito de estar agradecido en todo momento, en todas las cosas.

ALÉGRATE Y REGOCÍJATE

Me alegraré y me regocijaré en ti; Cantaré a tu nombre, oh Altísimo.

SALMO 9:2 (RVR1960)

El pasaje de hoy nos anima a alegrarnos, regocijarnos y alabar a Dios, como lo hizo el salmista David. Me recuerda a Filipenses 4:4, donde el apóstol Pablo nos dice que nos regocijemos. Luego nos insta a no preocuparnos ni inquietarnos por nada, sino a orar y dar gracias a Dios en toda circunstancia y en *todo*, y no solo después de que todo nos salga bien (Filipenses 4:6).

Cuando comencé el ministerio, mi felicidad dependía de mis circunstancias. Más adelante, el Señor me mostró el camino de la alegría al enseñarme que la plenitud de gozo se encuentra en su *presencia*, no en sus regalos, es decir, en lo que Él hace por nosotros (Salmo 16:11).

Si esperamos a que en nuestra vida todo sea perfecto antes de regocijarnos y alabar a Dios, nunca experimentaremos la alegría constante. Aprender a disfrutar la vida y a estar contento incluso en medio de circunstancias difíciles es una forma de desarrollar la madurez espiritual.

Pablo también escribe que "somos transformados de gloria en gloria en la misma imagen, como por el Espíritu del Señor" (2 Corintios 3:18, RVR1960). La gloria representa la madurez espiritual, y es importante que aprendamos a disfrutar de la madurez espiritual que experimentamos en cada nivel de nuestro desarrollo como creyentes.

Hoy escoge regocijarte y alegrarte en el Señor, gozar de su presencia y darle alabanza, sin importar tus circunstancias.

Ayúdame a encontrar mi gozo en tu presencia, Señor, y a regocijarme y alegrarme en cada día.

EL SEÑOR AYUDA A LOS QUE ESTÁN OPRIMIDOS

El Señor es refugio de los oprimidos; es su baluarte en momentos de angustia.

SALMO 9:9 (NVI)

La opresión ocurre cuando una persona ejerce autoridad sobre otra de manera abusiva e injusta, o cuando la controla innecesariamente. A lo largo de la Palabra de Dios, se nos promete que Dios ayudará, protegerá y liberará a los que están oprimidos. Él es su refugio y ejecuta el justo juicio para ellos. Mi padre abusó sexualmente de mí, pero he experimentado la salvación de Dios y he visto cómo Él lidia con los que me lastimaron.

Para recibir la ayuda de Dios cuando estamos oprimidos, necesitamos perdonar a nuestros opresores y confiar en que Dios nos traerá una recompensa (retribución) a la vida. Si te tratan injustamente, no intentes vengarte de quienes te están o te han lastimado; entrégale la situación a Dios y Él te recompensará. Incluso te dará una doble bendición por tu dificultad anterior (Isaías 61:7).

Si fuiste o eres oprimido, cuéntale a Dios sobre tu situación, pon tu preocupación sobre Él, perdona a tus opresores y ora por los que te han lastimado. Es posible que necesites tomar distancia de la situación para tu protección, pero no permitas que lo que otras personas te hagan te arruine la vida al llenarla de odio y falta de perdón.

Padre, perdono a todos los que me han tratado injustamente, y confío en ti para que me retribuyas y traigas una recompensa a mi vida.

CONFIAR CUANDO NO PUEDES VER

En ti confiarán los que conocen tu nombre pues tú, oh Señor, no abandonaste a los que te buscaron.

SALMO 9:10 (RVA-2015)

A medida que Dios nos entrena en la madurez espiritual, podemos esperar encontrar varias pruebas. Una de estas es la *prueba de confianza*. Debemos aprender a confiar en Dios en todas las cosas, incluso —y en especial— cuando no comprendemos lo que sucede en nuestra vida.

Estoy segura de que a veces le has preguntado a Dios: *¿Por qué me está pasando esto?* o *Señor, ¿qué planeas hacer en mi vida a través de estas circunstancias?* Es posible que hayas dicho: *¡Dios, no entiendo!* Crecer en madurez espiritual significa no permitir que situaciones que no comprendes te hagan renunciar a Dios o dudar de su amor por ti. Significa aprender a decir: *Esto debe ser una prueba. Dios me está enseñando a confiar en Él.*

Una lección que he aprendido a lo largo de los años: no es posible confiar en Dios sin que haya preguntas que no tienen respuesta. Si tuviéramos todas las respuestas a todas las preguntas que nos pasan por la cabeza, no necesitaríamos confiar en Dios, porque lo sabríamos todo. Siempre habrá cosas que no entendemos. Por esta razón, debemos aprender a decir: *Señor, no entiendo, pero confío en ti.*

Padre, ayúdame a confiar en ti siempre, en especial cuando no entiendo lo que haces. Elijo creer que siempre obras por mi bien.

LA JUSTICIA DE DIOS

El Señor se dio a conocer por el juicio que hizo; los impíos fueron atrapados en la obra de sus propias manos.

SALMO 9:16 (RVA-2015)

Una de mis características favoritas de Dios es que es un Dios de justicia. Es decir, que hace que las cosas malas sean buenas si ponemos nuestra confianza en Él. Perdemos demasiado tiempo preocupándonos y molestándonos por los impíos. Debemos orar por ellos, porque si no se arrepienten de su mala conducta y cambian sus caminos, caerán en la trampa que ellos mismos tendieron.

Cuando Jesús estaba en la cruz pagando por nuestros pecados y sufriendo más de lo que podemos imaginar, le pidió a su Padre que perdonara a los que lo trataron injustamente. Le dijo: "Padre, perdónalos, porque no saben lo que hacen" (Lucas 23:34, RVR1960). Con esto, Jesús nos da un ejemplo sobre cómo tratar con las personas que nos lastiman. Cuando perdonamos, nos hacemos a nosotros mismos, no a nuestros enemigos, un favor. Nos liberamos de cualquier rabia o amargura y las entregamos a Dios, quien es el único que puede tratarlas con éxito.

Si alguien te ha lastimado, no permitas que te siga lastimando día tras día al albergar malos sentimientos. Déjalos ir y deja que Dios muestre su poder en tu vida. Las personas lastimadas lastiman a otras personas, y recordarlo casi siempre hace que sea más fácil perdonarlas. Dios no solo es un Dios de justicia, sino también de misericordia. Sigamos su ejemplo y disfrutemos de la paz que solo Él puede dar.

Padre, concédeme la gracia de perdonar a cualquiera que me haya lastimado o tratado de manera injusta. Quiero ser misericordioso, como tú.

¿POR QUÉ DIOS SE ESCONDE EN TIEMPOS DE ANGUSTIA?

Oh Señor, ¿por qué te mantienes lejos y te escondes en los tiempos de angustia?

SALMO 10:1 (RVA-2015)

A veces sentimos que Dios no se preocupa por nosotros. Tenemos un problema y clamamos a Él, pero parece que estuviera dormido o escondido. ¿Por qué? Una razón por la que Dios se esconde es para invitarnos a buscarlo, y otra es para hacer crecer nuestra fe. La fe solo crece mientras la usemos, y si conseguimos todo lo que queremos cuando lo queremos, nunca crecerá. La fe y la paciencia trabajan juntas para llevarnos a la victoria que Él promete (Hebreos 6:12). Por difícil que sea, la espera nos hace bien porque nos ayuda a crecer espiritualmente.

Dios quiere que confiemos en que su tiempo es perfecto, que ha escuchado nuestras oraciones y que traerá la respuesta en el momento justo. No estás solo. Dios está contigo y está pendiente de la situación en la que te encuentras. Pasamos la mayor parte de nuestro tiempo a la espera de que Dios haga algo, pero es mejor aprender a esperar bien. Lo que sea que esperas ahora, puede terminar pronto, y después querrás o necesitarás algo más y deberás comenzar a esperar de nuevo.

Estoy a la espera de que Dios haga varias cosas en este momento, y por experiencia he aprendido que la impaciencia no hará que se apresure. Es mejor que nos divirtamos mientras esperamos. Puede que Dios no llegue temprano, pero nunca llega tarde. Su sincronización es perfecta.

Padre, ayúdame a ser paciente mientras espero en ti para que traigas la respuesta a mi oración y proveas lo que necesito. Gracias.

¿CUÁNDO LIDIARÁ DIOS CON LOS IMPÍOS?

¿Por qué desprecia el malo a Dios? En su corazón ha dicho: Tú no lo inquirirás.

SALMO 10:13 (RVR1960)

La gente perversa y malvada es arrogante. Solo piensa en el momento en el que se encuentra y no se da cuenta de que un día Dios la llamará a rendir cuentas por sus actos. Dios es extraordinariamente paciente, y estoy segura de que, aunque parezca que los impíos se salen con la suya con sus malas acciones, Dios está lidiando con ellos para llevarlos a enfrentar la verdad y a arrepentirse.

Debemos orar por los que hacen mal, en lugar de juzgarlos o criticarlos, porque si no se arrepienten, su final no será bueno. El salmista David escribe de los impíos que "no hay Dios en ninguno de sus pensamientos" (Salmo 10:4, RVR1960). Y el Salmo 14:1 dice que solo un necio cree que no hay Dios. Se jacta de sus caminos y se aprovecha de los débiles, pero Dios se levantará. No se olvidará de los oprimidos, los huérfanos o los desamparados. Dios escucha las oraciones de los afligidos y oprimidos y vendrá a rescatarlos.

Deja que hoy te anime a recordar que Dios es justo, y siempre arregla lo malo. "No nos cansemos, pues, de hacer bien; porque a su tiempo segaremos, si no desmayamos" (Gálatas 6:9, RVR1960). Nuestro Dios es Rey de reyes y Señor de señores. Todo el poder le pertenece, y no te desamparará.

Padre, ayúdame a no resentir a los impíos, sino a orar por ellos y ser paciente mientras espero en ti para que me liberes.

¿ES FUERTE TÚ CIMIENTO?

¿Pero qué puede hacer el hombre honrado cuando son socavados los cimientos?

SALMO 11:3 (RVC)

Puede que los cimientos no sean muy interesantes, pero son importantes. Cuando construí junto a Dave nuestra primera casa, no invitamos a nadie a ver los cimientos; solo queríamos mostrarles la casa terminada. Pero los cimientos tenían una grieta que causó problemas, y repararla tomó mucho más trabajo y dinero.

Debemos asegurarnos de que nuestros cimientos en la vida sean sólidos. Nuestro fundamento espiritual solo puede mantenerse fuerte si pasamos tiempo en la Palabra de Dios y tiempo con Él en oración y comunión con regularidad. Jamás debemos alejarnos. Necesitamos la Palabra de Dios para alimentar nuestro espíritu, así como necesitamos alimento para nuestro cuerpo físico todos los días.

El fundamento de un matrimonio fuerte y duradero debe ser la Palabra de Dios. Dave y yo nos casamos en 1967. No llevamos tanto tiempo juntos porque estemos de acuerdo en todo, sino porque cuando hay problemas entre nosotros elegimos obedecer la Palabra de Dios.

Un fundamento sólido y una vida edificada sobre la Palabra de Dios se mantendrán firmes contra las tormentas de la vida y darán gloria a Dios. Edifica tu vida sobre la Palabra de Dios y así la podrás disfrutar.

Padre, ayúdame a construir mi vida sobre tu Palabra y ponerte siempre primero en todo lo que hago.

DIOS TODO LO VE

El Señor está en su santo templo; el Señor tiene su trono en los cielos.
Sus ojos ven; sus párpados examinan a los hijos del hombre.

SALMO 11:4 (RVA-2015)

El pensamiento de que Dios ve todo lo que hacemos es aleccionador. Nada se esconde de Él. Dios conoce todos nuestros pensamientos incluso antes de que los pensemos, y conoce todas las palabras que hablaremos antes de que las pronunciemos. Conoce todas nuestras necesidades y quiere satisfacerlas de la manera correcta en el momento adecuado.

La Palabra de Dios nos dice en Apocalipsis 22:12 que se recompensará a cada uno según las obras que haya hecho durante su vida terrenal. Aunque nuestra salvación no se base en nuestras obras, sí nuestras recompensas. Encontré cuarenta y seis versículos de la Biblia sobre el tema de las recompensas de Dios. Estoy emocionada de ver las sorpresas que Dios ha planeado para nosotros cuando nuestro tiempo en la tierra termine y vayamos a nuestro hogar celestial.

También ese mismo versículo dice: "He aquí yo vengo pronto, y mi galardón conmigo, para recompensar a cada uno según sea su obra" (RVR1960). No quiero perderme ninguna de mis recompensas, y creo que tú tampoco, así que ten en cuenta que nada se esconde de Dios.

Los niños tienden a comportarse mejor cuando saben que uno de los padres los vigila, y como hijos de Dios, podríamos tender a hacer lo mismo. Debemos comportarnos con excelencia porque amamos a Dios, y no solo para obtener una recompensa, aunque estas se prometan. Vivamos una vida de virtud para que podamos recibir la recompensa de una persona de virtud.

Padre, entiendo por tu Palabra que tienes preparadas recompensas para tus hijos. Te pido que me ayudes a vivir de tal manera que cuando llegue al cielo, pueda recibir la recompensa que tienes para mí.

LA IMPORTANCIA DE LA FIDELIDAD

Salva, oh Señor, porque se han acabado los piadosos. Han desaparecido los fieles de entre los hijos del hombre.

SALMO 12:1 (RVA-2015)

Puede que alguna vez te hayas sentido como David cuando escribió en el Salmo 12:1, pensando que nadie a su alrededor era fiel o leal. También es posible que se te dificulte encontrar amigos fieles, personas que se queden junto a ti cuando se dan cuenta de que no eres perfecto o cuando atraviesas momentos difíciles.

El ejemplo máximo de fidelidad es Dios. 2 Timoteo 2:13 dice que incluso "si fuéremos infieles, él permanece fiel" (RVR1960). Debemos imitarlo, lo que significa que debemos ser leales, aunque las personas que nos rodeen no lo sean.

A veces puedes sentir que eres el único que es leal, el único que es amable, el único que trata de hacer lo correcto o el único que se disculpa o perdona. Si es así, sigue haciéndolo. Sé una persona fiel y, eventualmente, experimentarás las bendiciones de la fidelidad.

No puedes controlar la forma en la que se comportan otras personas, pero puedes decidir que serás fiel, pase lo que pase. Primero, comprométete a ser fiel a Dios, pues esta es la expresión de fidelidad más importante que puedes hacer. Además, comprométete a ser fiel en tus relaciones con otras personas. Si eres leal a Dios y a los demás, descubrirás y cosecharás las grandes recompensas de una vida fiel.

Padre, gracias por serme fiel, aun cuando yo no te soy fiel. Oro para que me ayudes a serte fiel en cada situación y a ser leal a las personas que has puesto en mi vida. Oro también para que me rodees de personas que sean mis fieles amigos.

ESTAR EN EL MUNDO, PERO NO SER COMO EL MUNDO

Salva, oh Señor, porque se han acabado los piadosos. Han desaparecido los fieles de entre los hijos del hombre. Cada uno habla falsedad con su prójimo, con labios lisonjeros; hablan con doblez de corazón.

SALMO 12:1-2 (RVA-2015)

El Salmo 12 se escribió unos mil años antes de que Cristo llegara a la tierra. Sin embargo, la condición del mundo en los días de David parece similar al mundo en el que vivimos hoy en día. Jesús dice que estamos en el mundo, pero no debemos ser como este (Juan 15:18–19). No podemos mirar al mundo como un ejemplo de cómo debemos comportarnos; en su lugar, debemos mirar la Palabra de Dios.

No importa lo que haga la gente que nos rodea, Dios nos da la gracia para hacer lo correcto si estamos dispuestos a hacerlo. Puede que seas el único cristiano en tu trabajo, en tu barrio o en la escuela. En lugar de ver tu situación como difícil, considera un privilegio que Dios te haya elegido para representarlo y ser una luz en un lugar oscuro.

Con frecuencia ciertas personas me dicen que son los únicos cristianos en su familia. Se lamentan de lo difícil que es y hablan de todas las tentaciones que enfrentan. Entiendo que pueda representar un desafío, pero si caminas en amor con las almas perdidas que te rodean y les muestras a Jesús a través de tu comportamiento, puedes generar un impacto poderoso en su vida y puedes tener la oportunidad de guiarlas a tener una relación con Él.

Dios nos ha escogido para estar vivos en este momento de la historia, y cada uno de nosotros debería buscarlo para saber cómo quiere usarnos. Dios siempre nos dará gracia para nuestro lugar si se lo pedimos.

Padre, quiero que me uses como bendición para otras personas y guiarlas hacia ti. No te pido que me pongas donde pueda estar cómodo, sino que me pongas donde me necesitas.

DIOS MANTENDRÁ A LOS NECESITADOS A SALVO

"Por la aflicción de los oprimidos y por el gemido del pobre, voy a levantarme", dice el Señor, "y los pondré a salvo de quienes los oprimen".

SALMO 12:5 (NVI)

Es muy difícil sentir que no tenemos a nadie que nos ayude cuando nos maltratan o pasamos alguna necesidad. Pero no estamos solos, y nuestras necesidades serán suplidas porque tenemos la promesa de protección de Dios. Tú, Señor, "nos protegerás; nos salvarás para siempre de esta generación" (Salmo 12:7 RVC). Recibimos las promesas de Dios por fe. Hebreos 11:6 dice: "Sin fe es imposible agradar a Dios" porque "es necesario que el que se acerca a Dios crea que le hay, y que es galardonador de los que le buscan" (RVR1960). Si en este momento atraviesas por una situación difícil, te insto a que creas en las promesas de Dios y en que Él obrará a tu favor, aunque es posible que aún no veas los resultados.

La fe es "la certeza de lo que se espera, la convicción de lo que no se ve" (Hebreos 11:1, RVR1960), pero si ponemos nuestra confianza en Dios esa convicción o certeza puede ser más real para nosotros que algo que podemos ver y sentir. Por la fe podemos ver las realidades que están por venir. Nuestro destino en la vida puede cambiar dependiendo de nuestra fe en Dios. Si la fe puede mover montañas (Mateo 17:20), entonces también puede mover nuestros problemas, porque nada es imposible para Dios (Lucas 1:37).

Padre, cuando la duda inunde mis pensamientos, oro para que mi fe en ti sea lo suficientemente fuerte como para hacerla a un lado. Sé que eres bueno y creo que satisfarás mis necesidades. Gracias.

CONFIAR EN DIOS
EN TIEMPOS DIFÍCILES

¿Hasta cuándo, oh SEÑOR? ¿Me olvidarás para siempre? ¿Hasta cuándo esconderás tu rostro de mí? ¿Hasta cuándo tendré conflicto en mi alma y todo el día angustia en mi corazón? ¿Hasta cuándo será enaltecido mi enemigo sobre mí?

SALMO 13:1-2 (RVA-2015)

Todos hemos hecho preguntas como las que David le hace al Señor en el pasaje de hoy. Tal vez, como le sucedió a David, Dios no nos respondió. Job le preguntó a Dios por qué estaba en esa situación, pero Dios tampoco le dio una respuesta. No necesitaríamos confiar en Dios si no tuviéramos preguntas sin respuesta, y eso es precisamente lo que Él quiere que hagamos: confiar en Él, en sus caminos y en su tiempo.

La Biblia usa lenguaje como "a su debido tiempo", "en el tiempo señalado" y "en la plenitud del tiempo". Ninguna de estas frases nos dice lo que nos gustaría saber, pero sí nos dice que Dios tiene un tiempo perfecto para nuestra salvación y progreso.

David debió estar angustiado al escribir el Salmo 13, porque dice que si Dios no le da luz, puede morir y sus enemigos se regocijarán (vv. 3–4). Pero, como ya hemos visto, David comparte osadamente sus pensamientos y sentimientos con el Señor y luego declara que confía en su amor inagotable y que continuará cantando su alabanza (vv. 5–6).

Todos podemos identificarnos con David y con sus reclamos, pero, con suerte, también podemos identificarnos con su decisión de confiar en Dios, aun en medio de todas sus preguntas. Puede que no entendamos por qué suceden las cosas en nuestra vida, pero también podemos confiar en que Dios nos ayudará en el momento preciso.

Padre, es difícil esperar en ti el progreso, y estoy cansado de sufrir, pero pongo mi confianza en ti y sé que tú me salvarás. Gracias.

APRENDEMOS EN LA PRÁCTICA

Yo confío en tu misericordia; mi corazón se alegra en tu salvación.
SALMO 13:5 (RVC)

Me gusta especialmente la traducción del pasaje de hoy que aparece en la Reina Valera Contemporánea, y espero que le prestes mucha atención. Observa que el salmista David le dice al Señor: "Yo *confío* en tu misericordia" (mis cursivas), lo cual me dice que Dios se había probado a sí mismo ante David en muchas situaciones. La única forma en la que David pudo mirar hacia atrás y decir que confiaba en Dios fue confiando y dándose cuenta de que Dios nunca le falló.

Dios tampoco te fallará a ti nunca. Puedes confiar en Él completamente. Sin embargo, muchas veces la naturaleza humana te impulsará a que te hagas cargo de la situación y a intentar resolver tus problemas tú solo en lugar de confiar en Dios para que se haga cargo.

Muchos de nosotros hemos pasado la vida tratando de cuidarnos a nosotros mismos, y se necesita tiempo para aprender a confiar en Dios en cada situación. Pero aprendemos en la práctica, como David. Tenemos que dar un paso de fe y, al darlo, experimentaremos la fidelidad de Dios, lo que facilita confiar en Él la próxima vez.

Padre, eres completamente digno de confianza. Ayúdame a recordar las veces que me has sido fiel y a confiar en ti para ser fiel una y otra vez.

VEMOS A DIOS POR TODAS PARTES

Dice el necio en su corazón: No hay Dios.

SALMO 14:1 (RVR1960)

A los que creemos en Dios nos cuesta entender cómo alguien puede mirar a su alrededor y no creer en Él. Dios sustenta y mantiene el universo con su poderosa Palabra (Hebreos 1:3). Piénsalo: ¿Qué o quién mantiene los planetas, la luna, el sol y las estrellas en el cielo? ¿Por qué no se caen sobre nosotros? ¿Cómo gira la tierra perfectamente en su órbita día tras día?

¿Cómo puede alguien observar la formación y el nacimiento de un bebé y no creer en Dios? Admito que el no creer en Dios me resulta difícil de entender, sin embargo, muchas personas no creen, y debemos orar por ellas fervientemente. Estoy agradecida de poder creer en Dios, y estoy segura de que tú también lo agradeces.

Un monje llamado hermano Lawrence (1614–1691) llegó a la fe en Dios el día en el que vio cómo un árbol que parecía muerto en el invierno volvía a florecer en la primavera. Dijo que sabía que solo Dios podía hacer que eso sucediera año tras año. Algunos llamarían a esto naturaleza, pero entonces, ¿de dónde vino la naturaleza y quién hace que siga funcionando perfectamente?

Dios siempre ha sido y siempre será. Cualquier otra cosa que existe, existe solo porque Él quiere que exista. El hermano Lawrence escribió un libro clásico titulado *La práctica de la presencia de Dios*. Veía a Dios en todas partes y en todo, y dedicó su vida a disfrutar de su presencia.

Padre, creo en ti y oro por todos los que no. Te pido que te reveles ante ellos de una manera irrefutable.

AMOR POR LOS PERDIDOS

Desde el cielo el Señor contempla a los mortales, para ver si hay alguien que sea sensato y busque a Dios.

SALMO 14:2 (NVI)

En el Salmo 14, David lamenta lo corruptas que se han vuelto las personas. Devoran a la gente, nunca invocan a Dios y están "sobrecogidos de miedo" (vv. 4–5, NVI). Los corruptos "frustran los planes de los pobres", pero Dios es el refugio de los oprimidos o de los pobres (v. 6, NVI), y está presente con los justos (v. 5). David clama por la salvación de Israel y pide que el Señor restaure a su pueblo (v. 7).

Dios nos invita a orar por cualquier cosa que deseemos y necesitemos (Filipenses 4:6), y orar por los demás debe ser lo primero en nuestra lista. Muchas personas no saben cómo orar, pero como intercesores podemos pararnos en la brecha entre ellas y Dios, y podemos orar por ellas. Jesús está a la diestra de Dios, e intercede por nosotros (Romanos 8:34), y nosotros podemos y debemos hacer lo mismo por las pobres almas que no creen en Dios y cuyas obras son malévolas.

Nunca es demasiado tarde para que una persona reciba a Cristo como su Salvador. Mi padre tenía ochenta y tres años cuando finalmente entregó su corazón a Jesús. Murió a los ochenta y seis y se perdió de mucho de lo que podría haber tenido en vida. Sé que murió con varios remordimientos por la forma como había vivido. Nunca dejé de orar por él y al final fui testigo de un gran progreso. Te animo a continuar orando por las personas que amas y que sabes que necesitan a Jesús, pero continúan rechazándolo.

Padre, quiero tener la misma compasión que tienes por las personas que están perdidas sin ti. Llena mi corazón con el deseo de orar por ellas regularmente para que puedan tener el gozo de conocerte y pasar la eternidad contigo.

EL PODER DE LAS PALABRAS

¿Quién, Señor, puede habitar en tu santuario? ¿Quién puede vivir en tu santo monte?

SALMO 15:1 (NVI)

En el Salmo 15, cuando David responde a su propia pregunta sobre quién podría vivir cerca de Dios, no solo menciona a los que son íntegros y hacen lo correcto, sino que también menciona varias cosas sobre el tipo de palabras que decimos.

Los versículos 2–4 de este salmo nos enseñan que solo el de conducta *intachable* habla la verdad de corazón, no calumnia ni insulta a los demás, y cumple su palabra. Mantiene sus compromisos y cumple con lo que dice que hará, incluso si hacerlo lo perjudica. Esto es integridad, y nuestra sociedad actual carece mucho de ella. Ser una persona íntegra es extremadamente importante. Dios siempre cumple su palabra y espera que nosotros cumplamos la nuestra.

Si le dices a alguien que le devolverás la llamada, asegúrate de devolverla. Si haces una cita con alguien, asiste, a menos de que tengas una emergencia y no puedas ir. En ese caso, al menos comunícate con ellos, para que no te esperen sin entender por qué no llegaste. Si te comprometes a trabajar en la guardería de la iglesia dos veces al mes, asegúrate de presentarte. Cada vez que no mantenemos nuestra palabra alguien sufre por nuestra negligencia, y eso está mal.

Tenemos un llamado a ser excelentes en todos nuestros caminos, y la integridad es parte de la excelencia.

Padre, ayúdame a usar mis palabras de manera que edifiquen a las personas; ayúdame a hacer siempre lo que digo que voy a hacer. Gracias.

DIOS TE PROTEGERÁ

Guárdame, oh Dios mío, porque en ti he confiado.

SALMO 16:1 (RVR1960)

La violencia nos rodea hoy en día, y al salir de casa casi siempre nos preocupamos por nuestra seguridad. Debemos usar siempre la sabiduría en nuestras elecciones, pero podemos confiar en que Dios nos mantendrá a salvo. Si vas solo a una tienda por la noche, debes estar atento a lo que sucede a tu alrededor. Si vas a correr, el día puede ser mejor que la noche, especialmente si corres solo. Dios nos da sabiduría y espera que la usemos.

Dios no solo nos protege, sino que también nos envía ángeles ministradores para ayudarnos y velar por nosotros (Salmo 91:11; Hebreos 1:14). Es reconfortante recordar que tenemos ángeles junto a nosotros todo el tiempo. Soy propensa a olvidarlo porque no puedo verlos, y puede que tú también lo olvides porque tampoco los ves. Pero estoy segura de que los ángeles nos protegen, casi siempre en momentos donde ni siquiera nos damos cuenta de que están trabajando.

Hebreos 13:2, dice: "Y no se olviden de practicar la hospitalidad, pues gracias a ella algunos, sin saberlo, hospedaron ángeles" (RVC). Los ángeles pueden tomar forma humana, y así pueden estar con nosotros con más frecuencia de lo que imaginamos. Si lo tienes en cuenta podrás disipar cualquier temor que tengas por tu seguridad. Si deseas desarrollar tu fe en el conocimiento de que los ángeles están por todas partes, simplemente busca en la Biblia la palabra *ángel* y encontrarás al menos cien pasajes sobre ellos.

Padre, ayúdame a usar la sabiduría en todo lo que hago. Gracias por protegerme y por enviar ángeles para cuidarme.

DIOS ES TU PORCIÓN

Oh Señor, porción de mi herencia, y mi copa, ¡tú sustentas mi destino!

SALMO 16:5 (RVA-2015)

Recuerdo una época cuando tenía que trabajar mucho y me frustré porque parecía que nadie apreciaba mi arduo trabajo. Le pregunté al Señor: *Padre, ¿de qué me sirve esto?* Admito que mi pregunta fue tonta, pero Dios me respondió. Le habló a mi corazón y dijo: *Tú me comprendes.* He pensado mucho en eso a lo largo de los años y desde entonces he encontrado varios pasajes, como nuestro versículo de hoy, que dicen que Dios es nuestra porción. Decir que Dios es nuestra porción es lo mismo que decir que es nuestra herencia, recompensa o parcela en la vida.

Sin duda Dios hace muchas cosas por nosotros, pero tenerlo es nuestra mayor bendición y siempre debería ser suficiente para satisfacernos. De hecho, no importa qué más tengamos, si no tenemos su presencia en nuestra vida, nada de lo que tengamos significa algo. Dios es nuestro Todosuficiente; es todo lo que jamás necesitaremos.

En el Antiguo Testamento, todas las tribus de Israel recibieron una herencia o parcela de tierra, excepto la tribu sacerdotal de Leví; Dios les dijo que Él era su porción (Deuteronomio 18:1–2; Josué 13:33), y tuvieron el privilegio de servirle como sacerdotes.

Jesús es nuestro sumo sacerdote (Hebreos 4:14), y nosotros somos coherederos con Él (Romanos 8:17), por lo que nuestra porción también es el Señor. Y el Espíritu Santo que vive en nosotros es la garantía de esta herencia eterna que hemos recibido (Efesios 1:13–14; Hebreos 9:15).

Padre, agradezco que seas mi porción, mi herencia. No hay nada que desee más que a ti. Eres todo lo que necesito, mi Todosuficiente.

INTIMIDAD CON DIOS

Bendeciré al Señor, que me aconseja; aun en las noches me corrige mi conciencia.

SALMO 16:7 (RVA-2015)

Tener una relación cercana, personal e íntima con Dios es maravilloso. Por sus Salmos es evidente que David tenía ese tipo de relación con el Señor, y nosotros también podemos tenerla. David escribió que incluso durante la noche Dios le habló y le aconsejó. La mayoría de nosotros nos despertamos en algún momento de la noche, e incluso ahí, Dios está con nosotros, observándonos, y bien puede hablarnos si estamos escuchando.

David dijo que siempre ha puesto al Señor "delante de sí" (Salmo 16:8 RVA-2015), y podemos formar el hábito de tener siempre un oído puesto en el Señor sin importar lo que estemos haciendo. Siempre podemos estar observando y esperando que Dios nos hable. Este tipo de relación íntima con Dios nos da la gran confianza de que, pase lo que pase, nos mantendremos firmes y no nos molestaremos ni perturbaremos.

Incluso en tiempos difíciles, nuestro corazón puede regocijarse y alegrarse, y podemos descansar seguros en el amor de Dios por nosotros. Puedes estar seguro de que Dios no te abandonará. Él nos muestra el camino de la vida, y en su presencia, estamos llenos de alegría (Salmo 16:9–11). Mantén siempre primero a Dios en tu vida, y Él se encargará de todo lo demás que necesites.

Padre, estoy agradecido de poder tener una relación íntima contigo. Llévame hacia ti y ayúdame a tenerte en mi mente y corazón en todo momento. Eres más importante para mí que cualquier otra cosa.

TENER LA CONCIENCIA LIMPIA

Escucha, oh Señor, una causa justa; atiende a mi clamor. Presta oído a mi oración que es de labios sin engaño.

SALMO 17:1 (RVA-2015)

No se puede exagerar la importancia de mantener la conciencia limpia ante Dios. Pablo habló sobre su conciencia y por medio del Espíritu Santo confirmó que estaba haciendo lo correcto (Romanos 9:1). Debemos tener cuidado de no pecar contra nuestra propia conciencia, porque se puede convertir en una carga pesada de llevar. David invitó a Dios a examinarlo y a probarlo, porque estaba seguro de que no había cometido ningún mal, ni había transgredido (pecado) con su boca (Salmo 17:2–3).

Podemos ver en el pasaje de hoy que David estaba seguro de que se había aferrado firmemente a la Palabra de Dios y que Dios le respondería cuando lo invocara (Salmo 17:4–6). Lamentablemente, con demasiada frecuencia tratamos de operar en la fe mientras cargamos con culpa en la conciencia, por lo que no podemos dar buenos frutos. Debemos guiarnos por la paz, y Pablo escribe que todo lo que hacemos, si no proviene de la fe, es pecado (Romanos 14:23).

Cuando nos arrepentimos del pecado, Dios no solo perdona los nuestros, sino que quita la culpa que los acompaña; por lo tanto, siempre podemos caminar ante Dios con la conciencia limpia si buscamos la pureza de vida y somos rápidos para arrepentirnos cuando pecamos.

Padre, te amo, y aprecio lo que Jesús ha hecho por mí. Perdona todos mis pecados y límpiame de toda culpa y condena. Quiero caminar contigo con la conciencia limpia en todo momento.

LA NIÑA DE LOS OJOS
DE DIOS

*Guárdame como a la niña de tus ojos; Escóndeme bajo la sombra de
tus alas.*

SALMO 17:8 (RVR1960)

La frase *la niña de mis ojos* originalmente se refería a la pupila del
ojo. Si lo piensas, somos muy protectores de nuestras pupilas.
Si algo potencialmente dañino se acerca al ojo, inmediatamente
cerramos el párpado para protegerlo. Dios nos protege de la misma manera.

Hoy en día, la *niña* del ojo se refiere a algo que se elige por
encima de lo demás. Si tuvieras que ir al supermercado a comprar una manzana, mirarías todas las manzanas y elegirías la que
te pareciera mejor. Dios nos elige a cada uno de nosotros como
la niña de sus ojos. Todos somos especiales para Él, y nos quiere
especialmente. Somos sus hijos, y todos sus planes para nosotros
son buenos. No debemos sentir que somos mejores que los demás,
pero debemos tener la confianza de creer que somos especiales para
Dios y que en verdad somos la niña de sus ojos.

Hoy puedes estar seguro de que Dios está contigo, y te cuida
en todo momento. Te protege como protegemos la pupila del ojo,
y puedes descansar en su amoroso cuidado. Dios te creó para disfrutar la vida, así que asegúrate de disfrutarla hoy y no la desperdicies preocupándote, porque Dios tiene todo bajo control.

*Padre, gracias porque soy la niña de tus ojos y porque me amas y has
prometido protegerme. Ayúdame a descansar en ti y a no tener miedo.*

TE AMO, SEÑOR

Te amo, oh Señor, fuerza mía. El Señor es mi roca, mi fortaleza y mi libertador. Mi Dios es mi peña; en él me refugiaré. Él es mi escudo, el poder de mi liberación y mi baluarte.

SALMO 18:1-2 (RVA-2015)

Lo que Dios más quiere es que lo amemos. Cuando un maestro de la ley judía le preguntó a Jesús cuál era el mandamiento más importante, Él respondió: "Y amarás al Señor tu Dios con todo tu corazón, y con toda tu alma, y con toda tu mente y con todas tus fuerzas" (Marcos 12:30, RVR1960). También dijo: "Si me aman, guardarán mis mandamientos" (Juan 14:15, RVA-2015).

Observa que no dijo: *Si me obedecen, los amaré*. El amor de Dios por nosotros es incondicional, y podemos amarlo solo porque Él nos amó primero (1 Juan 4:19). Él quiere que recibamos su amor como un regalo y luego respondamos obedeciéndolo con alegría, al saber que todo lo que nos pide hacer es siempre y solo para nuestro bien.

A veces se nos dificulta obedecer a Dios en áreas en las que nos es difícil obedecer, pero en lugar de esforzarnos más, tal vez deberíamos simplemente concentrarnos en amarlo más. Cuanto más lo amamos, más fácil es obedecerle. Queremos agradar a Dios, y cualquier sacrificio que debamos hacer para agradarle vale la pena. Si luchas contra una debilidad o un pecado en particular, pasa más tiempo con el Señor y en su palabra, y descubrirás que el resultado es mejor del que pudiste haber obtenido a través del esfuerzo humano. Dile al Señor varias veces al día que lo amas y agradécele por amarte.

Padre, te amo y quiero amarte cada vez más. Gracias por amarme. Ayúdame a ser obediente a ti en todas las cosas.

DIOS TE ENCONTRARÁ DONDE ESTÉS

Desde el cielo alargó su mano y me agarró.

SALMO 18:16 (RVR1977)

La menor súplica de nuestro corazón a Dios capta su atención, y desciende de lo alto y se apodera de nosotros, como lo hizo con el salmista David. Me alegra que no tengamos que tratar de llegar a Él, sino que Él viene a nosotros, nos rescata y nos ayuda. El Salmo 18:9 declara que "Inclinó los cielos, y descendió" (RVR1960). Piensa en lo maravilloso que es que Dios haya descendido y agradécele.

Puedes estar en medio del mayor lío en el que hayas estado, y Dios te encontrará donde estés. Te encontrará, te levantará y te pondrá los pies en tierra firme. No cometas el error de pensar que debes ser una mejor persona para que Dios te ayude. Jesús dijo que vino por los que están enfermos en su alma, no por los que están sanos; no vino por "los justos", vino por los "pecadores" (Marcos 2:17, RVR1960). Esta es la buena nueva del evangelio.

El apóstol Santiago escribe: "Y si alguno de vosotros tiene falta de sabiduría, pídala a Dios, el cual da a todos abundantemente y sin reproche, y le será dada" (Santiago 1:5, RVR1960). Estoy tan contenta de que Dios nos encuentre donde estemos y que nos ayude a llegar a donde necesitemos estar.

Si en este momento luchas con el pecado o la debilidad en cualquier área de tu vida, simplemente suplica al Señor. Él descenderá y te encontrará donde estés, y te ayudará.

Padre, hoy te suplico y pido tu ayuda. Encuéntrame donde estoy, Señor, y fortaléceme en mi debilidad. Gracias.

VIVIR EN GRANDE

Me sacó a lugar espacioso; me libró, porque se agradó de mí.

SALMO 18:19 (RVR1960)

Creo que debemos tener una gran visión para nuestra vida. El pasaje de hoy respalda esa idea. Servimos a un Dios grande, que hace cosas grandes. Él "es poderoso para hacer todas las cosas mucho más abundantemente de lo que pedimos o entendemos" (Efesios 3:20, RVR1960).

Prefiero pedir mucho y obtener algo que pedir poco y obtener todo. No tengas miedo de pedirle a Dios cosas grandes. Sé seguro y audaz, como lo fue el salmista David. En 1 Corintios 2:9, Pablo escribe que "ojo no vio, ni oído oyó, ni han subido en corazón de hombre" (RVR1960) todas las cosas buenas que Dios tiene preparadas para los que lo aman.

Aunque somos imperfectos, Dios quiere que seamos bendecidos. Nos muestra su misericordia y bondad aun en medio de nuestras debilidades. Sin embargo, si no le pedimos nada, no recibiremos nada.

Me encanta la audacia de David en los Salmos. El escritor de Hebreos también alienta la valentía cuando dice que debemos acercarnos confiadamente al trono de la gracia porque tenemos un Sumo Sacerdote que comprende nuestras debilidades, es decir, Jesús (Hebreos 4:15–16).

Ama a Dios con todo tu corazón, sé rápido para arrepentirte cuando pecas y ora con valentía, sin temor de pedirle a Dios que te lleve a un lugar grande.

Padre, gracias por tu asombrosa bondad en mi vida. Te pido que hagas grandes cosas en mi vida.

DIOS TE DA FUERZA Y TE MANTIENE SEGURO

Contigo desbarataré ejércitos; con mi Dios saltaré murallas. Perfecto es el camino de Dios; probada es la palabra del Señor. Él es escudo a todos los que en él se refugian. Porque, ¿quién es Dios fuera del Señor? ¿Quién es Roca aparte de nuestro Dios? Dios es el que me ciñe de vigor y hace perfecto mi camino. Hace que mis pies sean ágiles como los del venado, y me mantiene firme sobre mis alturas.

SALMO 18:29-33 (RVA-2015)

No todas las tormentas se anuncian en el pronóstico del tiempo; a veces nos toman por sorpresa. La vida es igual: nunca sabemos con exactitud lo que puede suceder de un día para otro, y esta es una de las razones por la cual debemos alegrarnos de que Dios promete ser nuestra fortaleza. Su Palabra nos dice que podemos hacer todo lo que necesitamos hacer a través de Cristo, quien es nuestra fortaleza (Filipenses 4:13).

Son increíbles las situaciones que podemos atravesar con la ayuda de Dios. Puede que no siempre entendamos por qué nos ha pasado algo o cuándo terminará, pero el Salmo 18 nos dice que el camino de Dios es perfecto (v. 30), y esta verdad debería darnos consuelo. Habacuc 3:19 dice que Dios hace nuestros pies como los de las ciervas, que tienen la capacidad de escalar montañas empinadas y permanecer estables.

Recuerda siempre que no necesitas vivir con temor, porque Dios puede manejar cualquier cosa que surja en tu vida. Será el escudo a tu alrededor y te mantendrá a salvo y estable.

Padre, gracias porque puedo pasar por la vida sin temor, y sé que pase lo que pase, me darás la fuerza para manejarlo.

EL CUIDADO
DE DIOS TE RODEA

Los cielos cuentan la gloria de Dios, y el firmamento anuncia la obra de sus manos.

SALMO 19:1 (RVR1960)

El pasaje de hoy nos enseña que incluso los cielos, que vemos cada día, hablan de la gloria de Dios. De hecho, creo que verás evidencias de Él y de su cuidado por todas partes si las buscas. Además de verlas en la naturaleza, puedes verlas en la sonrisa de un ser querido, en la gracia que Él te da en una situación difícil, en el progreso de la sanación o provisión financiera, o en una circunstancia que jamás podrías organizar por tu cuenta. Son cosas que te animan a decir: *¡Solo Dios podría hacerlo!* Si te esfuerzas por ser consciente de la mano de Dios que obra en tu vida, la verás, incluso en formas que pueden parecer comunes, ordinarias o no muy espirituales.

En Lucas 12:24–28, Jesús habla de pájaros y flores, al observar que Dios alimenta a los pájaros sin que tengan que sembrar o cosechar su propio alimento, y que las flores "no trabajan, ni hilan" (RVR1960) para embellecerse. Nada en el mundo natural funciona para cuidarse a sí mismo o se preocupa por si será atendido. Todo en la creación de Dios depende de Él y de su fiel cuidado, que vemos temporada tras temporada, año tras año.

Hoy, echa un vistazo afuera y presta atención a lo que ves. Dios se encarga de todo y se está ocupando de ti.

Gracias, Dios, porque a mi alrededor veo evidencias del hecho de que te preocupas por mí.

LA NATURALEZA PRUEBA LA EXISTENCIA DE DIOS

Los cielos cuentan la gloria de Dios, y el firmamento anuncia la obra de sus manos. Un día emite palabra a otro día, y una noche a otra noche declara sabiduría. No hay lenguaje, ni palabras, ni es oída su voz. Por toda la tierra salió su voz, y hasta el extremo del mundo sus palabras. En ellos puso tabernáculo para el sol.

SALMO 19:1-4 (RVR1960)

Es difícil reflexionar con seriedad sobre el universo y la belleza de lo que Dios ha creado y todavía no creer en Él. Por ejemplo, leí que los expertos alguna vez pensaron que hay alrededor de diez mil especies de aves, pero ahora creen que esa cifra puede duplicarse. Hay cuarenta y cinco mil tipos diferentes de arañas, novecientos mil tipos diferentes de insectos ahora conocidos, y estos números siempre aumentan. La lista es interminable e impresionante.

La creatividad de Dios está más allá de nuestra imaginación. Cada ser humano que ha existido tiene diferentes huellas dactilares y ADN. Cuando pensamos en lo únicos que somos todos, es difícil imaginar que no hay Dios.

Pablo escribió que la naturaleza misma nos deja sin excusa para no creer en Dios. "Porque las cosas invisibles de Dios, su eterno poder y deidad, se hacen claramente visibles desde la creación del mundo, siendo entendidas por medio de las cosas hechas, de modo que no tienen excusa" (Romanos 1:20, RVR1960).

Disfruto al ver videos sobre la naturaleza y el reino animal porque siempre me asombra ver lo que Dios ha hecho y cómo todo en el universo funciona en conjunto. Casi siempre niego con la cabeza, llena de asombro, cuando los miro. No demos por sentada la naturaleza; reflexionemos con seriedad sobre lo brillante y sorprendente que es, al recordar que Dios creó todo en ella.

Padre, gracias por todas las cosas hermosas y asombrosas que creaste para nuestro disfrute y placer. Tu creación me deja asombrado.

FALTAS OCULTAS

¿Quién podrá entender sus propios errores? Líbrame de los que me son ocultos. Preserva también a tu siervo de las soberbias; que no se enseñoreen de mí; entonces seré íntegro, y estaré limpio de gran rebelión.

SALMO 19:12-13 (RVR1960)

Conocerse verdaderamente a uno mismo puede ser uno de los mayores desafíos de la vida. Somos buenos para ver las fallas de otras personas, pero no siempre tan buenos para reconocer las nuestras. Pablo dijo que no reconocía ninguna falta contra sí mismo y que su conciencia estaba limpia, pero que ni siquiera eso significaba que era inocente (1 Corintios 4:4). Solo Dios juzga con precisión, y sacará a la luz las cosas ocultas (1 Corintios 4:5).

Oro para que Dios perdone mis faltas inconscientes y ocultas, al igual que las cosas de las que soy consciente y me arrepiento. Te animo a que hagas lo mismo. Siempre es mejor mantener nuestro corazón limpio y puro ante Dios y tener una actitud humilde, y que Dios ve cosas que nosotros no vemos.

Pablo preguntó a los cristianos en Roma por qué juzgaban a otros por cosas que ellos también hacían: "Por lo cual eres inexcusable, oh hombre, quienquiera que seas tú que juzgas; pues en lo que juzgas a otro, te condenas a ti mismo; porque tú que juzgas haces lo mismo" (Romanos 2:1, RVR1960).

Hacemos lo que Romanos 2:1 describe, pues excusamos nuestras faltas, pero pensamos que no hay excusa para las faltas de los demás. En el momento en que inventamos una excusa para el pecado decimos en nuestro corazón que, aunque la acción fue la incorrecta, nuestra razón para hacerla es aceptable, lo cual es engaño y, como señala Romanos 2:1, es *inexcusable*.

Padre, ayúdame a no juzgar a los demás y a darme cuenta de que yo mismo peco y puedo llegar a hacer cosas malas de las que soy totalmente inconsciente. Ayúdame a ver la verdad y a no ser engañado.

PALABRAS Y PENSAMIENTOS

Sean gratos los dichos de mi boca y la meditación de mi corazón delante de ti, oh Señor, Roca mía y Redentor mío.

SALMO 19:14 (RVA-2015)

Nuestras palabras y pensamientos son poderosos, pues no solo afectan a otras personas, sino también a nosotros mismos. Según Santiago 3:8, nadie puede *domar la lengua*, así que debemos orar por esto con regularidad.

¿Cuánto tendrían que cambiar tus pensamientos y palabras para que agraden a Dios? Es una pregunta que nos hace pensar; si me la hago a mí misma, debo decir que es probable que necesite cambiar más de lo que me doy cuenta. Dios quiere que todas nuestras palabras sean conformes a sus palabras. Deben ser edificantes, estimulantes, positivas y sinceras.

Nuestra conversación debe estar llena de gratitud hacia Dios y las personas, y no debe ser altiva, sino humilde. No debemos juzgar ni criticar, ni debemos chismear ni repetir los secretos de otras personas. La Biblia tiene mucho que decir tanto sobre nuestros pensamientos como sobre nuestras palabras, y debemos prestarles mucha atención. La Palabra de Dios nos enseña que debemos pensar antes de hablar (Proverbios 29:20), y que nuestras palabras deben ser pocas (Eclesiastés 5:2).

Pienso y medito en estas escrituras con regularidad, y me ayudan a disciplinar mis pensamientos y palabras.

Padre, quiero complacerte con todos mis pensamientos y palabras. Necesito tu ayuda porque no puedo hacerlo solo.

ORACIÓN CONTESTADA

Te dé conforme al deseo de tu corazón, y cumpla todo tu consejo.

SALMO 20:4 (RVR1960)

El Salmo 20 es muy alentador. Dios quiere responder a nuestras oraciones, concedernos los deseos de nuestro corazón y hacer que todos nuestros planes tengan éxito. Qué emocionante y refrescante es pensar en la buena vida que Dios ha planeado para nosotros y en cómo quiere que seamos bendecidos en todo lo que hacemos.

Si en este momento estás afrontando una temporada difícil en tu vida, ten esperanza porque Dios tiene reservadas mejores cosas para ti. Sigue orando y pidiéndole a Dios que te dé victoria, ayuda y protección.

Eres el ungido de Dios (Hebreos 1:9; 1 Juan 2:20, 27), y Él promete que "salvará a su ungido" (Salmo 20:6, RVC). El Salmo 20 nos recuerda que algunas personas depositan su confianza en autos y caballos (es decir, en otras cosas), pero nosotros confiamos en el nombre del Señor nuestro Dios. Tus enemigos caerán de rodillas, pero tú te levantarás y te mantendrás erguido (Salmo 20:7–8 NVI).

Padre, gracias por darme una buena vida. Pongo mi confianza en ti y estoy agradecido de que escuches y respondas mis oraciones.

BENDICIONES INFINITAS

Porque lo has bendecido para siempre; lo llenaste de alegría con tu presencia.

SALMO 21:6 (RVR1960)

En el Salmo 21, David declara la forma como Dios ha bendecido al rey, pero creo firmemente que podemos tomar todas estas bendiciones para nosotros mismos. Por esta razón, te escribo personalmente: Dios te concederá el deseo de tu corazón y no negará la petición de tus labios. Te recibirá con abundantes bendiciones y te dará larga vida. Te revestirá de esplendor y majestad y te concederá bendiciones sin fin (Salmo 21:2–6). Si confías en el Señor, no temblarás. Derrotarás a todos tus enemigos, porque el Señor los devorará en su ira, y el fuego los consumirá. La gente puede maquinar el mal contra ti e idear planes perversos, pero no prevalecerá (Salmo 21:7–11, RVR1960).

Dios te ha hecho más que vencedor por medio de Cristo (Romanos 8:37), y para mí esto significa que podemos estar seguros de que saldremos victoriosos incluso antes de que comience la batalla. No tienes que vivir con temor, porque Dios está de tu lado. Él es por ti, así que no importa quién esté en tu contra, al final vencerás (Romanos 8:31–39). Mantente fuerte en la fe y sé fiel al Señor y Él se encargará de cualquier cosa que te amenace.

Padre, gracias porque puedo descansar en tu amor y porque me cuidas. Tú escuchas y respondes mis oraciones y me otorgas los deseos de mi corazón.

CUANDO TE SIENTES DESAMPARADO POR DIOS

Dios mío, Dios mío, ¿por qué me has desamparado? ¿Por qué estás tan lejos de mi salvación, y de las palabras de mi clamor?

SALMO 22:1 (RVR1960)

¿Alguna vez te has sentido desamparado por Dios? Jesús sí. Mientras colgaba de la cruz, y sufría por nuestro pecado, le preguntó a Dios por qué lo había abandonado. Algunos teólogos consideran que el Salmo 22 es un salmo profético sobre el tiempo de Jesús en la cruz, y se correlaciona con mucho de lo que Jesús dijo durante la crucifixión. Se puede aplicar directamente a nuestra vida porque a veces nos sentimos abandonados, como se sintió Jesús.

El Salmo 22 también dice que el salmista todavía confía en Dios y cree que será salvado, a pesar de sentirse abandonado. En el versículo 19 dice: "Pero tú, Señor, ¡no te alejes! Tú eres mi fuerza, ¡ven pronto en mi ayuda!" (RVC), lo cual nos enseña que, aunque no tenemos que negar nuestros sentimientos, tampoco debemos dejar que nos controlen. Vivir acorde a los sentimientos conduce a una vida derrotada y miserable.

En medio del sufrimiento, David dice: "*Anunciaré* tu nombre a mis hermanos; En medio de la congregación te alabaré" (Salmo 22:22, RVR1960, mis cursivas). Creo que su intención de anunciar no se basa en sus sentimientos sino en su decisión de alabar a Dios. Tristemente, muchos cristianos todavía se comportan acorde a lo que sienten. Caminan en la carne (naturaleza humana sin Dios), no en el Espíritu, y permanecen carnales. Los sentimientos son inestables y siempre cambiantes, y aunque siempre los vamos a tener, no debemos confiar en ellos, sino poner nuestra confianza en la Palabra de Dios.

Padre, ayúdame a aferrarme a las promesas de tu palabra en lugar de seguir mis sentimientos. Puede que a veces sienta que me has abandonado, pero sé que no me desamparas. Has prometido nunca dejarme ni abandonarme. Esto es lo que creo, sin importar cómo me sienta.

DIOS MORA EN NOSOTROS

Pero tú eres santo, tú que habitas entre las alabanzas de Israel.

SALMO 22:3 (RVR1960)

En la versión de la Biblia de Reina-Valera de 1960, el pasaje de hoy dice que Dios *habita* entre las alabanzas de su pueblo, y la versión en inglés de la Biblia Ampliada, Edición Clásica dice que Él *mora* (*dwells*) donde "se ofrecen" las alabanzas. Para mí, esto significa que Dios se siente cómodo en medio de nuestras dulces alabanzas y agradecimientos, pero no en actitudes negativas o quejas.

Dios no solo mora en nuestras alabanzas; también mora en nuestros corazones por el Espíritu Santo (1 Corintios 3:16; Efesios 2:22). Durante los tiempos del Antiguo Testamento, antes de que Jesús viniera a la tierra, la presencia de Dios habitaba en un santuario (Éxodo 25:8). Su pueblo, los hijos de Israel, viajaba por un desierto, camino a la tierra buena que Él les había prometido. Cada vez que se detenía, podía adorar a Dios y disfrutar de su presencia porque Dios moraba en el santuario.

El santuario tenía un atrio exterior y un atrio interior. En el atrio exterior se llevaban a cabo diversas actividades, pero el atrio interior era un lugar santo, reservado para Dios. Hoy en día, Dios mora en lo más íntimo de nuestro ser: el corazón. Por esta razón debemos cuidar lo que sucede en nuestros corazones y mantenerlos libres de celos, lujuria, amargura, falta de perdón y todo tipo de pecado.

Hoy te animo a que examines tu vida interior y te asegures de que tu corazón es un lugar cómodo para que Dios more.

Padre, ayúdame a vivir mi vida interior de tal manera que te sientas como en casa.

DIOS CONFORTARÁ TU ALMA

En lugares de delicados pastos me hará descansar; junto a aguas de reposo me pastoreará. Confortará mi alma; me guiará por sendas de justicia por amor de su nombre.

SALMO 23:2-3 (RVR1960)

El Salmo 23 es uno de los salmos que más conforta de la Biblia. Nos brinda muchas promesas, incluido el consuelo de nuestras almas. El alma consiste en la mente, la voluntad y las emociones, y así como nuestro cuerpo necesita descanso y restauración, nuestra alma también.

¿Está cansada y fatigada tu mente por las preocupaciones, los raciocinios y por tratar de pensar qué hacer con tus problemas? ¿Están agotadas y nerviosas tus emociones debido a que estás molesto o enojado por las cosas que otras personas tienen y tú no? ¿Es débil tu voluntad por intentar mantenerte fuerte cuando sientes que fallas constantemente? Si la respuesta es sí, sé cómo te sientes porque a veces todos experimentamos sentimientos como estos.

Según el Salmo 23, el Señor es tu pastor; nada te faltará, y en verdes pastos te hará descansar, junto a aguas de reposo te conducirá y confortará tu alma. No tienes que trabajar todo el tiempo o preocuparte por cómo resolver tus problemas; puedes tomarte un tiempo para recargarte y nutrirte. Si no te lo tomas, sin duda te cansarás, y el cansancio casi siempre nos lleva a tomar malas decisiones. Pasa cierto tiempo con Dios en un lugar tranquilo y deja que su presencia te conforte y restaure. El tiempo con Dios todos los días es una inversión valiosa.

Padre, gracias porque confortas mi alma. Ayúdame a ser lo suficientemente sabio como para pasar tiempo contigo regularmente y darte la oportunidad de traer consuelo a mi vida.

DÍA
52

CONSUELO PARA CUANDO SIENTAS TEMOR

Aunque ande en valle de sombra de muerte, no temeré mal alguno, porque tú estarás conmigo; tu vara y tu cayado me infundirán aliento.

SALMO 23:4 (RVR1960)

Algunas veces, hasta las personas que no saben mucho sobre la Biblia recurren al Salmo 23 cuando sienten temor y necesitan consuelo. El temor atormenta, pero tiene una respuesta: no tenemos que temer porque Dios está con nosotros. Cuando sabemos cuánto nos ama Dios, creeremos que nos cuidará y no permitirá que nos sobrevengan más dificultades de las que podemos soportar (1 Corintios 10:13).

Aunque podamos sentir temor, no debemos dejar que este gobierne nuestras decisiones. La valentía no es la ausencia de miedo: es avanzar en presencia del miedo. Dios no nos ha dado temor (2 Timoteo 1:7); nos da valor. El miedo es del enemigo, y lo usa para evitar que progresemos en la vida.

Si huyes del miedo, te perseguirá, pero si lo enfrentas, retrocederá. No permitas que el enemigo te robe la vida a través de emociones negativas como el temor, la preocupación, la culpa o los celos. El mejor consejo que puedo darte es que cuando aparezca una de estas emociones (y nunca sabes cuándo podrá aparecer), ora y sigue adelante y haz lo que harías si la emoción no estuviera ahí. Si dejas que la emoción te controle, la alimentas y se fortalece. Pero si no dejas que te controle, la privas de alimento y se volverá cada vez más débil hasta que no tenga poder alguno en tu vida.

Padre, quiero reemplazar todo temor con fe en ti, y necesito tu ayuda para hacerlo. Enséñame en esta área a cómo no permitir que las emociones negativas me controlen.

TODO LE PERTENECE A DIOS

Del Señor es la tierra y todo lo que hay en ella; el mundo y los que lo habitan.

SALMO 24:1 (RVA–2015)

Una palabra que los niños aprenden a decir temprano en la vida es *mío*. Se aferran a un juguete u otra cosa que les gusta, especialmente si alguien trata de quitárselo, y lo declaran su propiedad. Este sentimiento de propiedad no se debilita, y tiende a fortalecerse a medida que nos hacemos adultos. Sentimos que hemos trabajado duro por nuestras posesiones, y cualquier pensamiento de perderlas nos provoca temor.

Tuve que aprender que, como hija y sierva de Dios, soy guardiana de lo que Él me confía y dueña de nada. Si no aprendemos esta lección, se nos dificultará ser generosos y bondadosos con los demás, y nos aferraremos a las cosas que Dios quiere que soltemos para poder avanzar en la vida. Debemos estar listos para dejar ir cualquier cosa en el momento en el que Dios nos indique.

¿Alguna vez te ha pedido Dios que regales un artículo favorito? Una vez me pidió que regalara mi abrigo favorito. La persona a la que quería que se lo diera era alguien que me había lastimado; entonces, naturalmente, no quería dárselo. Admito que no fui obediente de inmediato. Me tomó un poco de tiempo estar dispuesta, e incluso entonces, se me dificultó hacerlo con alegría.

Seamos sabios con la actitud de *lo mío* y recordemos siempre que no tenemos nada a menos que Dios nos lo dé. Somos sus guardianes, y Él confía en nosotros para administrar sus recursos hasta que regrese para llevarnos a nuestro hogar eterno.

Padre, gracias por confiar en mí para administrar lo que te pertenece. Ayúdame a no aferrarme a las cosas y a estar siempre listo y dispuesto a dejarlas ir cuando me lo pidas.

MANOS LIMPIAS
Y CORAZÓN PURO

¿Quién subirá al monte del Señor? ¿Quién permanecerá en su lugar santo? El limpio de manos y puro de corazón que no ha elevado su alma a la vanidad ni ha jurado con engaño.

SALMO 24:3-4 (RVA-2015)

¿Sabes que es posible tener las manos limpias, sin tener un corazón puro? Podemos hacer muchas obras buenas, por el motivo equivocado. Jesús nos instruye a no dar para ayudar a otros ni a orar con la esperanza de que la gente nos vea y nos admire (Mateo 6:3–5). Si la aprobación o el aplauso son nuestro motivo, perderemos la recompensa de Dios.

Jesús reprendió enérgicamente a los fariseos que hacían todas las obras correctas según la ley, pero no movían un dedo para ayudar a alguien (Mateo 23:1–32). Jesús también habló de personas que le contarán todas sus buenas obras, pero Él dirá: "No les conozco" (Lucas 13:27, RVA-2015). El por qué hacemos lo que hacemos (nuestra motivación) es más importante para el Señor que lo que hacemos. Podemos hacer buenas obras, pero si nuestro motivo es de alguna manera egoísta, nuestro corazón no está en un buen lugar.

Te animo a que con frecuencia te tomes el tiempo para examinar tus motivos y ser consciente de por qué haces lo que haces. 2 Corintios 13:5 nos enseña a examinarnos a nosotros mismos para asegurarnos de que estamos *en la fe*. Todo lo que hacemos debe hacerse para Dios porque lo amamos y le obedecemos. Solo entonces podremos hacerlo en la fe. Nunca debemos examinarnos y luego condenarnos si reconocemos un motivo equivocado; simplemente, debemos arrepentirnos y luego hacer las cosas a la manera de Dios.

Padre, quiero tener las manos limpias y un corazón puro. Ayúdame a reconocer cualquier motivación impura que pueda tener y que desconozco. Gracias.

CONFIANZA INQUEBRANTABLE

Dios mío, en ti confío; no sea yo avergonzado, no se alegren de mí mis enemigos.

SALMO 25:2 (RVR1960)

Si eres como muchos cristianos, sabes que para vivir una vida de fe es necesario confiar en Dios, pero muy dentro de ti, a veces te resulta difícil confiar verdaderamente en Él. Es posible que tengas días en los que tu confianza se sienta sólida y otros días en los que no estás tan seguro de confiar en Él o no. Puede haber días de tal frustración mientras esperas que Dios reaccione ante tu situación y ya no quieras confiar, que tomas medidas por tu cuenta, (lo que no suele funcionar muy bien).

Creo que todos hemos tenido momentos de decir: *Estoy confiando en Dios*, al estar realmente preocupados, al hablar negativamente o al tratar de resolver todo por nuestra cuenta. Queríamos confiar en Dios y tratábamos de aprender a confiar en Él, pero todavía no llegábamos a ese punto. Hice eso durante muchos años.

El pasaje de hoy habla de la confianza inquebrantable y la seguridad firme en el Señor. Una confianza y seguridad tan sólidas no se obtienen rápidamente, sino que se desarrollan con el tiempo. Por eso es tan importante *aguantar* con Dios. No renuncies ni te rindas, porque al permanecer firme en la confianza y resistir a la tentación de cansarte o vacilar en tu fe ganas experiencia y fortaleza espiritual. Tarde o temprano, si permaneces firme y no te rindes, verás que Dios se mueve.

Señor, ayúdame a no flaquear en mi confianza en ti, y ayuda a que esta confianza sea siempre firme.

CONOCER LOS CAMINOS
DE DIOS

Muéstrame, oh Señor, tus caminos; enséñame tus sendas. Encamíname en tu verdad y enséñame porque tú eres el Dios de mi salvación. En ti he esperado todo el día.

SALMO 25:4-5 (RVA-2015)

Conocer los caminos de Dios es más importante que esperar a que Él haga por nosotros. Solemos pedirle a Dios varias cosas o su ayuda con nuestros problemas, y aunque no está mal hacer estas peticiones, deberíamos querer conocer los caminos de Dios, más que querer sus cosas o su ayuda. Si conocemos y actuamos en sus caminos, tendremos también todo lo demás que necesitamos.

Jesús dice que si primero buscamos el Reino de Dios, todo lo demás nos será dado por añadidura (Mateo 6:33). Asegurémonos de estar más enfocados en complacer a Dios que en conseguir lo que queremos. Pablo escribe que todas las cosas funcionarán si queremos la voluntad de Dios y lo amamos (Romanos 8:28).

Desarrolla el hábito de buscar la voluntad de Dios y de desear complacerlo en todas las cosas antes de pedirle que satisfaga tus necesidades. Ora como Jesús nos enseñó: "Venga tu reino, hágase tu voluntad en la tierra como en el cielo" (Mateo 6:10, NVI).

Padre, quiero conocer tus caminos y hacer siempre lo que te complace. Por favor, enséñame y ayúdame a confiar en ti para satisfacer mis necesidades. Te buscaré por encima de todo y puedes añadir lo que quieras que tenga.

EL PERDÓN DE DIOS

Por amor de tu nombre, oh Señor, perdona también mi iniquidad porque es grande.

SALMO 25:11 (RVA-2015)

El regalo del perdón de Dios es verdaderamente asombroso, y está disponible para cada uno de nosotros. La naturaleza de Dios es perdonar y es lo que realmente quiere hacer. Lo único que tenemos que hacer nosotros es admitir nuestros pecados, estar dispuestos a apartarnos de ellos y pedir y recibir su perdón misericordioso. El perdón de Dios es completo, pues olvida nuestros pecados y los sitúa tan lejos como está el oriente del occidente (Hebreos 8:12; Salmo 103:12).

El pasaje de hoy dice que Dios perdona nuestros pecados a causa de su nombre. ¿Qué quiere decir? Dios no nos perdona por algo que hayamos hecho para merecer el perdón, sino porque Él es amor, y el amor debe perdonar. En realidad, Dios ya nos ha perdonado en Cristo por todos nuestros pecados, y está listo y a la espera de que pidamos y recibamos el perdón.

El Señor quiere una relación con nosotros, que solo es posible si nuestros pecados no se interponen entre Él y nosotros. El Señor quiere eliminarlos para que podamos pasar tiempo juntos con tranquilidad y disfrutar de su presencia. Es asombroso pensar en lo maravilloso que es el perdón total y completo de Dios.

La confesión es nuestra forma de reconocer nuestro pecado y dejarlo ir. Exhalamos nuestro pecado, culpa y vergüenza, e inhalamos el perdón y la misericordia de Dios. Y lo que es mejor: no hay límite de cuánto perdón podemos recibir, porque donde abunda el pecado, abunda más la gracia de Dios (Romanos 5:20).

Padre, me arrepiento de todos mis pecados, y pido y recibo tu perdón ahora. Gracias por tu gracia y misericordia. Te amo.

EL TEMOR REVERENCIAL DE DIOS

¿Qué hombre es el que teme al Señor? Él le enseñará el camino que ha de escoger. Su alma reposará en bienestar, y sus descendientes heredarán la tierra. El secreto del Señor es para los que le temen; a ellos hará conocer su pacto.

SALMO 25:12-14 (RVA-2015)

El pasaje de hoy habla del hombre que "teme al Señor". ¿Qué quiere decir? El temor de Dios es el temor reverencial y el asombro ante Él y su poder. Cuando lo sentimos, nos damos cuenta de que cuando dice algo, lo dice en serio, y de que sus caminos son las mejores maneras de vivir. Por desgracia, muchas personas no entienden el temor reverencial de Dios, lo que las hace poner en peligro su moralidad y hacer cosas que no deberían hacer. No debemos temer que Dios nos haga daño, porque Él es bueno, pero cuando le tenemos temor reverencial, no queremos hacer nada para ofenderlo.

Nuestra escritura de hoy dice que si sentimos un temor reverencial de Dios, pasaremos nuestros días en prosperidad, nuestra descendencia será bendecida y el Señor confiará en nosotros. Quiero que Él confíe en mí, ¿y tú?

Todos los caminos de Dios son correctos, y si los seguimos nuestra vida estará bendecida. Esto no quiere decir que nunca experimentaremos dificultades, sino que Dios siempre proporcionará una salida, un camino a la seguridad (1 Corintios 10:13). Insisto: Dios es bueno, y todo lo que te dice que hagas o dejes de hacer es para tu beneficio. Proverbios 9:10 nos enseña que el temor de Dios es el principio de la sabiduría. Siente un temor reverencial y saludable hacia Él, y te ayudará a tomar buenas decisiones a lo largo de tu vida.

Padre, quiero conocerte más y sentir un temor y un asombro reverenciales de ti que me impulsen siempre a seguir tus caminos.

CONSCIENTES DEL AMOR INAGOTABLE DE DIOS

Ponme a prueba, Señor, e interrógame; examina mis intenciones y mi corazón. Pues siempre estoy consciente de tu amor inagotable, y he vivido de acuerdo con tu verdad.

SALMO 26:2-3 (NTV)

Creo que una persona necesita un alto nivel de seguridad para invitar a Dios a examinarle el corazón y la mente. No me refiero a la seguridad en su propia bondad, sino a la confianza y seguridad en el amor, la misericordia, la longanimidad y el perdón de Dios. David no tuvo miedo de invitar a Dios a que lo examinara, porque sabía que, aunque Dios encontraría faltas en él, podría perdonarlo. Quería saber si había algo en su vida que ofendiera a Dios. No tuvo miedo de enfrentar sus debilidades, y nosotros tampoco deberíamos tenerlo.

Ser honestos sobre el lugar donde estamos es la única forma de llegar al lugar donde queremos estar. Si nos escondemos de nuestros pecados o los excusamos, nunca podremos librarnos de ellos. Cualquier cosa de la que huyamos nos perseguirá. Pero si la enfrentamos, podemos vencerla con la fuerza de Dios.

El apóstol Santiago nos enseña a confesar nuestras faltas unos a otros para que podamos sanar (Santiago 5:16). Las cosas ocultas en la oscuridad siempre nos amenazan, pero cuando salen a la luz quedan expuestas y ya no tienen control sobre nosotros. Nuestros secretos nos enferman, pero la verdad nos hará libres (Juan 8:32). Puedes hablar con Dios sobre cualquier cosa; a fin de cuentas, Él ya lo sabe todo. Dios no se sorprende ni se escandaliza por nada de lo que le dices. Te ama y sabe todo acerca de ti, incluso antes de que lo conocieras; por lo tanto, al igual que David, confiemos en su fidelidad y seamos conscientes de su amor inagotable.

Padre, te invito a examinar mi corazón y mi mente porque confío en tu amor y misericordia inagotables. Gracias por tu asombrosa bondad.

AUTENTICIDAD

No me he sentado con hombres hipócritas, ni entré con los que andan simuladamente. Aborrecí la reunión de los malignos, y con los impíos nunca me senté.

SALMO 26:4-5 (RVR1960)

Uno de los mejores elogios que alguien nos puede hacer es que somos los mismos en público y en privado. Una persona auténtica siempre es la misma, no pretende ser lo que no es ni hace las cosas solo para impresionar a ciertas personas mientras trata mal a otras que considera menos importantes.

Debemos evitar a las personas que no son genuinas y, en cambio, asociarnos con personas honestas y sinceras en las que se puede confiar. Jesús les dijo a los fariseos religiosos de su época que eran hipócritas porque hacían lo que hacían solo para que la gente los viera, y amaban los puestos de honor en los banquetes y los asientos importantes en las sinagogas (Lucas 11:43). Jesús dijo que hicieran lo que los fariseos decían, pero que no hicieran lo que los fariseos hacían (Mateo 23:3). En otras palabras, dieron muchos buenos consejos, pero no los siguieron, como los actores de una obra de teatro.

Jesús los llamó *sepulcros blanqueados* llenos de huesos de muertos (Mateo 23:27). Se veían bien por fuera, pero sus corazones eran impíos. Podemos engañar a mucha gente por medio de la falsedad, pero nunca podemos engañar a Dios, pues Él siempre ve los motivos detrás de nuestras acciones. Debemos hacer siempre lo que decimos que haremos y ser sinceros con nuestras palabras, y recordar que Dios ve nuestro corazón.

Padre, ayúdame a ser una persona sincera y genuina en todo momento; que yo sea igual en privado que en público.

¿A QUIÉN TEMERÉ?

El Señor es mi luz y mi salvación; ¿de quién temeré? El Señor es la fortaleza de mi vida; ¿de quién me he de atemorizar?

SALMO 27:1 (RVA-2015)

Creo que si realmente comprendiésemos lo poderoso que es Dios y cuánto nos ama, sentiríamos mucho menos miedo en nuestra vida. El salmista David con frecuencia escribe sobre el temor y cómo evitarlo. El temor nos impide avanzar. Nos impide hacer las cosas que Dios quiere que hagamos. Podemos sentir temor y aun así hacer lo que Dios quiere que hagamos, al recordar que Él es nuestra fortaleza. Una fortaleza es una estructura defensiva, un refugio en tiempos de problemas. Es un lugar al que podemos correr y saber que estaremos a salvo.

Cuando tienes problemas, ¿a quién acudes? Algunas personas corren hacia sus amigos, su cónyuge o su pastor, pero siempre debemos correr primero hacia Dios porque Él es nuestra fortaleza "en el día de la angustia" (Nahum 1:7, RVR1960). Dios quiere que confiemos en Él y que seamos valientes. El valor no es la ausencia de miedo, sino el poder avanzar en presencia del miedo.

¿Por qué podemos avanzar? Porque sabemos que Dios siempre está con nosotros, y su fuerza *se perfecciona* en nuestra debilidad (2 Corintios 12:9). No vivas la vida con temor; en cambio, confronta el temor con fe, y este huirá de ti.

Padre, ayúdame a hacer todo lo que quieres que haga y nunca dejes que el miedo me detenga.

EN BUSCA DE LA PRESENCIA DE DIOS

Una cosa he pedido al Señor; esta buscaré: que more yo en la casa del Señor todos los días de mi vida, para contemplar la hermosura del Señor y para inquirir en su templo.

SALMO 27:4 (RVA-2015)

¿Qué le has estado pidiendo a Dios? Llegó un momento en mi vida, hace muchos años, mientras leía el Salmo 27, que me enfrenté a esta pregunta. ¿Estaba pidiéndole a Dios *esa cosa*, la más importante, o le estaba pidiendo todo tipo de cosas mucho menos importantes? Tuve que admitir que buscaba eso que Dios podía hacer por mí más de lo que lo buscaba a Él mismo.

Darme cuenta de este hecho representó un cambio en mi vida. Dejé de pedirle a Dios tantas *cosas* y comencé a pedirle más *de Él*. A medida que desarrollé una relación más íntima con Él me di cuenta de que, mientras lo buscaba, Él me daba todo lo que necesitaba. No hay nada de malo en pedirle a Dios las cosas que queremos y necesitamos, pero si siempre están primero en la lista de lo que pedimos en oración, nuestras prioridades están equivocadas y necesitamos hacer un cambio.

Busca a Dios primero, busca su voluntad y sus caminos, y nada te faltará. A veces, mis hijos me llaman y me piden que los ayude con algo, pero a menudo me llaman, envían mensajes de texto o me visitan solo para decirme que me aman. Hacen cosas por mí y me piden que haga cosas por ellos, y esto mantiene sanas nuestras relaciones.

Pregúntale a Dios qué puedes hacer por Él y a quién podrías ayudar a diario, y ora para que se haga su voluntad en tu vida.

Padre, me arrepiento si he buscado cosas más de lo que te he buscado a ti. Perdóname y ayúdame a ponerte siempre primero en todo y en todas mis oraciones.

LA MEJOR MANERA DE SUPERAR EL RECHAZO

Aunque mi padre y mi madre me abandonen, el Señor me acogerá.

SALMO 27:10 (NVI)

El salmista escribe sobre un tipo de rechazo extremadamente doloroso: el abandono del padre y la madre. El rechazo de cualquier tipo, por parte de cualquier persona, puede hacer que cualquiera se sienta triste, desesperanzado e incluso deprimido. Ser rechazado significa ser echado a un lado, desechado por carecer de valor, o no ser querido e ignorado. El ser humano está creado para el amor y la aceptación, no para el rechazo, y el dolor emocional del rechazo es una de las heridas más profundas que puede sufrir una persona. Cuanto más cerca estamos de la persona que nos rechaza, más profundo es el dolor.

Superar el rechazo no es fácil. Toma tiempo, pero es posible a través del amor de Dios. Recibir su amor es la mejor manera de liberarse del dolor que se siente cuando la gente nos rechaza.

Dios nunca nos rechaza, sino que nos acepta completamente y nos ama incondicionalmente en Cristo. El apóstol Pablo ora por los creyentes en Efesios 3:17–19 para que seamos "arraigados y cimentados en el amor" y seamos capaces de "comprender cuál es la anchura, la longitud, la profundidad y la altura, y de conocer el amor de Cristo, que excede a todo conocimiento" (RVR1960).

Te animo a estar atento a todas las formas en las que Dios te muestra su amor, que sucede a través de varios medios. Si le pides que te ayude a reconocer su amor, pronto comenzarás a verlo a tu alrededor, y esta revelación y comprensión de su amor por ti sanarán cualquier rechazo que hayas experimentado.

Padre, gracias por amarme y aceptarme incondicionalmente. Cúrame del dolor de cualquier rechazo que haya experimentado en el pasado, mientras sigo caminando contigo.

VERÁS LA BONDAD
DE DIOS

¡Oh, si yo no creyese que he de ver la bondad del Señor en la tierra de los vivientes! Espera en el Señor. Esfuérzate y aliéntese tu corazón. ¡Sí, espera en el Señor!

SALMO 27:13-14 (RVA-2015)

¿Estás seguro de que durante tu vida verás la bondad del Señor? Algunos piensan que todo será maravilloso cuando lleguen al cielo, pero no esperan cosas buenas mientras están vivos en la tierra. La edición de Reina Valera Actualizada de La Biblia traduce el versículo 13 del pasaje de hoy de esta manera: "¡Oh, si yo no creyese que he de ver la bondad del Señor en la tierra de los vivientes!". Creo que el salmista dice que sin la esperanza de ver la bondad de Dios, se habría desanimado y tal vez, incluso, deprimido. La esperanza es poderosa, pues nos hace avanzar cuando todas nuestras circunstancias parecen desesperadas. La Biblia dice que Abraham no tenía razón para tener esperanza, pero aun así esperaba con fe que vería cumplirse la promesa de Dios (Romanos 4:18). Y la vio.

El Salmo 27:14 nos dice que esperemos en el Señor, lo que significa que debemos esperar con la expectativa de que algo bueno sucederá en cualquier momento. Espera a que Dios haga grandes cosas en tu vida, no necesariamente porque las mereces, sino porque Él es bueno. Ten confianza en que verás su bondad.

Padre, estoy emocionado de ver todas las cosas buenas que harás en mi vida. Te espero con esperanza y expectativa. Gracias.

PUEDES ESCUCHAR A DIOS

A ti clamaré, oh Señor; Roca mía, no te hagas el sordo para conmigo. No suceda que, por quedarte en silencio ante mí, yo llegue a ser semejante a los que descienden a la fosa.

SALMO 28:1 (RVA-2015)

Una palabra de Dios puede cambiar nuestra vida para siempre. Tenemos su palabra escrita, pero Él también le habla a nuestro corazón. 1 Reyes 19:12 se refiere a esto como "un silbido apacible y delicado" (RVR1960). Dios le habla a su pueblo de muchas maneras, y debemos esperar a que Él nos hable.

Esta mañana le pregunté al Señor si había algo que quería decirme. Mientras esperaba en silencio su respuesta, escuché el susurro de Dios en mi corazón. Lo que escuché me animó mucho y me dejó entusiasmada por el futuro. La Biblia está llena de historias de Dios hablándole a su pueblo, y con nosotros no hay mucha diferencia. La mayoría de las veces nos habla a través de su palabra, pero también de otras formas. Te animo a escuchar su voz y a aprender a escucharlo.

David escribe en el pasaje de hoy que si Dios se quedara callado, sentiría como si descendiera a una fosa. ¡Qué desalentador! Es evidente que necesitamos escuchar a Dios para estar animados.

No tengas miedo de cometer errores a medida que te afianzas en escuchar la voz de Dios. Probablemente cometerás algunos errores, como todos, pero de estos puedes aprender. Dios te ama, y mientras tu corazón esté en un buen lugar y quieras aprender, trabajará contigo, y te enseñará a reconocer su voz. Tan solo recuerda que Dios nunca nos dice nada que no corresponda con su palabra.

Padre, quiero escuchar tu voz, y oro para no ser engañado. Estoy listo para aprender de ti y te pido que me enseñes.

PEDIR Y RECIBIR
LA MISERICORDIA DE DIOS

Bendito sea el Señor, que oyó la voz de mis ruegos.

SALMO 28:6 (RVA-2015)

La Biblia está llena de pasajes sobre la misericordia de Dios, que está disponible para nosotros. Dios es misericordioso; la misericordia es parte de su naturaleza. Lamentaciones 3:22–23 dice que por la gran misericordia de Dios "no hemos sido consumidos" y que sus misericordias son "nuevas son cada mañana" (RVR1960). La misericordia está disponible, pero debemos recibirla para que nos ayude.

Recibir misericordia a veces es difícil porque sentimos que no la merecemos, pero el punto central de la misericordia es que no se puede merecer; es un regalo gratuito. Dios no solo nos da misericordia, también nos pide ser misericordiosos con los demás, porque la misericordia triunfa sobre el juicio (Santiago 2:13).

Quizás estás sufriendo por un pecado pasado y necesitas recibir la misericordia de Dios, que está disponible ahora mismo; lo único que necesitas hacer es pedirla y recibirla por la fe. O tal vez estás enojado con alguien y necesitas ofrecerle misericordia a esa persona. Si este es el caso, no hay mejor momento para hacerlo que ahora mismo. Cuando le muestras misericordia a alguien, en realidad te ayudas más a ti mismo que a él. La misericordia es hermosa y es algo que todos necesitamos dar y recibir.

Padre de las misericordias, gracias por darme la misericordia y ser bondadoso conmigo. Ayúdame a estar siempre dispuesto a ser misericordioso con los demás.

NUESTRO ESCUDO IMPENETRABLE

El Señor es mi fortaleza y mi escudo; confío en él con todo mi corazón. Me da su ayuda y mi corazón se llena de alegría; prorrumpo en canciones de acción de gracias.

SALMO 28:7 (NTV)

La obediencia a Dios es una parte vital de la vida cristiana y, como he dicho muchas veces, cuando obedecemos a Dios, somos bendecidos, y cuando no obedecemos, no debemos esperar la bendición. Cuanto más amamos a Dios y cuanto más recibimos su amor, más capaces somos de obedecerle con prontitud y reverencia. Todo lo que Dios nos indica que hagamos está motivado por su amor hacia nosotros y concebido para bendecirnos y beneficiar nuestra vida. Cuando Dios nos dice que no hagamos algo, no está tratando de quitarnos algo. Al contrario, nos protege de algo dañino, como un "escudo [impenetrable]". Es poderosa la idea de que Él es un escudo impenetrable, pues significa que nos protege con tanta fuerza y entereza que absolutamente nada puede alcanzarnos a menos que Él lo permita.

Jesús dice en Juan 14:15 que si lo amamos, guardaremos sus mandamientos, es decir, lo obedeceremos. Si lo amamos, confiaremos en Él y en su guía en nuestra vida. La próxima vez que luches por obedecer, en especial si realmente quieres hacer algo y sabes en tu corazón que se supone que no lo deberías hacer, recuerda que el escudo impenetrable de Dios te rodea y puede que Él te esté protegiendo de cosas que no alcanzas a imaginar.

Ayúdame, Señor, a mostrarte mi amor al obedecerte en cada situación y confiar en tu amor por mí y tu protección sobre mi vida.

FUERZA Y PAZ

El Señor le da fuerza a su pueblo; el Señor lo bendice con paz.

SALMO 29:11 (NTV)

Los primeros diez versículos del Salmo 29 hablan de lo fuerte y poderoso que es Dios, y el salmista David lo alaba por sus grandiosos atributos. La adoración y la alabanza le aportarán a nuestra vida fuerza y la bendición de la paz. Centrarse en el poder de Dios nos ayuda a tener nuestra fe puesta en Él cuando tenemos necesidades y queremos su ayuda. También aumenta nuestra fe para alabarlo y adorarlo por lo que sabemos que hace en la creación, en nuestra vida y en la vida de los demás. Deberíamos reflexionar más seguido sobre todas las cosas asombrosas que Dios hace y ha creado.

He estado pensando recientemente en los dones, talentos y habilidades que Dios pone en las personas. Piensa en los grandes cantantes, artistas, inventores, constructores y escritores, y en los que tienen capacidades de gestión. Es bueno apreciarlos, pero debemos recordar que Dios es quien les posibilita hacer lo que hacen.

Jesús sanó a diez leprosos, pero solo uno regresó a agradecerle. Entonces preguntó dónde estaban los otros nueve: una pregunta triste para Él (Lucas 17:11–19). Hace poco escuché que el sentimiento de gratitud es el que menos dura. En la vida de la mayoría de las personas, las peticiones (solicitudes) superan con creces las alabanzas, y si este es nuestro caso, debemos hacer un esfuerzo para corregirlo.

Todos queremos fuerza y paz, y el pasaje de hoy nos promete ambas cosas, pero recordemos que la adoración y la alabanza son las claves para experimentarlas en nuestra vida.

Padre, eres más poderoso y asombroso de lo que puedo imaginar, y te alabo y te adoro por tu grandeza. Gracias por bendecirme con fuerza y paz.

SOLO POR UN MOMENTO

Porque un momento será su ira, pero su favor dura toda la vida. Por la noche durará el lloro, y a la mañana vendrá la alegría.

SALMO 30:5 (RVR1960)

A lo largo de la Biblia vemos ejemplos de la justa ira de Dios: ira hacia el pecado y la injusticia. Es importante saber que aunque Dios puede enojarse en ciertas situaciones, su naturaleza y carácter no son los de un Dios colérico.

Tal vez pueda explicarlo de otra forma: mi padre era un hombre que se enojaba con facilidad y castigaba a la familia sin demora, hasta por la más mínima infracción de sus múltiples reglas, que cambiaban con frecuencia. Estar en su presencia hacía que mi madre, mi hermano y yo nos sintiéramos temerosos y tensos. A su alrededor, nos sentíamos culpables y condenados por algo todo el tiempo. Aunque tratábamos desesperadamente de complacerlo, su ira estaba tan integrada a su naturaleza que vivíamos en una atmósfera de constante espera del castigo.

En contraste, mi esposo, Dave, no es un hombre que se enoje con facilidad. Puede que se enoje si hago algo que realmente no le gusta, pero su enojo dura poco tiempo. Dave sabe que mi personalidad es a veces un poco combativa y que me arrepiento cuando me porto mal, por lo que me ofrece misericordia y siempre está dispuesto a olvidar mis infracciones y volver a la paz.

Tratar con una persona que siente ira es muy diferente de tratar con alguien que, aunque siente enojo, no es una persona iracunda. La ira de Dios es momentánea. Sus misericordias "nuevas son cada mañana" (Lamentaciones 3:23, RVR1960), y su gracia dura toda la vida. La misericordia, la gracia, el amor y la paz forman parte de su naturaleza y carácter, y podemos experimentarlos cada día.

Gracias, Padre, porque no eres un Dios colérico. Tu naturaleza es misericordiosa, amable y amorosa. Gracias porque tu gracia dura toda mi vida.

LOS BENEFICIOS DE LA ALEGRÍA

Has cambiado mi lamento en baile; desataste mi cilicio, y me ceñiste de alegría.

SALMO 30:11 (RVR1960)

¿Eres una persona alegre y feliz? ¿Sientes alegría la mayor parte del tiempo? ¿Te considerarías feliz en la mayoría de las circunstancias? En un momento de mi vida, después de ser cristiana y ministra durante muchos años, tuve que responder a estas preguntas y me di cuenta de que estaba más frustrada y triste que contenta. También supe que eso tenía que cambiar.

Mientras investigaba la raíz de mi falta de alegría, descubrí que no entendía realmente los grandes beneficios de la alegría. La alegría es para nuestra vida lo que la gasolina es para un motor. Sin gasolina, el motor no funciona. Sin alegría, creo que el ser humano tampoco funcionaría bien. Si no sentimos alegría, todo está *bajo*: negativo, triste, llano e insípido. Nuestros pensamientos son negativos, nuestras actitudes son negativas, nuestras emociones están deprimidas e incluso nuestra cabeza, hombros y brazos cuelgan hacia abajo.

Jesús no murió para darnos una vida *baja*. Él es nuestra gloria y quien nos levanta la cabeza (Salmo 3:3). Está lleno de alegría (Juan 17:13), y quiere que seamos personas de alegría. El pasaje de hoy nos dice que el Señor convierte nuestro lamento en baile y nos viste de alegría. Según Nehemías 8:10, el gozo del Señor es nuestra fortaleza. El gozo puede darnos energía física y proporciona el fervor y el entusiasmo que necesitamos en nuestra vida. Elige hoy la alegría.

Padre, gracias por ser la fuente de mi alegría. Ayúdame a ser una persona alegre y a llevar alegría a los demás.

LIDIAR CON
EL DESÁNIMO

Ten misericordia de mí, oh Señor, porque estoy en angustia. Mis ojos, mi alma y mis entrañas se han debilitado por el pesar. Porque mi vida se va gastando de dolor, y mis años de suspirar... He sido olvidado en sus corazones como un muerto; he venido a ser como un objeto inútil.

SALMO 31:9-10, 12 (RVA-2015)

Es claro que en el pasaje de hoy, el salmista David está desanimado, tal vez hasta deprimido. El desánimo y la depresión destruyen la esperanza, así que, naturalmente, el enemigo se esfuerza para desanimarnos. Sin esperanza nos damos por vencidos, que es justo lo que el enemigo quiere que hagamos.

Cuando el desánimo intente apoderarse de ti, lo primero que debes hacer es seguir el ejemplo de David y clamar al Señor, y recordar que Él siempre es misericordioso. Cuando lo invocamos en nuestras dificultades, nos oye, y su corazón es misericordioso con nosotros (Salmo 116:4–6).

Lo siguiente que debes hacer es examinar tu vida mental. Recuerda: tus pensamientos son poderosos y te conviertes en lo que piensas. Si tienes pensamientos desalentadores, te desanimarás. Pero si tienes pensamientos alentadores que se alinean con la Palabra de Dios, te sentirás animado y fuerte.

En lugar de llenar tu cabeza con pensamientos negativos, trata de pensar más de esta manera: *Bien, las cosas van un poco lentas, pero, gracias a Dios, estoy progresando. Cómo me alegra ir por el camino correcto que me llevará a la libertad. Ayer tuve un día difícil y elegí los pensamientos equivocados todo el día, así que Padre, perdóname y ayúdame a seguir adelante.*

Espero que sientas la victoria en este tipo de pensamiento alegre, positivo y piadoso y elijas pensar de esta forma hoy.

Elijo creer, Dios, que hoy será un gran día. Ayúdame a tener pensamientos que me mantengan animado.

EL TIEMPO DE DIOS

Pero yo he confiado en ti, oh Señor. He dicho: "Tú eres mi Dios; en tus manos están mis tiempos".

SALMO 31:14-15 (RVA-2015)

A la mayoría de nosotros nos gustaría saber cuándo Dios hará lo que estamos esperando que haga. Pero Él tiene su propio tiempo para todo, y al parecer no quiere decirnos cuándo sucederá. Quiere que confiemos en que su tiempo será perfecto. Mientras lo esperamos, debemos seguir amándolo, amando a las personas, sirviéndolo a Él y a los demás; debemos seguir siendo obedientes, agradecidos y en sus caminos. Aunque su palabra no nos dice cuándo hará las cosas, sí nos dice que no se retrasará. Puede que llegue más tarde de lo que nos gustaría, pero Él ve y sabe cosas que nosotros no vemos, y lo que nos parece tarde es el tiempo justo en lo que respecta a Dios.

Podemos eliminar una gran cantidad de estrés al confiar en Dios no solo para hacer lo que debe hacerse, sino también para hacerlo en el momento perfecto. Si algunas bendiciones llegan demasiado pronto, es posible que no estemos listos para manejarlas, así que es mejor orar por el tiempo de Dios en lugar de querer que Él se ajuste a nuestros horarios.

Una vez le dije a Dios que estaba segura de estar lista para pasar al siguiente nivel en mi ministerio. Me susurró en el corazón que estaba lista, pero que algunas de las personas que necesitaba para ayudarme en el camino no lo estaban y que tendría que esperarlas. Nunca sabemos con certeza por qué las cosas tardan más de lo que nos gustaría, pero debemos aprender a disfrutar de la vida mientras esperamos.

Padre, siento todas las veces que he sido impaciente. Ayúdame a aprender a esperar con paciencia y buena actitud, y a confiar en que tus tiempos en mi vida son perfectos.

NO SENTIR VERGÜENZA DE SER UN CRISTIANO

¡Cuán grande es tu bondad, que has guardado para los que te temen, que has mostrado a los que esperan en ti, delante de los hijos de los hombres!

SALMO 31:19 (RVR1960)

El pasaje de hoy nos enseña que Dios acumula bondad para aquellos que le temen con reverencia. Observa también que este versículo menciona la importancia de confiar o refugiarse en Dios "delante de los hijos de los hombres". Esta frase me dice que si me niego a ser lo que algunos podrían llamar una *cristiana de closet* y en cambio vivo mi cristianismo abiertamente ante todas las personas, Dios acumulará su bondad para mí.

Hoy en día, algunas personas afirman ser cristianas, pero no quieren admitirlo ni vivir los principios de su fe fuera de los círculos cristianos. Yo era así. Hacía todo lo *correcto* en los círculos cristianos adecuados, pero no demostraba una fe vital en otros lugares. En mi barrio o en el trabajo, la gente no diferenciaba mi comportamiento y el comportamiento de una persona incrédula. Tal vez había alguna diferencia, pero no era suficiente como para que la gente la notara. No me mantenía firme para Dios, como debía haberme mantenido.

Lo mismo sucede con muchos creyentes. Como sentimos temor a sentirnos rechazados, aislados o burlados, nos abstenemos de tomar partido por Dios. Sin embargo, hay muchas formas en las que podemos demostrar nuestra fe y nuestro amor por Él al negarnos a vivir según los criterios del mundo. Debemos preocuparnos más por nuestra reputación en el cielo que por nuestra reputación entre la gente en la tierra. Mantente firme para Dios, y nunca sientas pena o vergüenza de vivir la vida cristiana de forma abierta y valiente ante otras personas.

Ayúdame, Señor, a vivir para ti dondequiera que vaya, en cada situación que enfrente.

EXPECTATIVA CONFIADA

Cobren ánimo y ármense de valor, todos los que en el Señor esperan.

SALMO 31:24 (NVI)

Cuando los cambios o los éxitos que creemos que Dios traerá a nuestra vida no llegan fácilmente y nos sentimos frustrados y cansados con nuestros esfuerzos, tenemos que tomar una decisión. Podemos hacernos cargo de la situación y tratar de cambiar las cosas a través de nuestras habilidades naturales, o podemos esperar al Señor. Esperar al Señor, como David nos invita a hacer en el Salmo 31:24, significa pasar tiempo con Él, estar en su presencia, meditar en su Palabra, adorarlo y mantenerlo en el centro de nuestra vida. Esperar en Dios como es debido requiere que esperemos con una actitud de expectativa y confianza, creyendo que Él hará lo que es mejor para nosotros.

¿Estás esperando a Dios hoy? ¿O te cansaste de ver que nada cambia y te sientes tentado a hacerte cargo de la situación? Deja que hoy te anime a esperar a Dios con confianza, a la espera de que haga algo maravilloso en tu vida. Cuando lo esperas, obtienes todo lo que necesitas. Él es tu refugio, tu promotor, tu alegría, tu paz, tu justicia y tu esperanza. Te da todo lo que necesitas para vivir victorioso sobre cualquier circunstancia. Mantente cerca de Él y recibe la fuerza que necesitas cada día. Cuando el Señor decida actuar en tu nombre, te alegrarás de haber elegido esperar por las cosas que hace por ti.

Dios, hoy elijo esperarte. Ayúdame a mantener la confianza y la expectativa mientras estoy atento a que tu mano se mueva en mi vida.

GRACIA EN LUGAR DE CULPA

Pero te confesé mi pecado y no te oculté mi maldad. Me dije: «Voy a confesar mis transgresiones al Señor». Y tú perdonaste la culpa de mi pecado.

SALMO 32:5 (NVI)

Cuando Jesús murió en la cruz, no solo perdonó todos nuestros pecados, sino que también pagó el precio de nuestra culpa. Su sacrificio no solo nos limpia del pecado, sino que también nos libera de los sentimientos de culpa y condena. Cuando seguimos el consejo del pasaje de hoy y reconocemos (admitimos o confesamos) nuestro pecado ante Dios, le contamos todo y nos negamos a esconder nuestro pecado, podemos recibir su regalo de gracia.

La confesión es realmente buena para el alma; nos permite liberarnos de las pesadas cargas de culpa que podemos sentir por lo que hemos hecho o dejado de hacer. Debemos recordar siempre y mantenernos firmes en la promesa de 1 Juan 1:9: "Si confesamos nuestros pecados, él es fiel y justo para perdonar nuestros pecados, y limpiarnos de toda maldad" (RVR1960).

Cuando admitimos nuestro pecado ante Dios, le abrimos el corazón y nos arrepentimos, Él nos perdona inmediatamente. Sin embargo, los sentimientos de culpa no siempre desaparecen al instante. Podemos confiar en su Palabra y decir: *Por la gracia de Dios, estoy perdonado, y la culpa se ha eliminado.* Nuestros sentimientos eventualmente se pondrán al día con nuestras decisiones. Podemos vivir según la verdad en la Palabra de Dios, no según la forma como nos sentimos. Su perdón y su gracia están disponibles siempre para nosotros.

Padre, gracias por tu promesa de perdonar mi pecado, liberarme de la culpa y darme la gracia cuando reconozco mi pecado y me arrepiento.

DIOS, NUESTRO REFUGIO Y SALVACIÓN

Tú eres mi refugio; me guardarás de la angustia; con cánticos de liberación me rodearás.

SALMO 32:7 (RVR1960)

Es fácil notar que David debió sentir miedo al escribir el pasaje de hoy. Se refiere a Dios como su "refugio" y declara su confianza en que Dios lo protegerá de la angustia. El temor nos hace querer huir de una persona o situación y escondernos en algún lugar seguro. La forma en la que David lidió con el miedo fue correr a Dios como un refugio. Aprendemos del Salmo 42 —donde dice que su alma estaba *abatida* o inquieta— que ante situaciones angustiosas o desalentadoras, David puso su esperanza en Dios y lo esperó expectante, alabándolo como su Salvador y su Dios (v. 5).

Cuando David necesitaba calmar sus emociones y fortalecer su fe, usaba canciones y cánticos de liberación. A veces también hablaba consigo mismo, y se animaba y fortalecía en el Señor (1 Samuel 30:6).

Cuando nos sintamos temerosos debemos, al igual que David, correr al Señor como nuestro refugio. Nosotros también debemos esperar en Él, alabarlo a Él, quien es nuestra ayuda y nuestro refugio, animarnos y fortalecernos en Él. Cuando sentimos temor, podemos recordar cómo Dios nos ha librado en el pasado y esperar a que lo haga de nuevo.

Nosotros, que somos justos y tenemos una buena relación con Dios, podemos refugiarnos en el Señor al creer en Jesucristo, podemos confiar en Él, cantar y gritar de alegría. El Señor es nuestro protector y nuestro defensor.

Gracias, Dios, por ser mi refugio cuando siento temor y por rodearme con cánticos de liberación.

DIOS TE MOSTRARÁ QUÉ HACER

Te haré entender, y te enseñaré el camino en que debes andar; sobre ti fijaré mis ojos.

SALMO 32:8 (RVA-2015)

Muchas veces en la vida hay situaciones que requieren que tomemos algún tipo de acción, pero no siempre sabemos qué hacer. Sin embargo, podemos confiar en Dios para que nos muestre qué hacer en el momento indicado. Solo necesitamos estar dispuestos a obedecerle, pues puede que lo nos lleve a hacer no sea lo que hubiéramos hecho o, a nuestro parecer, no funcionará.

En Lucas 5:4–7, Jesús les dice a Pedro y a algunos discípulos que habían pescado toda la noche sin resultados que se adentraran en aguas más profundas y echaran otra vez las redes. Pedro señaló que no creía que funcionaría y que estaban cansados, pero también dijo que obedecerían todo lo que Dios les dijera que hicieran. Como resultado, pescaron tantos peces que sus botes comenzaban a hundirse.

Te animo que estés abierto a la guía del Espíritu Santo, porque Dios nos lo ha dado para que nos guíe (Juan 16:13). Podemos estar seguros siempre de que nos guiará, pero debemos estar dispuestos a seguirlo.

Una forma en la que el Espíritu Santo nos guía es a través de la paz. Enseño a las personas a no hacer nada que no les haga sentir paz o que no sea acorde con la Palabra de Dios. Dios ha prometido guiarnos hasta el momento de nuestra muerte (Salmo 48:14). Deja que este conocimiento te consuele cuando tomas decisiones, y cree que el Espíritu Santo te guía en la toma de decisiones.

Padre, confío en ti para que me guíes en todas las decisiones que tome. Quiero hacer tu voluntad, no la mía.

EL CABESTRO
Y EL FRENO

No seáis como el caballo, o como el mulo, sin entendimiento, Que han de ser sujetados con cabestro y con freno, Porque si no, no se acercan a ti.

SALMO 32:9 (RVR1960)

Si alguna vez has lidiado con un caballo o una mula, sabes que la manera de hacer que el animal vaya a donde quieres que vaya es con una brida, que incluye un cabestro y riendas. Los caballos y las mulas no tienen la comprensión necesaria para saber adónde quieren sus amos que vayan. En cambio, son tirados en la dirección correcta por las riendas, unidas al freno en la boca del animal. Si el caballo o la mula se resisten en la dirección en que su amo quiere que vaya, el freno causa dolor.

En nuestro caminar con Dios, el mismo principio que es válido para los caballos y las mulas es válido para ti y para mí. Él siempre sabe a dónde tenemos que ir y lo que tenemos que hacer. Su Espíritu Santo es como el freno y el cabestro. Puede llevarnos en cierta dirección o acción específica, y si nos resistimos, puede dolernos. Pero si permitimos que nos guíe, terminamos donde deberíamos estar y evitamos las situaciones en las que no deberíamos estar.

Espero que hoy elijas actuar en la dirección de Dios en tu vida sin resistirte, para que vayas donde Él quiere que estés.

Guíame hoy, Señor, y ayúdame a seguir tus indicaciones sin resistencia.

ALABA A DIOS
A LO LARGO DEL DÍA

Alégrense, oh justos, en el Señor; a los rectos es hermosa la alabanza.

SALMO 33:1 (RVA-2015)

El Primer Libro de las Crónicas 16:1–36 nos dice que cuando pusieron el arca de Dios, que representaba su presencia, en el tabernáculo, David guio al pueblo en alabanza y adoración a Dios. Todos dejaron sus actividades y comenzaron a adorarlo. Cada vez que alguien se detiene, así sea por un instante, y vuelve su corazón a Dios, creo que lo bendice enormemente.

En el Salmo 119:164, el salmista dice que alaba a Dios siete veces al día. El número siete puede representar una acción en curso, lo que significa que puede haber alabado a Dios muchísimas veces a lo largo del día.

¿Te imaginas lo que sucedería si, en todo el mundo, cada día, la gente se detuviera un momento a alabar y a agradecer a Dios, o simplemente para decir: *Te amo, Señor*? ¿Qué pasaría si los empresarios, las amas de casa, los maestros, los profesionales de la medicina, los banqueros, los policías y cualquiera que haga cualquier cosa se detuviera por un momento para honrar a Dios? Esto podría hacerse sin llamar la atención o sin ninguna acción física, porque Dios ve nuestros corazones y sabe cuando estos están dirigidos a Él. Tomaría solo unos segundos, pero sería poderoso.

Te animo a que hagas lo que hagas hoy, recuerdes lo bueno que es Dios y lo alabes a lo largo de tu día.

Dios, ahora, en este momento, te doy gracias y te alabo. Ayúdame a recordar dejar de hacer lo que estoy haciendo para alabarte a lo largo del día.

DIOS TODO LO VE

El Señor ve desde los cielos; mira a todos los hijos del hombre. Desde el lugar de su morada observa a todos los habitantes de la tierra. El que formó el corazón de todos ellos comprende todas sus obras.

SALMO 33:13-15 (RVA-2015)

Justo ayer pensaba en lo diferente que viviríamos y nos comportaríamos si tuviéramos en cuenta que Dios nos mira en todo momento. Me gusta referirme a esto como *vivir bajo el ojo vigilante*. No podemos esconder nada de Dios, y a Él nada le sorprende. Sabe lo que vamos a hacer antes de que lo hagamos, y si es algo malo, estoy segura de que intenta lidiar con nosotros, con la esperanza de evitar que hagamos lo equivocado.

Sin duda hay muchas ocasiones donde el castigo de Dios nos impide hacer lo que está mal, y lo agradezco. Sé que hay momentos en los que estoy a punto de decir algo, y Dios me hace saber que decirlo sería imprudente. Es reconfortante saber que Dios nos mira todo el tiempo, pero también puede producir temor reverencial y asombro, lo cual es bueno.

Nos preocupamos demasiado por las personas que nos miran, y nos preocupamos también por lo que piensan, cuando deberíamos recordar que Dios nos mira y nos debería preocupar lo que Él piensa. Nuestra reputación ante Dios es mucho más importante que nuestra reputación ante la gente.

Padre, estoy agradecido de que me cuides todo el tiempo, y te invito a traerme la rectificación que sea necesaria. Quiero hacer lo correcto, lo que te agrada. Gracias por ayudarme.

ESPERANZA EN EL AMOR DE DIOS

El ojo del Señor está sobre los que le temen, sobre los que esperan en su misericordia.

SALMO 33:18 (RVA-2015)

La gente pone su esperanza en todo tipo de cosas: dinero, intelecto, habilidades, trabajos, conexiones profesionales, posesiones, relaciones humanas y demás. Pero eventualmente estas cosas nos decepcionan. El único lugar donde podemos poner nuestra esperanza y no desilusionarnos es en Dios. Como el pasaje de hoy nos enseña, podemos esperar y descansar en su amor inagotable.

La esperanza divina no es lo mismo que lo que el mundo llama esperanza. La gente usa la palabra *esperanza* con frecuencia, y hace comentarios como *Tengo la esperanza de que no llueva hoy* o *Espero que mi equipo gane el partido*. Este tipo de esperanza es más parecido a un vago tipo de deseo mundano que a la esperanza bíblica. La verdadera esperanza bíblica es sólida y se basa en la confianza en el carácter de Dios. Es un trampolín desde el cual nuestra fe puede despegar y apoyarse en las promesas de Dios.

Demostramos nuestra esperanza al tener la actitud positiva constante de que, a pesar de lo que suceda, Dios nos ama y puede mejorar las cosas. Como dice en Mateo 19:26, para Dios todo es posible. Por innumerables versículos a lo largo de la Biblia también sabemos que Dios nos ama y siempre trabaja para nuestro bien. Podemos elegir creer estas verdades y usarlas como fundamento de nuestra esperanza en cada situación.

Gracias, Dios, porque puedo tener esperanza verdadera: esperanza en quién eres y esperanza en tu amor por mí.

EN TODO MOMENTO, EN CADA SITUACIÓN

Bendeciré al Señor en todo tiempo; lo alabarán siempre mis labios.

SALMO 34:1 (NVI)

Observa que David dice que bendecirá (es decir, enaltecerá o alabará) al Señor en todo momento. Él no dice: *Bendeciré al Señor cuando todo me vaya bien* o *Bendeciré al Señor cuando este gran problema se resuelva*. David está decidido a hablar palabras de alabanza y exaltación a Dios todo el tiempo, en cada situación.

Del pasaje de hoy aprendemos que David no permitió que sus circunstancias o sus emociones afectaran su adoración. De hecho, a lo largo de la Biblia, leemos historias de personas que optaron por alabar a Dios en situaciones difíciles. Dios *siempre* las sacó adelante en esos tiempos difíciles y les dio la victoria. Es una lección poderosa que puedes comenzar a aplicar hoy a tu vida.

Si las cosas en tu vida no van tan bien como te gustaría —puede que te encuentres en medio de una situación estresante o te veas enfrentado al miedo, la desilusión o la confusión—, es posible que no tengas ganas de alabar a Dios, pero puedes *elegir* alabarle. Dios es mucho más grande que cualquier circunstancia, y puedes alabarlo por quién es, por lo que ha hecho, por nunca abandonarte y por obrar todas las cosas por tu bien, ya sea que puedas verlo en este momento o no.

Las emociones son inestables. No dejes que determinen si alabas a Dios o no. Recuerda hoy que no tienes que hablar según cómo te sientas. Puedes sentirte de cierta manera, pero, a pesar de eso, puedes elegir hablar la Palabra de Dios. Así te llegará la victoria.

Padre, declaro que tu alabanza siempre estará en mis labios. Ayúdame a elegir alabarte en cada situación, sin importar por lo que esté pasando.

EXPRESA TU CONFIANZA EN DIOS

Busqué al Señor, y él me escuchó, y me libró de todos mis temores.

SALMO 34:4 (RVC)

El salmista escribe en el pasaje de hoy que Dios lo libró de todos sus temores. El temor está estrechamente relacionado con la preocupación, el miedo, la ansiedad y otras emociones negativas. El enemigo libra una guerra espiritual contra nosotros en nuestra mente, y para ganar la batalla de la mente, debemos aprender a manejar el temor y la preocupación de una manera piadosa.

Te pregunto: ¿Con qué frecuencia te escuchas decir: *Tengo miedo... Me preocupa que...* o *Me inquieta...*? Muchas personas usan estos enunciados, quizás millones de veces, a lo largo de su vida. Pero ¿cuál es su propósito? Estas palabras no nos ayudan; por el contrario, refuerzan el temor o la preocupación que sentimos. El temor y la ansiedad no cambian nuestras circunstancias, pero sí nos influyen de forma negativa al alejar nuestra mente de la esperanza y la fe, al robarnos la paz y al hacernos sentir estresados.

Cada vez que sientas la tentación de decir: *Estoy preocupado por...* o *Tengo miedo de que...* en su lugar, di: *Confío en Dios.* Declarar que confías en Dios libera su poder para obrar en tu vida. La próxima vez que te sientas ansioso o temeroso, en lugar de decirlo, estudia la Palabra de Dios y recuerda que Él te ha sido fiel en el pasado. Él te librará de todos tus temores, como dice el Salmo 34:4, y puedes desempeñar tu papel para ayudar a alcanzar ese punto de avance. Muévete en la dirección correcta y elimina los *Estoy preocupado* y *Tengo miedo* de tu vocabulario.

Padre, confío en ti.

CIERRA LA BOCA

Guarda tu lengua del mal, y tus labios de hablar engaño.

SALMO 34:13 (RVR1960)

Cuando comencé en el ministerio, sabía que Dios me había dado el don de comunicarme de manera efectiva y me llamaba a usar ese don en su servicio. Pero, en ocasiones, mi don también ha sido mi mayor problema. Luché durante mucho tiempo con el uso correcto de lo que salía de mi boca. A lo largo de los años, la gente, en especial la familia, me hacía preguntas como: *¿Hablas siempre primero y piensas después?* y *¿Es necesario que suenes tan cruel?*

Finalmente, me di cuenta de que para que Dios me usara como Él deseaba, necesitaba obedecerle en cuanto al uso apropiado de mis palabras, no solo cuando enseñaba su Palabra, sino todo el tiempo. Tenía que tomar una decisión: continuar lastimando a la gente con mis palabras o someter mi boca a Dios. Quería rendirme a Dios en cuanto a mis palabras, pero domar lo que pronunciaba mi boca continuaba representando una batalla.

Aprendí a escuchar mis propias palabras, lo cual me enseñó mucho sobre mí. Algunas de las lecciones que aprendí no me agradaron, pero me ayudaron a darme cuenta de que mis palabras no agradaban a Dios, y yo quería que le agradaran. Una vez le confesé mi fracaso y llego la victoria, no de una vez y no de manera perfecta, pero Dios es paciente y continúa trabajando con nosotros siempre y cuando trabajemos con Él.

Puede que luches, como yo, con tus palabras. Pero Dios quiere cambiarte. Puede que no sea fácil, pero es posible, y puedes usar tus palabras de tal forma que honren y glorifiquen al Señor.

Señor, ayúdame a no pecar contra ti con mi boca. Que las palabras de mi boca te sean agradables.

A DIOS LE IMPORTA
TU DOLOR

*Clamaron los justos, y el Señor los oyó; los libró de todas sus angus-
tias. Cercano está el Señor a los quebrantados de corazón; él salvará a
los contritos de espíritu. Muchos son los males del justo, pero de todos
ellos lo librará el Señor.*

SALMO 34:17-19 (RVA-2015)

Es reconfortante saber que, aunque enfrentamos dificultades en la
vida, también tenemos la promesa de salvación de Dios. Satanás
hace arreglos para que enfrentemos varias pruebas, con la esperanza de que estas desvíen nuestra atención de Dios y roben nuestra
fe en Él, pero cuando clamamos a Dios, Él nos escucha y nos libera. No se nos promete una vida sin problemas, pero se nos promete la ayuda y la liberación de Dios.

Si tienes hijos, te duele cuando ellos sufren, y harías cualquier
cosa para aliviar su sufrimiento. Dios siente lo mismo por nosotros. Está cerca de los que están solos, abandonados, abusados y
con el corazón roto, y los salvará y traerá justicia a su vida. Si estás
sufriendo porque te han maltratado, o si estás cansado de tener
muchas dificultades, puedes contar con Dios para levantarte siempre y cuando pongas tu confianza en Él. Tal vez estés enfermo o
tengas algún dolor físico. Si es así, Dios se preocupa por ti y siente
dolor cuando te duele. Puedes permitir que su amor incondicional te consuele y te dé la esperanza de sanar. Sea cual sea tu situación, confía en Dios para que te salve.

Aunque el dolor que he soportado en mi vida ha sido desagradable, he experimentado la salvación y la justicia de Dios, y puedo
decir que es dulce. Compensa los tiempos difíciles. Dios es bueno y tiene algo bueno planeado para ti.

*Padre, gracias porque no me dejarás solo en mi dolor y con mis proble-
mas, sino que prometes salvarme. Espero tu justicia, y mientras espero, me alegra saber que estás cerca y que me amas.*

DIOS PELEARÁ TUS BATALLAS

Contiende, oh Señor, con los que contienden contra mí; combate a los que me combaten.

SALMO 35:1 (RVA-2015)

Podemos desgastarnos al tratar de combatir nuestras batallas, o podemos confiar en que Dios luchará por nosotros. El salmista David oró para que Dios combatiera sus batallas. Tal vez estaba siguiendo el ejemplo del rey Josafat. En medio de una gran batalla, Josafat clamó a Dios por ayuda y se le dijo que su ejército no necesitaría luchar en la batalla, pero que debía tomar su posición, quedarse *quieto* para que viera la salvación que el Señor quería darle (2 Crónicas 20:17).

La posición de Josafat era de oración, alabanza y adoración, y al adoptar esta postura en su corazón, Dios hizo que sus enemigos se confundieran tanto que se mataran entre ellos (2 Crónicas 20:22–24). Cuando Satanás intenta molestarnos, pero nosotros permanecemos calmados y adoramos a Dios, se confunde y pierde la batalla.

Puedes sorprender a tus enemigos haciendo lo que nunca esperarían que hicieras. Canta, alaba, adora y mantente alegre. Si tu enemigo es otro ser humano, puedes orar por él, perdonarlo y bendecirlo. Esto también lo confundirá, y el fuego del amor de Dios derretirá su corazón endurecido. Dios nos ha dado una estrategia de batalla que siempre nos hace ganadores, pero debemos estar dispuestos a usarla en lugar de hacer lo que sentimos que queremos hacer. Siempre vencemos el mal con el bien (Romanos 12:21).

Padre, gracias por darme tu estrategia de batalla. Ayúdame a usarla en lugar de intentar pelear mis batallas con mi propia fuerza. Amén.

CUANDO TE ACUSAN EN FALSO

Porque no hablan paz, y contra los mansos de la tierra traman enga-
ños. Ensanchan contra mí su boca diciendo: "¡Ajá, ajá, nuestros ojos
lo han visto!". Tú lo has visto. Oh Señor, no te hagas el sordo; oh Señor,
no te alejes de mí. Despierta y levántate para hacer justicia a mi cau-
sa, Dios mío y Señor mío.

SALMO 35:20-23 (RVA-2015)

Estoy segura de que en algún momento de la vida has experimentado el dolor y la frustración de que te acusen en falso. A mí me ha pasado, y es una experiencia muy desagradable. Nuestra primera respuesta suele ser tratar de defendernos y convencer a la parte acusadora de que no somos culpables. Cuando se acusó a David falsamente, él oró y le pidió a Dios que se levantara en su defensa.

A Jesús lo acusaron de muchas cosas de las que no era culpable, pero en la mayoría de los casos, no se defendió, o les dijo a sus acusadores que pensaran lo que quisieran. Este tipo de respuesta solo puede provenir de alguien que no está preocupado por lo que los demás piensen de él, y sabe que Dios le mostrará que está en lo correcto si eso es necesario.

Cuando discutimos con personas que nos acusan injustamente, suele parecer que somos culpables. Pero si nos quedamos callados, ese silencio le da la oportunidad a Dios para convencer al acusador. En algunos casos, ofrecer una explicación no está mal, pero si esto no ayuda, lo mejor que puedes hacer es orar y pedirle a Dios que se levante en tu defensa, como David.

Padre, cuando me acusen en falso, te pido que te levantes en mi defen-
sa. Concédeme la gracia de no decir nada que no quieras que diga. Te
confío mi reputación.

DIOS SE DELEITA EN TU BIENESTAR

Canten y alégrense los que están a favor de mi justa causa, y digan siempre: "¡Sea ensalzado el Señor, que se complace en el bienestar de su siervo!".

SALMO 35:27 (RVA-2015)

Cuando nuestra vida va bien, es fácil alabar y agradecer a Dios. Lo cual es bueno. Cuando las cosas no van tan bien y enfrentamos dificultades, podríamos hasta llegar a preguntarnos si es un castigo por algo que hicimos mal. Debemos entender que Dios no opera así, con castigo o disciplina al orquestar problemas en nuestra vida. Enfrentamos dificultades por varias razones, y una forma como Dios las redime es enseñándonos a través de ellas o fortaleciéndonos en medio de ellas. Debemos aprender y crecer en todo lo que podamos durante las temporadas de lucha, pero no debemos verlas como un castigo.

Dios es bueno y misericordioso, y quiere lo mejor para ti. Desea satisfacer todas tus necesidades. Quiere que tengas un buen trabajo, un lugar decente para vivir, transporte para llegar a donde necesitas ir, buenos amigos y una gran vida espiritual. Dios quiere que seas bendecido en cada área de tu vida: espiritual, mental, emocional, física, económica y social. De hecho, cuando te va bien, Dios se complace.

Cuando enfrentes dificultades o pruebas, recuerda que Dios te ama y obra por tu bien (Romanos 8:28). Te será fiel en tu lucha. Sé paciente y consciente de que vendrá por ti y se deleitará una vez más en tu bienestar.

Gracias, Dios, por estar conmigo y amarme en mis luchas. Ayúdame a aprender y a crecer a través de ellas y a confiar en ti para reestablecerme en un lugar de bienestar, en el que te deleitarás.

CÓMO ORAR POR LOS QUE NO CONOCEN A DIOS

La iniquidad del impío me dice al corazón: no hay temor de Dios delante de sus ojos. Se lisonjea, por tanto, en sus propios ojos, de que su iniquidad no será hallada y aborrecida.

SALMO 36:1-2 (RVR1960)

Las personas que no conocen a Dios necesitan que otros oren por ellas porque no saben cómo orar por sí mismas; ni siquiera les importa ser impías. Dios puede usarnos a nosotros para traer muchas almas a su Reino al orar con compasión por los perdidos. En los versículos de hoy, vemos que los impíos no temen a Dios y les falta humildad. Por lo tanto, continúan a ciegas en el pecado, sin darse cuenta de su posición desesperada y peligrosa.

Aconsejo que oremos específicamente por este tipo de personas para que vean cuán poderoso es Dios y se den cuenta de que algún día tendrán que estar delante de Él y dar cuenta de su vida (Romanos 14:12). Oremos también para que sientan un temor reverencial al continuar en una vida de pecado y la humildad de admitir que son pecadores que necesitan un Salvador.

Con frecuencia oramos para que se salve a los pecadores, pero es mejor ser más específicos en nuestras oraciones. También rezo con bastante frecuencia para que Dios ablande los duros corazones de los que están en su contra. Lo he visto contestar esas oraciones y he visto la reconciliación entre ellos y el Señor. Asimismo, he orado para que su pecado les resulte repugnante y que se cansen de su estilo de vida tan vacío. Dios te guiará mientras oras, y creo que verás resultados.

Padre, quiero orar por los perdidos y te pido que me enseñes cómo orar específicamente por las personas que conozco y que te necesitan. Gracias por guiarme.

CONFÍA EN EL SEÑOR
Y HAZ EL BIEN

Confía en el Señor y haz el bien. Habita en la tierra y apaciéntate de la fidelidad.

SALMO 37:3 (RVA-2015)

La mayoría de nosotros sabe que cuando tenemos problemas o necesidades, debemos confiar en Dios, pero me gusta el Salmo 37 porque nos enseña no solo a confiar en Dios mientras esperamos nuestra salvación, sino también a hacer el bien. Podemos orar por los demás y ayudarlos de manera práctica, como dar económicamente para ayudar a los necesitados, darles ánimo y hacer muchas otras cosas que se considerarían buenas.

Cuando sufrimos, es fácil retraerse, aislarse y sentir lástima de nosotros mismos, lo cual puede llevarnos a un lugar de desánimo y hasta depresión. Pero refugiarse en la soledad y la autocompasión es lo peor que podemos hacer. Es importante mantenerse activo y ser una bendición para los demás mientras esperamos una bendición para nosotros. Cuando las personas me preguntan qué deben hacer cuando están sufriendo, les digo que hagan lo que harían si no estuvieran sufriendo: mantener sus compromisos, ser amables, caminar en amor, dar, ir a la iglesia, estudiar la Biblia y hacer cualquier otra cosa que harían normalmente.

Si estás enfermo y no puedes hacer algunas de estas cosas debido a limitaciones físicas, entonces haz lo que puedas. Cuando confiamos en Dios y hacemos el bien, se duplica nuestra resistencia al mal y se libera nuestro avance.

Padre, ayúdame no solo confiar en ti cuando estoy sufriendo, sino también a recordar hacer el bien a los demás. Eres bueno todo el tiempo, y quiero ser como tú.

DIOS TE CONCEDERÁ LOS DESEOS DE TU CORAZÓN

Deléitate en el Señor y él te concederá los deseos de tu corazón. Encomienda al Señor tu camino; confía en él y él actuará.

SALMO 37:4-5 (NVI)

Tratar de obtener lo que queremos por nuestra propia cuenta se puede volver frustrante porque a veces tratamos de hacer con el esfuerzo humano lo que solo Dios puede hacer. Si Dios nos da algo que hacer, entonces es su obra, y podemos esperar su gracia mientras la hacemos. Puede que no siempre sea fácil, pero tendremos un conocimiento interno de que Él está con nosotros; nos guía hacia a un buen resultado. En general, nuestros caminos no son sus caminos (Isaías 55:8–9), y el pasaje de hoy nos dice que le encomendemos nuestro camino.

En lugar de ocuparte en tratar de conseguir lo que quieres, pasa tiempo con Dios, sírvele ayudando a los demás y deléitate en el hecho de estar con el Señor, al saber que te dará lo que es mejor para ti en el momento adecuado. Desperdicié muchos años tratando de hacer por mi cuenta lo que creía que era mejor para mí, y solo conseguí sentir frustración.

Estoy agradecida por el pasaje de hoy, que me recuerda que mi parte es amar y deleitarme en Dios, y Él me concederá los deseos de mi corazón. Mateo 6:33 es un versículo similar, que dice: "Por lo tanto, busquen primeramente el reino de Dios y su justicia, y todas estas cosas les serán añadidas" (RVC). Te recomiendo que te relajes, disfrutes de Dios y con alegría lo veas obrar en tu vida.

Padre, cada vez que trato de usar mi propia fuerza para obtener lo que creo que quiero, recuérdame deleitarme en ti y esperar a que tú me concedas los deseos de mi corazón. Gracias.

DÍA
92

EL PODER DE
LA GENEROSIDAD

Joven fui, y he envejecido, y no he visto justo desamparado, ni su descendencia que mendigue pan. En todo tiempo tiene misericordia, y presta; y su descendencia es para bendición.

SALMO 37:25-26 (RVR1960)

La generosidad no solo anuncia las bendiciones de Dios en nuestra vida, sino que también incide en nuestros hijos e incluso en nuestros nietos. Por fortuna, Dios nos enseñó a Dave y a mí a ser generosos, y nuestros hijos lo son también. Estoy orgullosa de ellos porque conocen la importancia de ser una bendición para los demás, en lugar de vivir una vida egoísta y egocéntrica.

El salmista David escribe: "Joven fui, y he envejecido", y puedo decirles que esta progresión nos sucede a todos. No importa la edad que tengas ahora: algún día tendrás setenta, ochenta o noventa años, según los años que te dé Dios en la tierra. Si durante esos años vives con rectitud, nunca te sentirás desamparado ni tus hijos estarán en necesidad. La próxima generación hereda las bendiciones que recibimos como resultado de las decisiones piadosas que tomamos.

En diferentes momentos, nuestros hijos nos han agradecido a Dave y a mí por enseñarles a ser generosos y por darles un ejemplo a seguir. Vive una vida piadosa frente a tus hijos, y les enseñarás mucho más de lo que podrían enseñarle las meras palabras.

Padre, me emociona saber que siempre suplirás mis necesidades y las de mis hijos. Oro para que siempre seamos generosos y obedientes contigo.

NUNCA ABANDONADO

Porque mis enemigos están vivos y fuertes, y se han aumentado los que me aborrecen sin causa.

SALMO 38:19 (RVR1960)

Jesús dijo que la gente lo aborrecía "sin causa" (Juan 15:25, RVR1960), y me parece que esta es uno de los pasajes más tristes de la Biblia. Aunque Jesús vino a la tierra por voluntad propia para no hacer nada más que ayudarnos, la gente lo odiaba. Puede que a veces experimentemos un tipo de situación similar que puede llegar a ser difícil de manejar. Es doloroso cuando tratamos de hacer el bien o de ayudar a las personas y estas encuentran faltas en nosotros o llegan a odiarnos. En tiempos difíciles, es de gran ayuda recordar que esto le sucedió a Jesús.

En el Salmo 38:21–22, David ora valientemente para que Dios no lo abandone, sino que permanezca cerca de él y venga pronto a ayudarlo. Dios nos promete en su Palabra que nunca nos dejará ni nos desamparará (Deuteronomio 31:8). Incluso cuando no sentimos la presencia de Dios ni vemos ninguna evidencia de que Él obra en nuestra vida, sabemos que lo hace debido a su promesa de nunca abandonarnos. Es imposible que Dios mienta, por lo tanto, siempre podemos depender de sus promesas.

En Mateo 28:20, antes de que Jesús ascienda a la diestra de Dios, promete: "Y yo estaré con ustedes todos los días, hasta el fin del mundo" (RVC). Si atraviesas una dificultad en este momento, te pido que creas que no estás siendo abandonado ni olvidado. Dios te ve y ha planeado tu avance; espéralo pacientemente y en el momento exacto llegará.

Padre, gracias porque nunca me abandonarás. Estoy agradecido de que me veas y sepas todo lo que me pasa, y que tu plan para mí sea bueno.

CUIDA TU LENGUAJE

Yo dije: Atenderé a mis caminos, para no pecar con mi lengua; guardaré mi boca con freno, en tanto que el impío esté delante de mí.

SALMO 39:1 (RVR1960)

Nuestro testimonio ante los incrédulos (ejemplo) puede impactar sobre su decisión de aceptar a Jesús como su Salvador o no. Somos los representantes de Cristo en la tierra, por lo tanto, "Dios les habla a ustedes [los incrédulos] por medio de nosotros" (2 Corintios 5:20, NBV). El versículo de hoy nos enseña la importancia de hablar con sabiduría en presencia de los que no conocen a Dios. Un ejemplo sería no quejarse delante de ellos. Parece que todo el mundo se queja hoy en día, y los cristianos necesitamos ser diferentes. Debemos resplandecer como estrellas brillantes en medio de la maldad que nos rodea. Una forma en la que podemos lograrlo es hablar de vida y no de muerte, es decir, ser positivos y no negativos.

Filipenses 2:14–15 dice: "Hagan todo sin murmuraciones y contiendas, para que sean irreprensibles y sencillos, e intachables hijos de Dios en medio de una generación maligna y perversa" (RVA-2015). Si no te quejas, aun cuando haya algo de qué quejarse, las personas que no conocen a Jesús lo notarán y eventualmente te preguntarán cómo puedes ser tan positivo en medio de situaciones tan negativas. De esta manera, se abrirá una puerta de par en par para que compartas tu fe en Dios.

Padre, ayúdame en todo momento a decir solo palabras que traigan vida, y especialmente cuando estoy en presencia de personas que no te conocen. No puedo triunfar en esta área sin tu ayuda. Gracias.

LA VIDA ES CORTA

Hazme saber, oh Señor, mi final, y cuál sea la medida de mis días. Sepa yo cuán pasajero soy. He aquí, has hecho que mis días sean breves; mi existencia es como nada delante de ti. De veras, solo vanidad es todo hombre en su gloria.

SALMO 39:4-5 (RVA-2015)

Así viviéramos hasta los cien años, no sería nada comparado con la eternidad. Es bueno reflexionar sobre esto de vez en cuando, porque no debemos perder nada del tiempo que Dios nos ha dado en la tierra. David le preguntó a Dios cuánto tiempo viviría, pero no obtuvo respuesta, y nosotros tampoco la obtendremos. Hay un tiempo señalado para que cada uno de nosotros deje esta tierra, y solo Dios sabe cuándo es.

Debemos vivir cada día como si fuera el último: tomar decisiones sabias, caminar en amor, ser obedientes a Dios y dar buenos frutos. Puede que te queden muchos días más de vida, pero puede que no, y sería una pena desperdiciar el último que te queda.

Una vez estaba enojada con Dave y no le dirigía la palabra. Me dijo: *¿No sería una pena si este fuera tu último día en la tierra y lo pasaras así?*, lo cual me llamó la atención, y me hizo pensar. No desperdicies un día en enojo, celos o desobediencia, o cualquier otra cosa que te robe el tiempo y no te sirva para nada. Haz que tu tiempo cuente para que no termines lamentando los años perdidos.

Padre, gracias por recordarnos que la vida es corta. Te pido que me ayudes a no desperdiciar mis días.

RESTAURACIÓN

El Señor me sacó del pozo de la destrucción; me sacó del barro y del lodo. Me puso los pies en la roca, en tierra firme, donde puedo andar con seguridad.

SALMO 40:1-2 (PDT)

Dios es un Dios de restauración. Puede tomar cosas viejas y gastadas y hacerlas nuevas. ¿Has conocido a alguien que fuera bueno restaurando muebles viejos? Es sorprendente cómo puede coger algo que parece listo para el basurero y volverlo a embellecer. Esto es lo que Dios hace por nosotros.

Debido al abuso, el abandono y el rechazo, cuando tenía veintitrés años estaba completamente agotada y habitaba el tipo de pozo del que David habla como metáfora en el pasaje de hoy. Al final clamé a Dios y le entregué mi vida. A lo largo de los años Él me ha restaurado, y hará lo mismo por ti.

Así como la restauración de un mueble requiere una serie de pasos, la nuestra no sucede de la noche a la mañana. Parece ser un proceso lento, pero eventualmente dirás: *Valió la pena.* Dios me ha enseñado a pensar para traer alegría y paz a mi vida; me ha enseñado a amar, a tener confianza en Él, a conocer mi valor y ser amada y, muy importante, me ha enseñado a ayudar a otras personas.

Su palabra es la base sólida sobre la que aprendemos a pararnos. Cualquiera que construya su vida sobre la Palabra resistirá las tormentas y permanecerá estable y sólido. Te animo a seguir insistiendo cada vez más en Dios. Él poco a poco te convertirá en algo hermoso que asombrará a aquellos que te conocieron cuando estabas en el pozo.

Padre, sé que obras en mí y creo que haces algo hermoso. Ayúdame a cooperar contigo en cada paso del camino. Me emociona ver el producto terminado.

LA CAPACIDAD
DE ESCUCHAR Y OBEDECER

Sacrificio y ofrenda no te agrada; has abierto mis oídos; holocausto y expiación no has demandado.

SALMO 40:6 (RVR1960)

Algunas personas dicen que no saben cómo escuchar la voz de Dios, y aunque creas que eres una de ellas, el Salmo 40:6 dice lo contrario. Como creyente, el Espíritu Santo vive en tu corazón, y le da vida a la voz de Dios. Dios puede hablarte a través de varios medios: a través de su Palabra, a través de la oración, a través de la enseñanza bíblica, a través de la convicción del Espíritu Santo, a través del sabio consejo de un piadoso amigo cercano, o de alguna otra forma. Todo lo que te diga siempre será acorde con su Palabra, y cuando te hable, sentirás su paz.

El pasaje de hoy nos asegura que tenemos la capacidad de escuchar y obedecer a Dios. De nada le sirve hablarnos si no le obedecemos, y Él se deleita en nuestra obediencia. Una de las lecciones principales de la Biblia es que cuando somos obedientes, somos bendecidos, y cuando no somos obedientes, no podemos experimentar las bendiciones que Dios quiere darnos.

En mi andar con Dios, la escucha y la obediencia han sido esenciales para todas las bendiciones que he disfrutado. Las bendiciones han llegado porque oré, escuché la voz de Dios y obedecí. Mi obediencia no siempre ha sido popular entre las otras personas, pero he hecho todo lo posible para seguir la guía de Dios en mi vida, todos los días. Ruego que tú también vivas tu vida en la escucha y obediencia a Dios, y que disfrutes de las bendiciones que trae una vida de obediencia.

Padre, gracias por darme la capacidad de escuchar tu voz y obedecer. Ruego que cada decisión que tome esté basada en escucharte y obedecerte mientras me guías.

SEÑOR, AYÚDAME RÁPIDAMENTE

Porque me han rodeado males incontables; me han alcanzado mis iniquidades, y no puedo levantar la vista. Son más numerosos que los cabellos de mi cabeza, y mi corazón me ha fallado. ¡Ten a bien, oh, Señor, librarme! ¡Oh, Señor, apresúrate a socorrerme!

SALMO 40:12-13 (RVA-2015)

Es cierto que David pecó, pero se arrepintió rápidamente y siempre pareció estar seguro de que, sin importar lo que hubiera hecho, Dios lo ayudaría. Hizo oraciones audaces, que nosotros deberíamos hacer también. Dios quiere ayudarnos, pero para obtener ayuda debemos pedirla. Puede que a veces nos sintamos sin derecho a pedir ayuda, pero en nombre de Jesús, la pedimos.

Pedir ayuda a Dios es un derecho y un privilegio que debemos aprovechar, pues Jesús lo pagó con su sangre. Al igual que David, todos hemos pecado y estamos destituidos de la gloria de Dios (Romanos 3:23). Pero podemos ser justificados por la sangre de Cristo (Romanos 5:1–2), y debido a su sacrificio en la cruz por nosotros, podemos acercarnos confiadamente a Él con nuestras necesidades (Hebreos 4:16).

En nuestro pasaje de hoy, David dijo que su pecado y sus problemas eran más que los cabellos de su cabeza. Una cabeza humana adulta tiene aproximadamente 100.000 cabellos y los rubios tienen alrededor de 150.000. Estos números son estimaciones y pueden cambiar con la edad, pero mi punto es que, aunque David pensaba que tenía muchos problemas y pecados, oró con valentía para que Dios lo salvara y lo hiciera rápidamente.

Puede que estés sufriendo mientras lees esta devoción, o puede que te sientas culpable por un pecado que has cometido. Sin importar cómo te sientas, te insto a orar con valentía e incluso pedirle a Dios que te libere rápidamente.

Padre, gracias porque perdonas mis pecados y me liberas de mis problemas. Hazlo rápido, te pido, en el nombre de Jesús.

CUANDO TIENES NECESIDADES ECONÓMICAS

Aunque yo sea pobre y necesitado el Señor pensará en mí. Tú eres mi ayuda y mi libertador; ¡Oh Dios mío, no te tardes!

SALMO 40:17 (RVA-2015)

La mayoría de las personas pasa necesidades económicas en algún momento de su vida. Tal vez tengas tal necesidad hoy. Durante tiempos de necesidad, lo primero que debes hacer es asegurarte de dar para la obra de Dios en el mundo. Da a tu iglesia, a los misioneros, a los pobres y a cualquier otra persona que Dios te traiga de cualquier manera a ayudar.

La Biblia dice que cosechamos según lo que sembramos (Gálatas 6:7–9). En otras palabras, recibimos según lo que damos. La Palabra de Dios también dice que hay más bienaventuranza en dar que en recibir (Hechos 20:35). Dar me produce mucha alegría, porque ver a los demás bendecidos me hace feliz.

Pablo escribió a los creyentes filipenses que Dios supliría todas sus necesidades conforme a sus riquezas en gloria en Cristo Jesús (Filipenses 4:19). A veces se nos prueba y Dios amplía nuestra fe al tomarse más tiempo del que pensamos que debería en satisfacer nuestras necesidades, pero en el momento adecuado, siempre provee.

Mantente lleno de esperanza que en cualquier momento llegará una bendición, porque la esperanza siempre nos reconforta emocionalmente. La esperanza nos ayuda a esperar en paz, y aunque Dios no nos dé todo lo que queramos, proveerá lo que necesitamos.

Señor Jesús, gracias por satisfacer mis necesidades y bendecirme más allá de lo que necesito. Ayúdame a ser consciente de todo lo que has hecho y haces por mí, y muéstrame lo que puedo dar para ayudar a los demás cada día.

AYUDA A LOS DÉBILES

¡Bienaventurado el que se preocupa del pobre! En el día malo lo librará el Señor. El Señor lo guardará y le dará vida para que sea feliz en la tierra. No lo entregará a la voluntad de sus enemigos.

SALMO 41:1-2 (RVA-2015)

El pasaje de hoy menciona a los débiles. Las personas pueden ser débiles física, espiritual, emocional, mental o económicamente. Pueden ser consideradas débiles porque no se valen por sí mismas o no pueden trabajar; pueden ser débiles para resistir el pecado en general o quizás algún pecado específico. Mi madre era débil porque permitió que mi padre abusara sexualmente de mí y abusara de ella física, verbal y emocionalmente sin hacer nada. Crecí con desprecio de la debilidad y me esforcé por ser fuerte en todas las áreas de la vida. Además, falté al respeto y juzgué críticamente a cualquiera que me parecía débil.

Dios nos dice que ayudemos a los débiles, los motivemos y les tengamos mucha paciencia (1 Tesalonicenses 5:14). Mi actitud era la equivocada, y por fortuna Dios me ha ayudado a cambiarla. Sus promesas para los que ayudan a los débiles son asombrosas, según lo deja claro el pasaje de hoy. Ayudar a los pobres, los débiles, los necesitados, los huérfanos y los viudos es algo de lo que Dios habla a menudo en su palabra, y es algo que cada uno de nosotros debería hacer.

Dios nos ayuda en nuestras debilidades, pero con frecuencia obra a través de las personas para ayudar a otras personas. Ora por los que son débiles y ten siempre la disposición de ayudarlos de la forma como Dios te pida que los ayudes. Si eres fuerte en un área, dale gracias a Dios, pero no caigas en la trampa, como caí yo, de juzgar a los que son débiles donde tú eres fuerte.

Padre, me arrepiento por las veces que he juzgado a los débiles en lugar de ayudarlos. Concédeme compasión por los que son débiles o están necesitados y muéstrame cómo puedo ayudarlos. Gracias.

CONSUELO CUANDO ESTÁS ENFERMO

¡Bienaventurado el que se preocupa del pobre! En el día malo lo librará el Señor…. El Señor lo sustentará en el lecho de dolor. En su enfermedad, tú transformarás su postración.

SALMO 41:1, 3 (RVA-2015)

Considera estas palabras proféticas acerca de Jesús: "Mas él herido fue por nuestras rebeliones, molido por nuestros pecados; el castigo de nuestra paz fue sobre él, y por su llaga fuimos nosotros curados" (Isaías 53:5, RVR1960).

Jesús es nuestro sanador, y cuando estemos enfermos o con dolor, lo primero que debemos hacer es pedirle que nos sane. A veces nos sana sobrenaturalmente, a veces lo hace a través de una intervención médica, y varias veces lo he experimentado cuando me muestra que hago algo que causa un problema físico. Alguna vez estaba baja de energía. Mi entrenador físico me dijo debía beber mucha más agua y esa fue la solución. En otra ocasión, descubrí que me sentía mal porque no estaba comiendo suficiente proteína.

Recuerdo cuando Dios le mostró a Dave que el azúcar y la cafeína lo hacían sentir tembloroso y nervioso. Nunca le habían causado problemas, pero desde que se produjo este cambio, debe consumirlos con moderación o evitarlos por completo.

Dios te consolará y te ministrará cuando estés enfermo. Si la enfermedad se extiende mucho tiempo, te dará la fe y la paciencia para seguir adelante y no rendirte. Nadie quiere sentirse mal. Realmente odio sentir dolor y tener poca energía, pero he descubierto que hacer lo que pueda hacer distrae la cabeza de lo que estoy sintiendo. Dios me ha curado de muchas cosas a lo largo de los años, y te animo a que sepas que también te ayudará.

Jesús, confío en ti para sanarme. Protégeme de la enfermedad y las dolencias, y si estoy haciendo algo que contribuya a mi enfermedad, por favor muéstrame qué es.

TRAICIÓN

Aun el hombre de mi paz, en quien yo confiaba, el que de mi pan comía, alzó contra mí el calcañar.

El dolor de la traición es difícil, pero no debemos amargarnos cuando lo experimentemos. Judas traicionó a Jesús al revelar el lugar dónde podían capturarlo, por treinta piezas de plata (Mateo 26:14–16, 47–50). El hijo de David, Absalón, lo traicionó al conspirar para quitarle el reino (2 Samuel 15:1–13). Los hermanos de José lo traicionaron al venderlo a traficantes de esclavos porque sentían celos de él (Génesis 37:17–36). Sin embargo, en cada uno de estos casos, la persona ofendida perdonó al traidor en lugar de ser implacable o vengativo.

Muchas personas experimentan la traición en algún punto, y es crucial la forma en la que respondemos a ella. Jesús, David y José fueron grandes líderes, pero tuvieron que pasar la *prueba de la traición*. Experimentar la traición de alguien en quien confías y amas es uno de los dolores más profundos que podemos soportar. Superarlo por completo puede llevar mucho tiempo, pero sentir resentimiento y amargura solo lo empeorará.

Alguna vez algunos amigos del ministerio me traicionaron; jamás pensé que fueran capaces de hacer algo así. Estaba herida y conmocionada, y me tomó cerca de tres años recuperarme totalmente del incidente. Finalmente, me di cuenta de que era mejor para mí ver el tipo de personas que eran en realidad antes de involucrarme más con ellos. Si te han traicionado, oro para que encuentres la gracia de perdonar y lo dejes ir, porque de lo contrario, el sentimiento te robará la fuerza y te distraerá de tu verdadero propósito.

Padre, ayúdame a nunca traicionar a alguien que confía en mí, y ayúdame a perdonar a cualquiera que alguna vez me haya traicionado o pueda traicionarme en el futuro.

LA PRESENCIA DE DIOS ESTÁ EN TI

En cuanto a mí, en mi integridad me has sustentado, y me has hecho estar delante de ti para siempre.

SALMO 41:12 (RVR1960)

Dios ha prometido que nunca te dejará ni te desamparará (Deuteronomio 31:8). Cuando el salmista David estaba en medio de la enfermedad y el dolor por la traición de un amigo cercano, dijo al Señor: "Me has hecho estar delante de ti para siempre". No importa lo que estés atravesando en la vida, no tienes que atravesarlo solo. Cada día con Dios no será un día perfecto y libre de problemas, pero como digo con frecuencia, tu peor día con Jesús seguirá siendo mejor que tu mejor día sin Él. Lo que sea que se te presente, puedes manejarlo cuando sabes que Él está contigo.

Permite que te motive a meditar en el pasaje de hoy y a decir a lo largo del día: *Dios está conmigo en este momento. En este momento, Dios está conmigo.* Debes saber que Él está contigo cuando te despiertas, mientras te preparas para el día, cuando vas al trabajo o al colegio, o cuando cumples con otras responsabilidades. Está contigo en tu auto o en el tren. Está contigo mientras compras alimentos, limpias la casa o cuidas a tu familia. Está contigo en las vacaciones y en momentos de descanso y relajación. Menciono todas estas actividades para enfatizar que no hay nada que puedas hacer y ningún lugar al que puedas ir sin que Dios esté contigo, pues se preocupa por todo lo que haces.

Gracias, Señor, por estar siempre conmigo y por nunca dejarme ni desampararme.

RECORDAR
LA BONDAD DE DIOS

Dios mío, mi alma está abatida en mí; me acordaré, por tanto, de ti desde la tierra del Jordán, y de los hermonitas, desde el monte de Mizar.

SALMO 42:6 (RVR1960)

El salmista estaba deprimido y desanimado, y su solución al problema fue recordar momentos en los que Dios lo había ayudado y lo había sacado de situaciones difíciles. La Biblia nos anima con frecuencia a recordar las grandes cosas que Dios ha hecho, para fortalecer nuestra fe y hacer que sea más fácil confiar en que Dios se ocupará de las dificultades que enfrentamos.

Las personas pasan demasiado tiempo hablando sobre sus problemas y no lo suficiente hablando de las grandes cosas que Dios ha hecho en su vida. A Dios le gusta que cuando hablemos de Él digamos lo que deberíamos decir. De hecho, le gusta tanto que lo registra en un libro de recuerdos. Malaquías 3:16 dice, "los que temían al Señor hablaron cada uno con su compañero, y el Señor prestó atención y escuchó. Y fue escrito un libro como recordatorio delante de él, para los que temen al Señor y para los que toman en cuenta su nombre" (RVR1960).

Recomiendo que todos llevemos nuestro propio libro de recuerdos, para que podamos mirar hacia atrás y motivarnos al recordar las cosas buenas que Dios ha hecho por nosotros. Llevo muchos años con uno, y me ha sido de gran ayuda en muchas ocasiones.

Padre, ayúdame a hablar más de las cosas buenas que has hecho por mí que de mis problemas. Ayúdame a recordar tu bondad y gracia, tu misericordia y perdón, y tu salvación. Gracias.

CÓMO MANEJAR EL DESALIENTO

¿Por qué te abates, oh alma mía, y por qué te turbas dentro de mí?
Espera en Dios; porque aún he de alabarle, salvación mía y Dios mío.

SALMO 42:11 (RVR1960)

En el Salmo 42:11, vemos que el salmista se siente abatido y, quizás, hasta esté luchando contra la depresión. Los versículos que preceden a la lectura de hoy revelan la intensidad de su dolor: "Diré a Dios: Roca mía, ¿por qué te has olvidado de mí? ¿Por qué andaré yo enlutado por la opresión del enemigo? Como quien hiere mis huesos, mis enemigos me afrentan, diciéndome cada día: ¿Dónde está tu Dios?" (vv. 9–10, RVR 1960).

Examinemos la forma como el salmista manejó la situación, porque nos muestra qué hacer cuando nos sintamos tristes, desanimados o deprimidos, como le sucede a la mayoría de las personas en un momento u otro. El Salmo 42:11 nos muestra tres formas distintas como el salmista respondió a los sentimientos negativos. Primero, hace una pregunta a su propia alma (mente, voluntad y emociones), al preguntar: "¿Por qué te abates, oh alma mía?". Entonces le da a su alma una instrucción: "Espera en Dios". Finalmente, declara: "porque aún he de alabarle, salvación mía y Dios mío". Podría decirse que el salmista tuvo una conversación consigo mismo.

Al igual que para el salmista, este patrón simple de pensamiento y acción será efectivo para ti y para mí, y pronto nos encontraremos alegres y animados otra vez.

Padre, gracias por tu Palabra y por la forma como me enseña a vivir. Cuando mi alma esté abatida, pido que recuerde lo que el Salmo 42:11 me enseña.

DIOS NOS REIVINDICA

Júzgame, oh Dios, y defiende mi causa; líbrame de gente impía, y del hombre engañoso e inicuo.

SALMO 43:1 (RVR1960)

Los eruditos difieren acerca de quién escribió el Salmo 43, pero creo que lo escribió David. Si es así, pareciera que no solo unas pocas personas se enfrentaron a él, sino toda una nación. Le pide a Dios que defienda su causa contra una nación infiel. Estoy segura de que hubo momentos en los que la nación lo amaba y lo favorecía como rey, y momentos en los no estaba de acuerdo o no le gustaba las decisiones que tuvo que tomar. En esos momentos, probablemente estaban en su contra.

He tenido, sin duda, personas e incluso grupos de personas en mi contra, pero nunca una nación entera, por lo tanto, estoy segura de que David se sintió oprimido y rechazado. Sabía que no podía reivindicarse a sí mismo y que solo Dios podría hacerlo. Cuando Dios nos reivindica, se nos muestra que estamos en lo correcto. Él dispone las circunstancias de tal manera que los que nos acusan falsamente se den cuenta de que están equivocados. La reivindicación de Dios se siente bien, pero a veces es difícil esperar a que llegue.

Cuando nos han malinterpretado o acusado falsamente, queremos defendernos y tratar de que la gente vea la verdad. Queremos que los demás crean que nuestras acciones son justificadas o, al menos, que nuestros motivos fueron los correctos sobre las decisiones que tomamos. Cada vez que somos los responsables de tomar decisiones que afectarán a muchos, es casi imposible tomar una decisión que los haga felices a todos. Por lo tanto, debemos seguir nuestro corazón, hacer lo que creemos que es correcto y luego confiar en que Dios nos reivindicará si luego vienen en nuestra contra.

Padre, gracias por ser mi vindicador. Cuando me acusan falsamente, te pido que me defiendas.

ERRADICAR
LA VERGÜENZA

La humillación no me deja un solo instante; se me cae la cara de vergüenza

SALMO 44:15 (NVI)

En el pasaje de hoy, el salmista escribe que se le cae la cara de vergüenza. Muchas personas están arraigadas en la vergüenza. Piénsalo así: la raíz de un árbol finalmente produce fruto. De igual forma, una raíz de vergüenza produce frutos en forma de pensamientos y comportamientos nocivos.

Es importante aclarar que la vergüenza es diferente de la culpa, y afecta a muchas personas de forma más generalizada. Podemos sentirnos culpables por algo que hemos hecho mal, pero la vergüenza nos hace sentir mal por algo más que una acción específica; nos hace sentir mal por lo que somos. También existe una diferencia entre la vergüenza y la vergüenza arraigada.

Cuando cometemos errores o pecados, nos sentimos mal por un tiempo hasta que nos arrepentimos y se nos perdona. Así, somos capaces de dejar atrás esos errores y seguir adelante. Es una respuesta normal a la vergüenza.

Pero cuando las personas se arraigan en la vergüenza, se genera un impacto sobre todo en su vida. Sus actitudes negativas hacia sí mismas contaminan todo lo que tratan de lograr.

Jesús cargó por nosotros nuestra vergüenza en la cruz (Hebreos 12:2). Ha pagado el precio y le dio muerte. Arrancó la vergüenza de nuestra vida. Cuando vivimos en Cristo, vivimos con confianza y alegría, y ya no tenemos que vivir avergonzados.

Jesús, oro para que me ayudes a entender que en la cruz tomaste mi vergüenza para que no tenga que soportarla más. Sáname, para que pueda vivir libre de vergüenza. Gracias.

¿POR QUÉ SUFREN LOS JUSTOS?

Todo esto nos ha venido, y no nos hemos olvidado de ti, y no hemos faltado a tu pacto.

SALMO 44:17 (RVR1960)

En el Salmo 44, el escritor habla de una época en la que el pueblo sufría a pesar de haber sido fiel a Dios, y parecía que sus enemigos ganaban la batalla. Los tiempos así son difíciles, pero todos los experimentamos. El versículo 22 dice: "Pero por causa de ti nos matan cada día; Somos contados como ovejas para el matadero" (RVR1960). Encontramos que se hace referencia a este texto en Romanos 8:36, pero en 8:37, Pablo continúa diciendo: "Antes, en todas estas cosas somos más que vencedores por medio de aquel que nos amó" (RVR1960).

Dios nunca nos ha prometido una vida libre de dificultades, pero sí ha prometido salvarnos: "Muchos son los males del justo, pero de todos ellos lo librará el Señor" (Salmo 34:19, RVA-2015). Aunque estos tiempos son un desafío, son también una oportunidad para que confiemos en Dios y crezcamos en la fe. De hecho, funcionan a nuestro favor, porque al permanecer firmes, nos fortalecemos y sentimos menos miedo y preocupación la próxima vez que surja una dificultad.

Hay situaciones que alguna vez me causaron miedo y preocupación intensos, pero que ahora apenas me molestan. ¿Por qué? Porque he experimentado la liberación de Dios una y otra vez, y mi experiencia ha fortalecido mi fe. Sé que si Dios me salvó una vez, me volverá a salvar. Cuando sufras y parezca que Dios no te va a ayudar, mira al pasado y recuerda todos esos otros momentos en los que te sentiste de la misma forma, pero Dios intervino por ti y te trajo la victoria.

Padre, gracias por todas las veces que me has ayudado y me has librado de problemas que amenazaban con vencerme. Cuando me ataquen, déjame recordar esos tiempos y fortalecerme por ellos.

LA TABLA
Y LA PLUMA

*Rebosa mi corazón palabra buena; dirijo al rey mi canto; mi lengua es
pluma de escribiente muy ligero.*

SALMO 45:1 (RVR1960)

En el pasaje de hoy, el salmista compara su lengua con "pluma
de escribiente muy ligero". Y en el libro de Proverbios, el corazón
humano se compara con el tipo de tabla en la que la gente escribe
a mano (3:1–3, 7:3). Vemos en estas escrituras del Antiguo Testamento que, como metáfora, el corazón es la tabla y la lengua es la
pluma. Podemos usar nuestras palabras para escribir todo tipo de
cosas en las tablas de nuestro corazón, pero creo que lo que más
necesitamos escribir es la Palabra de Dios.

Cuando confiesas la Palabra de Dios en voz alta con tu lengua,
la estás escribiendo efectivamente en tu corazón. Cuando la escri-
bes en tu corazón, se establece con más firmeza tanto en tu corazón como en la tierra que te rodea. La Palabra de Dios "es eterna
y está firme en los cielos" (Salmo 119:89, NVI), y la establecemos
en la Tierra cada vez que la pronunciamos.

Cuando la Palabra de Dios está escrita en tu corazón y se
manifiesta en las palabras que hablas, te da poder para cumplir su
voluntad y es un arma poderosa contra el enemigo.

Ayúdame, Señor, a escribir tus palabras en la tabla de mi corazón.

PALABRAS DE GRACIA

Eres el más hermoso de los hijos de los hombres; la gracia se derramó en tus labios; por tanto, Dios te ha bendecido para siempre.

SALMO 45:2 (RVR1960)

Las palabras son contenedores de poder, y nosotros decidimos qué tipo de poder llevarán. ¿Serán palabras de vida o palabras de muerte? Dios creó toda la Tierra con sus palabras, que fueron creativas. Las nuestras deberían serlo también, pero si no tenemos cuidado, pueden llegar a ser destructivas. Pueden construir o derribar. Nuestras palabras deben estar llenas de gracia y "sazonada(s) con sal" (Colosenses 4:6, RVR1960). Es decir, deben ser buenas y estar llenas de un sabor que las haga deseables. En los tiempos de Jesús, la sal se usaba como conservante e incluso era tan valiosa que se usaba como moneda. Nuestras palabras deben preservar el mensaje de Cristo y siempre representarlo a Él y su carácter.

Me gusta estar con personas con las que puedo contar para ser positivas y alentadoras, y no disfruto estar con personas que son negativas, que se quejan o que desalientan. Las palabras de la gente me afectan; pueden sumar a mi alegría o restarle valor, y personalmente quiero toda la alegría que sea posible, ¿no crees? Te animo hoy y todos los días a tener mucho cuidado con las palabras que pronuncias. Ora todos los días y pídele a Dios que ayude a que tus palabras le complazcan. El salmista David oró para que Dios pusiera guarda en su boca para que no pecara con sus labios (Salmo 141:3). Esta es una buena oración para que nosotros también oremos.

Padre, me doy cuenta de lo importantes que son mis palabras, y necesito tu ayuda todo el tiempo para elegir hablar vida y palabras que construyen y edifican. No puedo hacerlo sin ti.

UNGIDO CON EL ACEITE DE LA ALEGRÍA

Has amado la justicia y aborrecido la maldad; por tanto, te ungió Dios, el Dios tuyo, con óleo de alegría más que a tus compañeros.

SALMO 45:7 (RVR1960)

Dios quiere que amemos lo que Él ama y odiemos lo que Él odia. Él ama la rectitud (hacer el bien) y odia la maldad (hacer el mal). Deberíamos sentirnos de la misma manera que Dios y tomar decisiones que le complazcan. Nos enfrentamos a elecciones todo el tiempo. Todos los días debemos decidir si haremos lo correcto o lo incorrecto cuando surgen situaciones. Decidimos si caminaremos por la puerta estrecha que lleva a la vida o por la puerta ancha que lleva a la destrucción (Mateo 7:13–14). Cada uno debe decidir por sí mismo y tener cuidado de no seguir los consejos equivocados de los impíos.

Todos estaremos delante de Dios eventualmente y daremos cuenta de nuestra vida (Romanos 14:12), y las decisiones que tomemos ahora afectarán lo fácil o difícil que será ese día. Todas las decisiones tienen consecuencias. Puede que se nos perdone por nuestras elecciones equivocadas, pero esto no quiere decir que todas las consecuencias de nuestras acciones desaparecerán. Aunque una persona puede robar, mentir o incluso asesinar, y recibir el perdón por su pecado, puede también ir a prisión.

Debemos pensar con cuidado nuestras decisiones, porque las personas sabias realizan en este momento las acciones con las que serán felices más adelante en la vida. Una persona necia es la que hace cosas malas y espera no afrontar las consecuencias, pero debe afrontarlas. Dios promete dar favor y gozo a la persona que ama la justicia y odia la maldad, y oro para que tú y yo cumplamos con esta descripción.

Padre, por favor ayúdame a caminar en justicia y a odiar el mal y la maldad. Quiero tu favor y el aceite de la alegría.

DIOS NUNCA CAMBIA

Por tanto, no temeremos, aunque la tierra sea removida, y se traspa-
sen los montes al corazón del mar.

SALMO 46:2 (RVR1960)

Si hay algo en la naturaleza que consideramos sólido y permanente, son las montañas. Si estas traspasaran al mar, como lo describe
el pasaje de hoy, representaría un cambio que nunca hemos visto.
Así, el punto del salmista en el Salmo 46:2 es que Dios es la única constante en nuestra vida. Todo cambia excepto Dios, y tener-
le miedo al cambio o dejar que nos moleste no evitará que suceda.
Las personas cambian, las circunstancias cambian, las prioridades
cambian, los deseos cambian y nuestros cuerpos cambian. Hay una
certeza en la vida: ¡el cambio!

Durante las temporadas de cambio, lo primero con lo que
debemos lidiar es con nuestra mente, porque nuestros pensamientos afectan directamente nuestras emociones y determinan nuestro comportamiento. Cuando algo en tu vida cambia sin que lo
hayas decidido, y no te sientes preparado, sentirás una variedad
de emociones. Cuando llegue el cambio, si aceptas mentalmente
la transición y aprendes a adaptarte, podrás manejar tus emociones con mayor facilidad y eficacia, en lugar de permitir que estas
te controlen.

Cuando ocurra un cambio en tu vida, busca siempre la Palabra
de Dios para recibir orientación y pídele al Espíritu Santo que te
ayude. Al actuar según la Palabra de Dios y no simplemente reaccionar a tus circunstancias, podrás manejar mejor el cambio, y hasta podría convertirse en una gran bendición.

Gracias, Dios, porque nunca cambias y porque me ayudarás y me guia-
rás a través de todos los cambios en mi vida.

A VECES LA QUIETUD GANA LA BATALLA

"Estén quietos y reconozcan que yo soy Dios. Exaltado he de ser entre las naciones; exaltado seré en la tierra".

SALMO 46:10 (RVA-2015)

Cuando enfrentamos desafíos o nos encontramos en algún tipo de batalla contra el enemigo, Dios nos dará las instrucciones que necesitamos para salir victoriosos. A veces nos invitará a seguir pasos específicos, y otras veces nos guiará a estar en simple quietud. Cuando el pueblo de Judá enfrentó un conflicto intenso, Dios no les dio planes de batalla complicados ni órdenes de marcha estrictas. Simplemente les ordenó que se quedaran quietos. "En esta ocasión, ustedes no tendrán que luchar", les dijo. *"Deténganse, estense quietos y vean la victoria que el Señor logrará para ustedes. ¡Oh Judá y Jerusalén, no teman ni desmayen!"* (2 Crónicas 20:17, RVA2015, mis cursivas). Al final de esta historia, Dios les otorgó una poderosa victoria.

Cuando enfrentamos dificultades, nuestra tendencia natural es tratar de resolver el problema. Pero Dios casi siempre tiene una forma diferente de manejar las cosas. El pasaje de hoy nos anima a estar quietos y reconocer que Él es Dios. Puede que nos guíe a no hacer nada en absoluto por un tiempo, excepto orar, adorar y esperar a que obre en nuestras vidas mientras depositamos con tranquilidad nuestra confianza en Él.

El tipo de quietud y espera que Dios desea no es perezosa ni pasiva, sino expectante y espiritualmente activa. Está llena de fe y de una esperanza agresiva, y confía en que Él actuará en el momento justo, al tiempo que está lista para responder en obediencia cuando lo haga.

Padre, ayúdame a comprender que no siempre tengo que estar ocupado o tratar de resolver mis problemas yo solo, sino que puedo estar quieto y esperar en ti. Confío en ti para manejar cada situación que me preocupa.

MUÉSTRALE A DIOS CÓMO TE SIENTES

¡Pueblos todos, aplaudan! ¡Aclamen a Dios con voz de júbilo!

SALMO 47:1 (RVA-2015)

Entre otras cosas, el Libro de los Salmos nos enseña cómo adorar a Dios. Nos instruye a bailar, a tocar instrumentos musicales y a expresar nuestro amor y alabanza a Dios por medio de expresiones físicas (Salmo 26:7, 150:3–5). El pasaje de hoy nos anima a aplaudir y clamar a Dios con alegría. Muchas veces, necesitamos adorar a Dios de manera tangible, no solo en nuestros corazones. Mostrarle cómo nos sentimos trae consigo una liberación en nuestra vida, honra a Dios y ayuda a derrotar al enemigo.

Decir, simplemente: *Está bien, Dios sabe lo que siento por Él; no tengo que hacer una gran demostración,* no es suficiente. Estoy convencida de que Dios nos dio emociones para más cosas que para estar entusiasmados con un juego de pelota o un auto nuevo. Sin duda quiere que empleemos nuestras emociones de manera equilibrada y apropiada para expresarle nuestro amor y gratitud.

Te animo a ser expresivo en tu alabanza y adoración. Si Él te emociona, llámalo o aplaude. Si estás triste y necesitas su consuelo, llora en su presencia. Dios creó cada parte de ti, incluidas tus emociones y tu ser físico, así que úsalos para mostrarle cómo te sientes.

Ayúdame, Señor, a expresar libremente mi amor por ti y mi alabanza por todo lo que eres y todo lo que haces por mí.

LA ALABANZA Y LA PRESENCIA DE DIOS

*Subió Dios en medio de aclamación; el Señor, con sonido de corneta.
¡Canten a Dios, canten! ¡Canten a nuestro Rey, canten!*

SALMO 47:5-6 (RVA-2015)

Sabemos que el Libro de los Salmos está lleno de alabanzas a Dios y, como mencioné en el devocional de ayer, incluye muchas instrucciones para que nosotros, como su pueblo, lo alabemos. Dios habita en las alabanzas de su pueblo (Salmo 22:3), y cuando lo alabamos, viene y habita en nuestra alabanza.

La alabanza puede ser cualquier cosa, desde un simple *gracias* a Dios por algo que ha hecho por nosotros, hasta contarles a otros acerca de su bondad. La alabanza puede ser música o palabras sin música, pero todo glorifica a Dios por las cosas buenas que hizo, hace y hará.

Hay plenitud de gozo en la presencia de Dios (Salmo 16:11), así que cuanto más lo alabamos, mayor será nuestro gozo. Bajo el Antiguo Pacto, la gente tenía que hacer sacrificios de animales, granos u otras cosas como forma de sanar su pecado. Ahora, bajo el Nuevo Pacto, Jesús pagó por todos nuestros pecados, y Dios dice que el sacrificio que debemos hacer es el de alabanza (Hebreos 9:12, 13:15). Este sacrificio de alabanza es el fruto de nuestros labios (nuestras palabras) que glorifican a Dios. Podemos decir que la alabanza es otra gran manera de usar nuestras palabras y llenarlas de vida.

Señor, te alabo por lo que eres y por todo lo que has hecho. Eres sorprendente, extraordinario y mereces grandes elogios en todo momento y en cada situación. Ayúdame a ser consciente de alabarte todos los días. Te amo, Señor.

EL AMOR DE DIOS

Nos acordamos de tu misericordia, oh Dios, en medio de tu templo.

SALMO 48:9 (RVR1960)

Escuchamos con frecuencia que Dios nos ama, pero pregúntate si de verdad lo crees y si te tomas el tiempo de meditar en su amor. El amor de Dios es lo que expulsa el temor (1 Juan 4:18). Si sabemos que Dios nos ama, entonces sabemos que cuidará de nosotros y satisfará nuestras necesidades.

El pasaje de hoy habla de meditar dentro de su templo en su amor inagotable. Recuerda que eres el templo de Dios. 1 Corintios 3:16 dice: "¿No saben que ustedes son templo de Dios, y que el Espíritu de Dios habita en ustedes?" (RVC).

A lo largo de cada día, podemos y deberíamos pensar cuánto nos ama Dios. Para algunos esto podría parecer un acto de orgullo, pero la Palabra de Dios nos dice que lo hagamos. La Biblia dice que conocemos y confiamos en el amor que Dios nos tiene: "Y nosotros hemos conocido (entendemos, reconocemos, somos conscientes, por observación y por experiencia) y creído (nos adherimos, ponemos fe y confiamos en) el amor que Dios tiene para con nosotros. Dios es amor; y el que permanece en amor, permanece en Dios, y Dios en él" (1 Juan 4:16, RVR1960, mis paréntesis).

No podemos habitar el amor de Dios sin pensarlo. Él no nos ama porque lo merezcamos, sino porque Él es bueno y es amor (Salmo 107:1; 1 Juan 4:8). Mientras más profunda sea tu revelación del amor de Dios por ti, menos temor y preocupación sentirás, te volverás más audaz y confiado y te sentirás más valorado.

Padre, gracias por amarme. Ayúdame a pensar constantemente en tu amor por mí.

DIOS ESTARÁ CONTIGO HASTA EL FINAL

Porque este Dios es Dios nuestro eternamente y para siempre; Él nos guiará aun más allá de la muerte.

SALMO 48:14 (RVR1960)

Algunas traducciones del versículo de hoy dicen que Dios estará con nosotros "por siempre" o "eternamente" (RVA-2015, PDT), y así es como me gusta pensarlo. Me reconforta saber que es así, y espero que también te consuele a ti. A medida que envejecemos, pensamos constantemente en lo que nos puede pasar y en la muerte, pero comprender este pasaje elimina toda preocupación o temor acerca de nuestros últimos años. Dios estará con nosotros hasta que demos nuestro último aliento, y luego nos llevará a casa con Él.

El pasaje de hoy también dice que "este Dios es Dios nuestro", y creo que es importante reflexionar sobre esto. No es solo *un* dios, sino que es *tu* dios. Se preocupa por ti personalmente y vigila cada movimiento que haces. Conoce tus pensamientos y está al tanto de todo lo que haces antes de que lo hagas. Nada de lo que haces le sorprende, así que aun cuando cometas errores o peques, no se sorprende, porque ya sabía lo que harías.

No existe un momento en tu vida en el que Dios no te ame, y no existe un momento en tu vida en el que Dios no esté contigo. Entre más te das cuenta, más relajado y cómodo te sentirás. No siempre tienes que saber qué hacer, porque aquel que sabe todas las cosas está contigo y te revelará lo que necesitas saber cuando llegue el momento.

Padre, me reconforta saber que estarás conmigo hasta el final. Ayúdame a recordarlo cada vez que me preocupe por el futuro y lo que me depara. Gracias.

NO PUEDES
LLEVARLO CONTIGO

No temas cuando se enriquece alguno, cuando aumenta la gloria de su casa; porque cuando muera no llevará nada, ni descenderá tras él su gloria.

SALMO 49:16-17 (RVR1960)

El Salmo 49 contiene varias referencias a la riqueza, y todas indican que se quedará en la tierra porque no la podemos llevar con nosotros al cielo. Fácilmente podemos caer en la trampa de querer cada vez más, a la vez que ignoramos las que deberían ser las prioridades en nuestra vida. Por ejemplo, las relaciones son mucho más importantes que el dinero, pero muchas personas dan prioridad a ganar riqueza sobre las relaciones y luego se preguntan por qué no tienen amigos o por qué su familia no los cuida al envejecer.

Todos necesitamos recursos financieros, y todos queremos tener lo suficiente para vivir en comodidad. No hay nada de malo con este deseo. Dios dice claramente en su palabra que quiere que prosperemos en todo lo que hacemos (3 Juan 2). Sin embargo, nunca nos dice que hagamos de la riqueza nuestra búsqueda principal. De hecho, dice que lo busquemos a Él y a su reino y que las cosas que necesitamos llegarán por añadidura (Mateo 6:33), lo cual no quiere decir que podemos quedarnos en casa y orar todo el día y Dios milagrosamente nos proporcionará dinero, pero sí significa que no necesitamos hacer de la búsqueda de la riqueza nuestra prioridad.

Nada trajimos al mundo, y nada sacaremos de él (1 Timoteo 6:7). Es aleccionador pensar que todo por lo que trabajamos y acumulamos aquí en la tierra algún día pertenecerá a otra persona. Vivamos para lo que más importa y contentémonos con lo que Dios da sin volvernos codiciosos.

Padre, aprecio todo lo que me has dado y quiero usarlo para vivir y ser una bendición para los demás. Ayúdame a tener mis prioridades en el orden correcto y nunca poner el dinero por delante de mi relación contigo, mi familia o mis amigos.

LA GRANDEZA DE DIOS

El Señor, el Dios de dioses, ha hablado; ha convocado a la tierra desde donde sale el sol hasta donde se pone.

SALMO 50:1 (RVA-2105)

Es importante no subestimar las obras poderosas de Dios, y es bueno detenerse y pensar en el mundo, darnos cuenta de que no hay forma de que pueda funcionar tan perfectamente sin que Él lo mantenga continuamente en equilibrio. Dios sostiene y sustenta todo por su palabra (Hebreos 1:3). El sol sale cada mañana y se pone cada noche, como lo indica el pasaje de hoy. Las estrellas, el sol, la luna y todos los planetas permanecen en el cielo, y los granos de arena en una playa detienen las olas de los poderosos océanos.

Dios le hizo a Job muchas preguntas sobre las que es bueno que todos reflexionemos. Por ejemplo, Dios preguntó: "¿Dónde estabas tú cuando yo fundaba la tierra?" (Job 38:4); "¿Has mandado tú a la mañana en tus días?" (Job 38:12); "¿Diste tú al caballo la fuerza?" (Job 39:19); "¿Se remonta el águila por tu mandamiento?" (Job 39:27) (RVR1960). Dios también le preguntó a Job si sabía dónde guarda la nieve, el granizo y los relámpagos, o dónde guarda la luz y la oscuridad (Job 37:3; 38:19, 22). Dios interactúa con Job de esta manera en Job 38–41, y te sugiero que leas estos capítulos porque nos recuerdan la majestad de Dios.

Recordar la grandeza de Dios y su participación en los múltiples detalles del mundo natural nos ayuda a darnos cuenta de que ningún problema que tengamos es demasiado grande para Dios, así como a no dar por sentado las cosas que Él hace. Nuestro Dios verdaderamente es un Dios maravilloso.

Padre, ayúdame a nunca olvidar cuán grandioso y poderoso eres, y ayúdame a recordar que nada es imposible para ti.

TODO ES DE DIOS

Porque mía es toda bestia del bosque, y los millares de animales en los collados. Conozco a todas las aves de los montes, y todo lo que se mueve en los campos me pertenece.

SALMO 50:10-11 (RVR1960)

Una palabra que los niños aprenden a decir temprano en la vida es *mío*. No se dan cuenta de que son sus padres quienes les dan lo que ellos creen que les pertenece, y pienso que hacemos lo mismo con Dios. Somos custodios, no dueños de sus dones, y lo olvidamos rápidamente. El pasaje de hoy nos recuerda que todo es suyo, incluidos tú y yo. Necesitamos pensar en estos términos en lugar de pensar como niños que solo dicen *mío*.

Dios cuida lo que le pertenece. Aunque nos creó y, como tal, somos suyos, nos da libre albedrío y quiere que elijamos devolverle a Él tanto nosotros mismos, como la vida que nos ha dado. ¿Te has entregado a ti mismo y todo lo que tienes a Él?

Romanos 12:1 dice: "Así que, hermanos, les ruego por las misericordias de Dios que presenten sus cuerpos como sacrificio vivo, santo (dedicado, consagrado) y agradable a Dios, que es el culto racional (razonable, inteligente) de ustedes" (RVA-2015, mis paréntesis).

Quiere decir que le presentemos a Dios nuestros cuerpos: ojos, brazos, manos, pies, boca y mente. Creo que deberíamos incluir nuestras finanzas, entretenimiento, amigos elegidos, carrera, deseos y cualquier otra cosa que creamos que nos pertenece. Si aún no lo has hecho, deja de tratar de manejar tu propia vida y permite que Dios tome el control. Te gustará mucho más el lugar donde termines y experimentarás más alegría en el camino.

Padre, gracias por recordarme que todo te pertenece, incluso yo. Te doy todo lo que soy y todo lo que tengo para tu uso y gloria.

LIDIAR CON UN DÍA DE ANGUSTIA

E invócame en el día de la angustia; te libraré, y tú me honrarás.

SALMO 50:15 (RVR1960)

Todos enfrentamos problemas o un "día de la angustia" de vez en cuando. A veces el problema es menor, y otras es serio. Cuando llega un día de angustia, el estrés lo acompaña. Una de las razones por las que nuestros problemas son tan molestos tiene que ver con las circunstancias mismas, y otra razón es que los problemas causan presión emocional, mental, relacional, financiera o física. La primera clave para lidiar con el estrés de manera efectiva es reconocer o admitir que lo tenemos. La segunda clave es identificar y aprender a responder adecuadamente a los factores estresantes que más nos afectan y orar por estos de inmediato. Otra clave importante para aliviar el estrés es estar dispuesto a hacer cualquier cosa que Dios nos dirija a hacer.

Hay una gran diferencia entre estar bajo estrés y estar al tanto de una situación, y podemos estar al tanto de nuestro estrés, no bajo su influencia. Aunque experimentaremos momentos estresantes, no durarán para siempre y si somos obedientes a la Palabra de Dios y a sus indicaciones, podemos superarlos.

Todos tenemos días que parecen estar llenos de problemas, pero con la ayuda de Dios, podemos vivirlos en paz. El Espíritu Santo nos guía y, con frecuencia, nos impulsa a pensar o hacer cosas que aliviarán el estrés rápidamente.

Dios te guía a un lugar de victoria, no de derrota. Cuando te sientas estresado, escucha lo que Dios te dice y sigue las indicaciones del Espíritu Santo, y pronto te encontrarás en un lugar de paz, fortaleza y triunfo.

Gracias, Dios, por estar conmigo en los días de angustia y por ayudarme a manejarlos para obtener la victoria sobre el estrés que los acompaña.

PERDONA TODOS MIS PECADOS

Ten piedad de mí, oh Dios, conforme a tu misericordia; conforme a la multitud de tus piedades borra mis rebeliones. Lávame más y más de mi maldad, y límpiame de mi pecado

SALMO 51:1-2 (RVR1960)

Las escrituras de hoy provienen de la oración que hizo David después de cometer adulterio con Betsabé. Más adelante en este Salmo, David le dice a Dios que su gozo regresaría si Él lo limpiara (51:7-12). He oído decir que nuestros secretos nos enferman y, sin duda, el pecado oculto y no confesado y la culpa que conlleva hace que la gente se sienta miserable.

La confesión de nuestro pecado es un gran privilegio que nos trae beneficios, en especial porque sabemos que Dios nos perdonará y nos hará nuevos. Tú y yo podemos hablar con Él sobre cualquier cosa; a fin de cuentas, Él lo sabe todo. Confiesa tu pecado y arrepiéntete, aléjate de este y vuélcate en Dios.

No te preocupes si ya has pedido perdón muchas veces ni temas a que Dios no te perdone. Donde aumenta el pecado, aumenta aún más la gracia (Romanos 5:20).

Gracias a Dios por su gran misericordia y compasión y por el perdón de los pecados. El pecado de David fue perdonado instantáneamente en el momento en que confesó, y el nuestro también lo será.

Padre, estoy agradecido por tu perdón, misericordia y compasión. Me arrepiento de mi pecado y lo confieso, me alejo de este y deseo servirte con todo mi corazón.

JESÚS YA PAGÓ POR NUESTRO PECADO

Porque yo reconozco mis rebeliones, y mi pecado está siempre delante de mí.

SALMO 51:3 (RVR1960)

La culpa es una compañera miserable. Te carcome la paz que sientes hasta que no te queda nada. Cuando pecas, al igual que todos, admítelo, arrepiéntete y recibe el perdón de Dios. Si has lastimado a alguien, es bueno admitir tu pecado, disculparse y pedirle que también te perdone.

Una vez que te hayas confesado y hayas pedido perdón, si los sentimientos de culpa persisten diles que no tienen ningún derecho legal de establecerse en tu vida debido a lo que Jesús ya hizo por ti. Romanos 8:1 dice que no hay condenación (culpabilidad) para los que están en Cristo Jesús. No creas en tus sentimientos más de lo que crees en la Palabra de Dios.

En Isaías 53:11, Dios dice esto acerca de Jesús: "Verá el fruto de la aflicción de su alma, y quedará satisfecho; por su conocimiento justificará mi siervo justo a muchos, y llevará las iniquidades de ellos" (RVR1960). Según el Salmo 103:12, cuando Dios nos perdona lleva nuestros pecados tan lejos como queda el oriente del occidente, una distancia inconmensurable. Y, según Hebreos 8:12, no se acuerda de ellos.

Si Dios, que es perfecto, puede olvidar nuestros pecados, nosotros también deberíamos poder olvidarlos. La culpa es con frecuencia la forma humana de tratar de pagar por nuestro pecado, pero Jesús ya lo ha pagado en su totalidad y no necesita nuestra ayuda.

Padre, cuando el enemigo acumule culpa sobre mí, incluso después de que me arrepienta de mi pecado, ayúdame a darme cuenta de que está tratando de controlarme y de robarme la paz. Declaro que me perdonaste y viviré libre de culpa. Amén.

LA VERDAD EN
EL SER MÁS ÍNTIMO

He aquí, tú amas la verdad en lo íntimo, y en lo secreto me has hecho comprender sabiduría.

SALMO 51:6 (RVR1960)

Como mencioné en el devocional anterior, David escribió el Salmo 51 después de pecar con Betsabé, y en sus palabras podemos percibir su profundo remordimiento y arrepentimiento. En el pasaje de hoy, David reconoce que Dios desea la verdad en "lo íntimo". El ser más íntimo es nuestra propia esencia, la persona real que somos en el interior. Un aspecto importante de vivir con la verdad en lo más profundo de nuestro ser es prestar atención a nuestros pensamientos, porque nuestras palabras, nuestras emociones, nuestras actitudes y nuestras motivaciones provienen de nuestros pensamientos. Podemos incluso emplear nuestros pensamientos para engañarnos a nosotros mismos, pero Dios nos ha llamado a ser total, completa y escrupulosamente honestos en nuestro ser interior.

Todos fallamos a veces; cuando falles, recuerda el Salmo 51 y que David, el rey más grande de Israel, clamó y dijo a Dios: "Y mi pecado está siempre delante de mí" (v. 3 RVR1960). Nuestros pecados, fracasos y defectos siempre estarán ante nosotros, y pensaremos en ellos hasta que los admitamos y los confesemos al Señor.

Hoy te motivo a hacer lo mejor que puedas para vivir con la verdad en lo más profundo de tu ser. Tú y Dios son los únicos que saben lo que hay en tu corazón. Solo cuando eres honesto contigo mismo y con Dios puedes arrepentirte sinceramente, como lo hizo David, y conocer el gozo del perdón y la libertad completos de Dios.

Señor, ayúdame a desear la verdad en mi interior y a poner atención a mis pensamientos. Deseo la verdad en lo más íntimo de mi ser para no ser engañado o tratar de engañarte a ti o a otras personas.

UN CORAZÓN LIMPIO

Crea en mí, oh Dios, un corazón limpio, y renueva un espíritu recto dentro de mí.

SALMO 51:10 (RVR1960)

Cuando amamos a Dios, queremos tener corazones limpios y puros ante Él. Pero la pureza y la limpieza de corazón no nos llegan naturalmente; el Espíritu Santo las obra en nosotros. Observa que David le pide a Dios que cree un corazón limpio en él, pues sabe que no puede hacerlo por sí mismo. Cuando clamamos a Dios con sinceridad, y le pedimos que limpie y purifique nuestro corazón, Él lo hace con amor.

Hebreos 10:22 habla de la necesidad de un corazón limpio que se acerque a Dios: "acerquémonos con corazón sincero, en plena certidumbre de fe, purificados los corazones de mala conciencia, y lavados los cuerpos con agua pura" (RVR1960).

Hay que pagar un precio por un corazón puro y limpio, y ese precio es estar dispuesto a seguir la guía del Espíritu Santo. Pero también existe una recompensa para un corazón puro y limpio: seremos bendecidos y veremos a Dios, lo que significa que lo escucharemos y reconoceremos cuando obra en nuestra vida (Mateo 5:8). No debemos sentir temor a comprometernos para permitir que Dios haga en nosotros la obra profunda que limpia y purifica nuestros corazones. Es posible que no siempre nos sintamos cómodos con las verdades que nos traerá, pero si nos ocupamos de nuestra parte —nos aferramos a la pureza, la integridad, el valor moral y el carácter piadoso—, Dios se asegurará de bendecirnos. Es un experto en eliminar las cosas sin valor de nuestro corazón y vida, a la vez que retiene las cosas que son valiosas.

Padre, te pido que limpies y purifiques mi corazón. Quiero verte.

EL DÍA DEL JUICIO FINAL LLEGARÁ

¿Por qué te jactas de maldad, oh poderoso? La misericordia de Dios es continua.

SALMO 52:1 (RVR1960)

El encabezado del Salmo 52 nos dice que Doeg, el edomita, le dijo a Saúl dónde encontrar a David para que pudiera capturarlo y matarlo. Pero David sabía que la fanfarronería de Doeg era una desgracia a los ojos de Dios y que el día del juicio final llegaría para los que hacen el mal.

En nuestra sociedad actual tenemos situaciones similares. Muchas personas se creen héroes por hacer cosas malas que van en contra de Dios y de sus principios, pero llegará el día en que tendrán que enfrentarse a Dios y rendir cuentas de sus actos.

No permitas que los que hacen el mal te molesten o te inquieten, más bien ora por ellos; ora para que se arrepientan y acudan a Dios antes de que sea demasiado tarde. Mantente firme en esta mala hora en la que vivimos, y deja que tu luz brille para Dios y sus principios.

Dios nos dice en su palabra que en los últimos días habrá un gran engaño. Vivimos ya en esos días, días en que algunos llaman a lo malo bueno y a lo bueno malo (Isaías 5:20; 1 Timoteo 4:1; 2 Timoteo 3:13). Oremos juntos para que no nos engañen durante estos tiempos peligrosos.

Padre, te pido que me guardes del engaño, y oro por todos los que están engañados, para que puedan ver la verdad y que esa verdad los hará libres.

RELÁJATE MIENTRAS DIOS OBRA

Pero yo estoy como olivo verde en la casa de Dios; en la misericordia de Dios confío eternamente y para siempre.

SALMO 52:8 (RVR1960)

¿Cómo respondes a un problema que te parece demasiado grande o complicado, un problema que sabes que no puedes solucionar? ¿Continúas buscando nuevas formas de resolverlo o esforzándote más para solucionarlo? En tal situación, ¿por qué no relajarse mientras Dios obra en ello? Esto es lo que significa "en la misericordia de Dios confío eternamente y para siempre", como menciona el pasaje de hoy. Puede sonar fácil, pero me llevó muchos años poder hacerlo. Sé por experiencia que la capacidad de relajarnos y aceptar cualquier cosa que suceda en la vida depende de nuestra voluntad de confiar completamente en Dios y de dejar de tratar de controlar las cosas o resolverlas nosotros mismos.

Cuando las situaciones no salen como esperabas, en lugar de enfadarte empieza a creer que tu forma no era la que necesitabas y que Dios tiene pensado algo mejor para ti. Su amor y misericordia son incondicionales y siempre te dará lo mejor, así no sea lo que crees que quieres. En el momento en que reconozcas que Él tiene el control y le des tu confianza, tu alma y tu cuerpo se relajarán y podrás disfrutar de la vida. Como dice el Salmo 37:5, "Encomienda al Señor tu camino; confía en él, y él hará" (RVA-2015).

Ayúdame, Señor, a confiar con seguridad en ti y descansar mientras haces todo por mi bien.

DIOS MIRA

Dios desde los cielos miró sobre los hijos de los hombres, para ver si había algún entendido que buscara a Dios.

SALMO 53:2 (RVR1960)

Dios está observando todo lo que sucede en el mundo y tiene un plan para salvar a los justos y a todos los que lo buscan diligentemente. Hebreos 11:6 dice que debemos creer que Dios es "galardonador de los que le buscan" (RVR1960), y yo lo creo.

Cuando pasamos por momentos difíciles y hacemos todo lo posible para permanecer firmes, es útil pensar en el día cuando llegue nuestra recompensa. Los que son malos también recibirán su recompensa, pero no será agradable. Te animo a que no te canses de hacer lo correcto, porque a su tiempo serás recompensado (Gálatas 6:9).

Si eres una persona que busca a Dios con regularidad, debes saber que Él te ve y está complacido. Puede que no siempre sientas que está contigo, pero lo está, y tu fidelidad lo hace sonreír. Sé fiel aun en las cosas pequeñas, y te recompensará con cosas más grandes.

Padre, creo que tú velas por todo. Eres fiel y recompensarás a los diligentes. Ayúdame a permanecer fiel en buscarte y obedecerte. Gracias.

DIOS ESCUCHA
NUESTRAS ORACIONES

*Oh Dios, sálvame por tu nombre, y con tu poder defiéndeme. Oh Dios,
oye mi oración; escucha las razones de mi boca.*

SALMO 54:1-2 (RVR1960)

Algunas oraciones reciben respuesta inmediata, pero pareciera que
otras tardan mucho en recibir respuesta. No sabemos por qué,
pero no debe desanimarnos ni hacernos pensar que Dios no escucha nuestras oraciones. Él tiene un tiempo perfecto para todas las
cosas, y promete escuchar y contestar las oraciones que se hacen
según su voluntad.

1 Juan 5:14–15 dice: "Y esta es la confianza que tenemos en
él, que si pedimos alguna cosa conforme a su voluntad, él nos
oye. Y si sabemos que él nos oye en cualquiera cosa que pidamos, sabemos que tenemos las peticiones que le hayamos hecho"
(RVR1960).

Creo que la oración es el mayor privilegio que tenemos y una
de las cosas más poderosas que hacemos, por eso te animo a que
nunca dejes de orar. Ora a lo largo del día, ora por todo y cualquier cosa. Ora con todas las formas de oración: agradecimiento,
petición, intercesión, alabanza, adoración y compromiso.
"Pidan, y se les dará" (Mateo 7:7, RVA-2015). Después de orar,
sigue creyendo mientras esperas a que llegue tu respuesta. Cada
vez que pienses en tu pedido, puedes agradecerle a Dios por obrar
y decirle que esperas una respuesta muy pronto. Nunca te rindas.

*Padre, gracias porque escuchas y respondes mis oraciones. Espero en
ti y estoy agradecido de que obres en mi nombre.*

DIOS TE MANTENDRÁ FUERTE

He aquí, Dios es el que me ayuda; el Señor está con los que sostienen mi vida.

SALMO 54:4 (RVR1960)

Siempre debemos depender de Dios para tener fuerza. Él es nuestra fuerza. Nos sostiene y nos mantiene. Nos apoya, nos guía y nunca nos da más de lo que podemos soportar. Es "nuestro amparo y fortaleza, nuestro pronto auxilio en las tribulaciones" (Salmo 46:1, RVR1960). Isaías 41:10 nos enseña a no temer porque Él nos fortalecerá, nos ayudará y nos sostendrá en tiempos de angustia. El gozo del Señor es nuestra fortaleza (Nehemías 8:10). Te animo a evitar, en lo posible, el desánimo, la depresión, la tristeza y la desesperación, porque estas condiciones negativas te debilitarán y te quitarán la fuerza. Todos pasamos por circunstancias que nos desaniman o nos entristecen, pero son esos los momentos cuando más necesitamos pedir la fortaleza para mantenernos fuertes en el Señor y resistir la tentación de hundirnos en la desesperación. Si en este momento experimentas alguna de estas difíciles emociones negativas, piensa en algunas oraciones que Dios te haya correspondido y confía en que volverá a darte respuestas.

El apóstol Pablo nos pide: "manténganse firmes en el Señor y en el poder de su fuerza" (Efesios 6:10, RVC). Fuiste creado para hacer grandes cosas, pero debes saber que Satanás tratará de detenerte a través de sus mentiras y engaños. Cree en la Palabra de Dios más de lo que crees en la forma como te sientes o como se ven las cosas. Alégrate, porque Dios está a punto de mostrarse fuerte en tu vida.

Padre, espero que hagas grandes cosas. Eres mi fortaleza, y necesito fuerza en este momento para ser constante y esperar pacientemente en ti. Gracias.

NO HUYAS
DE LA DIFICULTAD

Y dije: ¡Quién me diese alas como de paloma! Volaría yo, y descansaría. Ciertamente huiría lejos; moraría en el desierto. Selah. Me apresuraría a escapar del viento borrascoso, de la tempestad.

SALMO 55:6-8 (RVR1960)

Temer significa emprender el vuelo o huir. Cuando Dios nos dice que no temamos, en realidad nos dice que no huyamos de lo que debemos enfrentar y resolver. He estudiado bastante sobre el huir de las cosas y he descubierto que, cuando huimos, Dios nos trae de regreso a las cosas y nos enseña a confrontarlas antes de que podamos pasar a nuevas y mejores experiencias.

Agar huyó de Sara cuando era maltratada, y Dios la encontró en el desierto y le dijo que volviera a su señora y se sometiera a ella (Génesis 16:9). Me imagino que fue muy difícil. Moisés huyó de Egipto cuando se descubrió que asesinó a un egipcio, pero cuarenta años después Dios lo llevó de regreso a Egipto (Éxodo 2:11–15, 3:10). Elías huyó de Jezabel y del llamado sobre su vida, pero Dios le dijo que volviera al trabajo e hiciera lo que se le pedía (1 Reyes 19:1–18). Elías tuvo que enfrentar sus miedos, y nosotros también tenemos que enfrentar nuestros problemas en lugar de huir de ellos.

Mi madre huyó del hecho de que mi padre abusaba sexualmente de mí. Se negó a lidiar con eso por temor, y eso le robó la vida y, eventualmente, su cordura. Dios no nos ha creado para huir con miedo; debemos confiar en Él y no temer.

Padre, ayúdame a levantarme y enfrentar mis dificultades, y a creer que a través de ti puedo hacer todo lo que necesito hacer.

DESCARGA
TUS PREOCUPACIONES

Echa tu carga sobre el Señor, y él te sostendrá. Jamás dejará caído al justo.

SALMO 55:22 (RVA-2015)

¿Te sientes agobiado o sobrecargado por los afanes de la vida? ¿Las situaciones que te preocupan te distraen durante el día o te mantienen despierto por la noche al pensar qué hacer? La vida tiene una forma de volverse pesada cuando tratamos de llevar su carga —matrimonio y asuntos familiares, trabajo, responsabilidades del hogar, agendas ocupadas, problemas de salud, cuidar de los padres que envejecen, problemas financieros y otras situaciones— con nuestro esfuerzo.

A veces, en medio de los problemas, nos preguntamos si Dios realmente se preocupa por nosotros. El pasaje de hoy nos enseña qué hacer cuando nos sentimos agobiados por las preocupaciones e inquietudes. Debemos descargarlas sobre el Señor, o entregárselas por completo, permitiéndole que las maneje mientras descansamos en su amor por nosotros.

1 Pedro 5:7 es similar al versículo de hoy. Habla de ser humildes ante Dios "echando toda su ansiedad sobre Él, porque Él tiene cuidado de ustedes" (NBLA). ¡Qué buena noticia! No tienes que manejar tus preocupaciones solo. Dios se ocupará por ti.

Cualesquiera que sean los problemas o las preocupaciones que te agobian hoy, déjalas a Dios, porque Él se preocupa por ti y te sustentará.

Señor, hoy elijo echar todas mis preocupaciones sobre ti, y confío en que tú me sustentarás. Gracias.

"EN EL DÍA QUE TEMO"

En el día que temo, yo en ti confío. En Dios alabaré su palabra; En Dios he confiado; no temeré; ¿Qué puede hacerme el hombre?

SALMO 56:3-4 (RVR1960)

El Salmo 56 comienza con David que clama a Dios porque su enemigo "me devoraría" y "me oprime combatiéndome cada día" (v. 1, RVR1960). En medio de tanta presión, David declara a Dios: "En el día que temo, yo en ti confío". Observa que dice: "En el día que temo", no "si tengo miedo", lo que me dice que David acepta el hecho de que el miedo es una emoción humana; todos experimentamos algún tipo de temor en algún punto de la vida. Pero David agrega: "en ti confío". No confiaba en sí mismo ni en otras personas; solo confiaba en Dios, y vivió audaz y valientemente porque sabía que Dios siempre estaba con él. Podemos vivir de la misma manera. Podemos elegir vivir según la Palabra de Dios y no según el miedo que sentimos.

Hace años, Dios me enseñó a usar lo que llamo los *gemelos de poder* que me ayudan a vencer el miedo en mi vida. Son: *oro* y *digo*. Cuando siento miedo, empiezo a orar y a pedir la ayuda de Dios; entonces digo: "¡No temeré!". Te animo a que uses estos gemelos de poder cuando sientas miedo por algo. Te ayudarán a manejar la emoción de temor, en lugar de permitir que te controle.

Cuando tenga miedo, Señor, en ti confiaré. Oraré por tu ayuda y declararé: "¡No temeré!".

MIEDO AL HOMBRE

En Dios he confiado; no temeré; ¿Qué puede hacerme el hombre?

SALMO 56:11 (RVR1960)

El miedo al hombre, es decir, el miedo a lo que otros pensarán de nosotros, dirán de nosotros o nos harán, es probablemente uno de los miedos más comunes a los que se enfrenta la gente. Estos miedos tienen raíz en nuestras inseguridades y el miedo al rechazo.

Una vez que sabemos cuánto nos ama Dios y que podemos confiar en Él para que nos cuide, el miedo a lo que otros vayan a pensar, decir o hacer puede convertirse en una cosa del pasado. El apóstol Pablo dijo que si hubiera tratado de ser popular entre la gente, nunca habría sido un apóstol de Jesucristo (Gálatas 1:10). El temor al hombre puede alejarnos de la voluntad de Dios. Debemos agradar a Dios, no a las personas, y debemos obedecer a Dios, no a otros seres humanos (Hechos 5:29).

Nos gusta agradar a las personas. La Palabra de Dios nos motiva a vivir para los demás y, a veces, incluso nos sacrificamos para mostrarles cuánto las amamos, pero debemos hacerlo por amor, no porque nos sintamos intimidados o porque creamos que podemos ganarnos su favor. Si agradamos a las personas por temor en lugar de agradar a Dios, esto nos impedirá vivir la vida que deseamos vivir.

Permite que este sea un momento para examinar tus acciones y comprobar que las haces para agradar a Dios y no por temor al hombre.

Padre, te pido que me muestres cualquier área de mi vida en la que pueda estar dejando que el temor de lo que otros piensen, digan o hagan me controle. Quiero complacerte en todo lo que hago, aunque signifique que la gente me rechace.

DIOS SE OCUPA DE NUESTROS ENEMIGOS

Clamaré al Dios Altísimo, al Dios que me favorece. Él enviará desde los cielos, y me salvará de la infamia del que me acosa; Selah. Dios enviará su misericordia y su verdad.

SALMO 57:2-3 (RVR1960)

Para disfrutar de nuestra vida debemos confiar en que Dios se encarga de nuestros enemigos y de los que nos tratan injustamente. De lo contrario, desperdiciaremos nuestra energía al tratar de hacer lo que solo Él puede hacer. Dios es un Dios de justicia, y corregirá lo malo si esperamos que lo haga. Dios no siempre se mueve tan rápido como nos gustaría, pero su tiempo es perfecto.

Una vez, un grupo de personas me hizo mucho daño y me acusó de cosas de las que no era culpable. Me rechazaron y difundieron rumores que dañaron mi reputación, y pasaron diez años antes de que se disculparan y me dijeran que Dios les había mostrado que estaban equivocadas. Diez años es mucho tiempo de espera, pero durante ese tiempo crecí en la fe y aprendí a depender de Dios más que de las personas.

Ora por aquellos que te han lastimado. Bendícelos y perdónalos; no los maldigas. De esta manera, los entregas a Dios, y Él te reivindicará e incluso te recompensará por el dolor que has soportado.

Padre, gracias por ser mi vindicador. Concédeme la gracia y la paciencia para esperar en ti para tratar con los que me lastiman mientras oro por ellos.

UN CORAZÓN
TRANQUILO Y CONFIADO

Dios mío, tengo el corazón tranquilo y confiado. Con razón puedo cantar tus alabanzas.

SALMO 57:7 (NBV)

David dice que su corazón está tranquilo y confiado, lo cual representaba una razón para que él cantara y alabara a Dios. Estoy totalmente de acuerdo. Cuando nuestros corazones están ansiosos, llenos de vergüenza o sin esperanza, tendemos a tener problemas en cada área de nuestra vida. Pero cuando nuestro corazón está tranquilo y confiado en Dios, estamos posicionados para la victoria. Estamos llenos de fe y alabanza, y creemos que Dios hará todo lo que ha prometido.

Dios quiere que estés tranquilo y confiado, pero el enemigo quiere que estés temeroso, sin esperanza y dudes sobre tu fe. Si puede hacer que tus emociones sean positivas un minuto y negativas al siguiente en lugar de ser constantes, puede manipularte de muchas maneras. Si puede robarte la confianza al llenar tu mente de dudas acerca de Dios y de ti mismo, puede impedirte crecer en Dios y avanzar en tus maravillosos planes de vida.

La confianza te hará fuerte, y la mejor manera de desarrollarla es creer y hablar la Palabra de Dios. Hoy te animo a confesar las siguientes declaraciones basadas en las Escrituras. Ayudarán a que su corazón crezca en confianza y se vuelva cada vez más tranquilo.

• Todo lo puedo en Cristo que me fortalece (Filipenses 4:13).
• Soy más que vencedor por medio de Cristo (Romanos 8:37).
• Nada me puede separar del amor de Dios (Romanos 8:38–39).
• En Cristo, Dios siempre me hace triunfar (2 Corintios 2:14 amperios).

Padre, ayúdame a encontrar mi confianza en ti y en tu palabra para que pueda vivir cada día en victoria, con un corazón tranquilo.

LA LIBERACIÓN LLEGARÁ

Oh magistrados, ¿en verdad pronuncian justicia? ¿Juzgan rectamente a los hijos del hombre? Más bien, con el corazón obran iniquidad en la tierra y a la violencia abren camino con sus manos.

SALMO 58:1-2 (RVA-2015)

Al leer los Salmos, con frecuencia vemos que David trata con personas malas e injustas. Pero siempre confió en que Dios lo salvaría y, en última instancia, lo recompensaría. El Salmo 58 incluye once versículos; en diez de ellos, David describe las injusticias de sus enemigos y le pide a Dios que se encargue de ellos, pero en el último, el versículo 11, ofrece la esperanza de que los justos serán recompensados porque Dios juzga con justicia.

Quizás has esperado mucho tiempo por que Dios se ocupe de tus enemigos y te estás cansando. Si es así, quiero motivarte hoy a pensar que Dios juzgará y tratará con cualquiera que te haya tratado o te esté tratando injustamente. Ten paciencia y sigue haciendo lo que sabes que es correcto. Es importante que seamos siempre obedientes a Dios sin importar lo que hagan los demás. La venganza no es nuestra. Nuestro papel es perdonar y orar por nuestros enemigos y dejar que Dios traiga justicia y recompensa.

La espera es difícil, pero el día de la recompensa es dulce. Dios me ha recompensado por los abusos en mi niñez y por otras situaciones en las que me han maltratado, y hará lo mismo por ti. Mantente firme y con la confianza puesta en Él. Tu salvación podría llegar hoy.

Padre, esperar la salvación es difícil, pero te pido tu gracia y tu fuerza como ayuda para mantenerme firme y no rendirme. Gracias.

¿NO TE SIENTES VALORADO?

Entonces dirá el hombre: Ciertamente hay galardón para el justo; ciertamente hay Dios que juzga en la tierra.

SALMO 58:11 (RVR1960)

Todos queremos y necesitamos reconocimiento por el trabajo que hacemos, pero no siempre lo recibimos cuando lo queremos o de las personas que esperamos que nos lo den. Puedes tener un gran desempeño en el trabajo, pero parece que tu jefe nunca lo nota, o puedes sentir que tu familia no aprecia o incluso tampoco nota todo lo que haces por ella. Tal vez has trabajado en la guardería de la iglesia durante años y rara vez escuchas un agradecimiento.

Descubrí que cuando no recibo lo que necesito de las personas en una situación específica, debo acudir a Dios y pedirle que me lo dé. Siempre me lo da, pero puede venir de una manera diferente a la que espero.

Cuando hacemos cosas por las personas, debemos hacerlas como para el Señor, porque nuestra verdadera recompensa viene de Él (Colosenses 3:23–24). Dios nunca olvidará el trabajo que haces para Él (Hebreos 6:10), y siempre ve tu fidelidad. Anímate hoy en la verdad de que Dios siempre te aprecia, aun cuando nadie más lo hace, y te recompensará a su debido tiempo. Sabe exactamente lo que necesitas y lo que te bendecirá, y su recompensa siempre es mejor que cualquier recompensa que pueda ofrecer esta tierra.

Padre, quiero confiar en ti siempre para satisfacer todas mis necesidades, incluso para darme la apreciación que necesito. Cuando no recibo de las personas lo que creo que debo recibir, en vez de enfadarme con ellas, ayúdame a dirigirme a ti y a confiar en ti para que siempre me des lo que es mejor para mí.

DIOS SE RÍE
DE LOS IMPÍOS

Pero tú, oh Señor, te reirás de ellos; te burlarás de todas las naciones.

SALMO 59:8 (RVA-2015)

Dios se ríe de las naciones que no creen en Él y piensan que pueden vencer a su pueblo. Se ríe porque ya sabe cuál será su final si no se arrepienten. Es absurdo que alguien piense que puede vencer a Dios.

Nosotros también podemos reír y disfrutar nuestra vida incluso en medio de nuestros problemas porque sabemos que Dios no nos abandonará. Satanás quiere que estemos tristes, desanimados, deprimidos y miserables, pero nuestra sonrisa de fe puede vencerlo.

La voluntad de Dios es que disfrutemos nuestra vida en todo momento. Juan 10:10 dice: "El ladrón no viene sino para hurtar y matar y destruir; yo he venido para que tengan vida, y para que la tengan en abundancia". Y Jesús dice en Juan 15:11: "Estas cosas les he hablado para que mi gozo esté en ustedes y su gozo sea completo" (RVR1960).

La alegría y el disfrute son dones de Dios y armas poderosas contra el enemigo. El gozo del Señor es nuestra fortaleza (Nehemías 8:10). Cuando nos enfocamos en nuestros problemas, es difícil disfrutar la vida, pero cuando nos concentramos en las promesas de Dios, nuestro gozo será abundante.

Padre, ayúdame a disfrutar de mi vida y a reír incluso en medio de los desafíos. Gracias por el regalo de la alegría y la risa.

EL SEÑOR, TU FORTALEZA

Tú eres mi fuerza; espero que me rescates, porque tú, oh Dios, eres mi fortaleza.

SALMO 59:9 (NTV)

El pasaje de hoy nos recuerda que Dios es nuestra fortaleza, una verdad que debemos recordar en cada situación, especialmente cuando nos sentimos débiles o agobiados. Todos nos sentimos débiles o cansados a veces, y necesitamos la fuerza que solo viene de Dios. A veces necesitamos su fuerza para superar una prolongada temporada de tristeza o estrés, y a veces la necesitamos simplemente para superar las exigencias y presiones de cada día.

Muchas personas mencionadas en la Biblia conocían y confiaban en la fuerza de Dios. Sin duda el salmista David sabía que Dios era su fortaleza y escribió sobre eso varias veces (2 Samuel 22:33; Salmo 18:1; Salmo 28:7). Los profetas Isaías y Jeremías se refirieron a Dios como su fortaleza (Isaías 12:2; Jeremías 16:19). Al apóstol Pablo le pareció tan asombrosa la fuerza de Dios que se glorificaba en sus debilidades: "Por tanto, de buena gana me gloriaré más bien en mis debilidades, para que repose sobre mí el poder de Cristo" (2 Corintios 12:9 RVR1960).

Sea lo que sea que enfrentes hoy, confía en que Dios es tu fortaleza y que te dará la fuerza que necesitas.

Te alabo hoy, Señor, porque eres mi fortaleza.

LA IRA DE DIOS NO DURA PARA SIEMPRE

Oh Dios, tú nos has desechado, nos quebrantaste; Te has airado; ¡vuélvete a nosotros!

SALMO 60:1 (RVR1960)

Dios puede sentir ira, pero no es un Dios colérico. Dios es amor, y aunque puede que nuestro pecado lo enoje, nunca deja de amarnos y siempre planea restaurarnos. Isaías 12:1 dice: "En aquel día dirás: '¡Te doy gracias, oh Señor! Aunque te enojaste contra mí, tu ira se apartó, y me has consolado'" (RVA-2105).

Hay cosas que hacen nuestros hijos que a veces nos hacen enojar, pero siempre los amamos y nuestra rabia no dura para siempre. Seguramente podemos creer que Dios es igual. No vivas tu vida pensando que Dios siempre está enojado contigo por tus debilidades y pecados. Sé rápido en arrepentirte y descubrirás que Él es rápido en perdonar.

No dudes en orar por la restauración de Dios o por su ayuda y consuelo. Tal vez piensas que no mereces estas bendiciones, pero por eso son tan buenas. En la gran misericordia de Dios, Él nos restaura, sana y consuela si se lo pedimos, sin importar lo que hayamos hecho.

Padre, tu misericordia es asombrosa. Gracias porque no permaneces enojado, sino que me restauras y sanas, aun cuando no lo merezco.

LA AYUDA HUMANA NO VALE

Danos socorro contra el enemigo, porque vana es la ayuda de los hombres. En Dios haremos proezas, y él hollará a nuestros enemigos.

SALMO 60:11-12 (RVR1960)

Cuando estamos en problemas, solemos acudir a nuestros amigos para pedir consejo o ayuda, pero la Palabra de Dios nos dice en el pasaje de hoy que debemos acudir a Él porque "vana es la ayuda de los hombres". La única forma como un ser humano puede ayudarnos verdaderamente es si Dios obra a través de él, y no debemos poner nuestra esperanza en lo que Dios llama *el brazo de la carne*. El rey Ezequías usó este término cuando Israel enfrentó una gran batalla contra un enemigo formidable, y les dijo a sus capitanes militares: "Con él está *un brazo de carne*; pero con nosotros está el Señor, nuestro Dios, para ayudarnos y para llevar a cabo nuestras batallas" (2 Crónicas 32:8, RVA-2015, mis cursivas).

Suelo preguntar: *Cuando tienes un problema, ¿corres al teléfono o al trono?* Recordemos ir primero a Dios, a su trono de gracia (Hebreos 4:16). Y si Él elige usar a una persona para hablarnos, es Él que obra a través de ella.

Con frecuencia nos decepcionamos y desilusionamos al confiar demasiado en las personas, porque nos defraudan y nos decepcionan. Jesús dijo que Él no se encomendaba a las personas, porque conocía la naturaleza de los seres humanos (Juan 2:24). Esto no significa que no podamos confiar en nadie; significa que no debemos darle la confianza que pertenece solo a Dios. El brazo de carne no puede ayudarnos, pero el brazo del Señor siempre trae la victoria.

Padre, perdóname por confiar demasiado en las personas cuando debería confiar en ti. Ayúdame a recordar siempre acudir a ti primero cuando necesite ayuda.

VIVE POR LA FE EN LA FUERZA DE DIOS

Desde el cabo de la tierra clamaré a ti, cuando mi corazón desmayare. Llévame a la roca que es más alta que yo, porque tú has sido mi refugio, y torre fuerte delante del enemigo.

SALMO 61:2-3 (RVR1960)

Observa que en el pasaje de hoy que David clama a Dios porque su corazón se *desmaya*. Algunas traducciones se refieren a este desfallecimiento del corazón como estar abrumado (NTV) o angustiado (PDT). Creo que todos nos podríamos sentir identificados, porque a veces nos sentimos abrumados o simplemente no tenemos la fuerza para seguir adelante en la vida.

La voluntad de Dios es que vivamos por fe en Él, no por nuestra propia fuerza. Puede que te plantees lo lejos que tienes que llegar para ser todo lo que Dios quiere que seas, y eso te hace sentir abrumado. Tu mente quiere pensar: *Es demasiado; nunca seré capaz de hacer todo lo que Él me pide que haga.*

Aquí es donde entra la fe. Cuando el corazón de David estaba abrumado, clamó a Dios por ayuda. En la traducción de la Biblia de Reina Valera de 1960, el Salmo 61:2 dice: "Llévame a la roca que es más alta que yo [una roca que es demasiado alta para alcanzarla sin Tu ayuda]" (mi paréntesis). Puedes pensar: *No sé cómo lo voy a hacer, pero espero la ayuda de Dios. ¡Con Dios todo es posible!*

Si tu corazón se siente débil hoy, decide que darás el próximo paso. Luego continúa así día tras día. No te dejes desanimar por lo mucho que crees que te queda por recorrer. Dios se complace en que estés decidido a alcanzar tu meta y progreses cada día.

Cuando esté abrumado, ayúdame a clamarte, lleno de fe en que me responderás y me darás fuerzas para seguir adelante.

LA PRESENCIA DE DIOS

Yo habitaré en tu tabernáculo para siempre; estaré seguro bajo la cubierta de tus alas.

SALMO 61:4 (RVR1960)

El salmista David era consciente de la importancia de priorizar a Dios en su vida. Sabía que era su refugio de las tormentas de la vida. Tenía muchos enemigos, pero nunca trató de combatirlos sin antes acudir a Dios en busca de ayuda.

¿Intentas luchar contra algo en tu vida, en ti mismo o en otra persona en este momento? ¿Estás frustrado porque no importa lo que hagas, nada cambia? Si es así, sé cómo te sientes. Desperdicié muchos años al tratar de pelear mis propias batallas, y no obtuve ningún resultado. Si buscamos a Dios, Él peleará nuestras batallas por nosotros o nos mostrará qué hacer, y cuando lo haga, seguro funcionará.

La Biblia dice que si nos acercamos a Dios, Él se acercará a nosotros (Santiago 4:8). Jesús se dio cuenta de cuánto necesitaba estar cerca del Padre y estar en su presencia. Iba seguido a un lugar tranquilo para orar en soledad. Se alejó de las multitudes de personas que necesitaban su ayuda para poder orar (Mateo 14:23; Marcos 14:32–38). Sabía que tenía que permanecer lleno de la presencia de Dios y ser fuerte en Él.

Asegúrate de tener suficiente tiempo para buscar a Dios y decirle que lo necesitas. Si Jesús necesitaba tiempo en la presencia de Dios, seguramente nosotros también.

Padre, ayúdame a nunca olvidar que eres mi refugio de toda tormenta. Perdóname por tratar de resolver mis problemas sin buscarte primero.

DESCANSO PARA TU ALMA

En Dios solamente está acallada mi alma; de él viene mi salvación.

SALMO 62:1 (RVR1960)

A veces, lo único que necesitamos en medio de nuestras ocupadas vidas es descansar. En el pasaje de hoy, David dice: "En Dios solamente está acallada mi alma". Nadie puede dar descanso a nuestras almas (mente, voluntad y emociones) como Dios. De hecho, Hebreos 4:3 nos dice que existe el reposo de Dios y que, como creyentes, podemos entrar en Él por fe.

Me gusta definir el descanso para el alma como la ausencia de razonamiento excesivo, lucha, miedo, agitación interna, preocupación, frustración y otras cosas que nos perturban, incluso en medio de los problemas. Entrar en el reposo de Dios es dejar de tratar de controlar a las personas o a las circunstancias, y confiar en que Dios las manejará a su manera, según su tiempo. Tratamos de controlar a las personas o a las situaciones cuando nos esforzamos por hacer lo que solo Dios puede hacer, en lugar de confiar en que Él lo hará. El tipo de descanso de Dios no es descansar de la actividad física, sino descansar mientras hacemos lo que tenemos que hacer, descansar por dentro a pesar de todo lo que sucede a nuestro alrededor. Nuestro cuerpo puede estar en movimiento, pero nuestra mente, voluntad y emociones están en paz.

Si estás cansado en tu alma, tienes a disposición el descanso de Dios. Pídele que calme tu mente, tu voluntad y tus emociones y que te ayude a confiar en Él en cada situación.

Padre, oro para que hoy le des descanso a mi alma.

LA ESPERANZA VIENE DE DIOS

Alma mía, en Dios solamente reposa, porque de él es mi esperanza.

SALMO 62:5 (RVR1960)

En el pasaje de hoy, el salmista David hace una declaración que sería prudente que nosotros hiciéramos también: "de él es mi esperanza", es decir, de Dios.

Creo que la esperanza es la anticipación feliz y confiada de algo bueno. Para un cristiano, la esperanza es la expectativa positiva de que algo bueno sucederá debido a la grandeza de Dios. Creo que la esperanza precede y está conectada a la fe. Una persona de fe cree que Dios existe, pero más allá, una persona de fe también cree que Dios es bueno y que recompensa a los que lo buscan con diligencia (Hebreos 11:6). Anticipan y esperan su bondad, por el simple hecho de que confían porque Él ha prometido darla.

Hoy te pregunto: ¿Dónde está tu esperanza? ¿Está firme en el Señor? Si tu esperanza está en una persona, un trabajo, un pago, un fondo de jubilación o un sueño que tratas de hacer realidad, entonces está en una fuente poco confiable. Podría decepcionarte.

La esperanza es tan fuerte como su fuente, así que hoy pon tu esperanza en Dios, y confía en Él por completo. ¡Nunca te decepcionará!

Dios, hoy declaro que mi esperanza está en ti y solo en ti.

EN TODO MOMENTO

Oh pueblos, esperen en él en todo tiempo; derramen delante de él su corazón porque Dios es nuestro refugio.

SALMO 62:8 (RVA-2015)

El pasaje de hoy nos enseña que no debemos tener fe en Dios solo de vez en cuando, sino en todo momento, y confiar en Él cuando todo nos va bien y también cuando nada parece ir bien.

Es fácil confiar en Dios cuando las cosas van bien. Pero es cuando la vida se vuelve difícil y de todas formas confiamos en Él, que desarrollamos carácter. Cuanto más carácter desarrollemos, más nuestras habilidades y fortalezas dadas por Dios y las formas como Él nos ha dotado y quiere usarnos, pueden liberarse. Por eso digo que *la estabilidad libera la capacidad.* Cuanto más estables nos volvamos, más se liberará nuestra capacidad, porque Dios sabrá que puede confiar en nosotros.

Muchas personas tienen dones que pueden llevarlas a lugares donde su carácter no las puede mantener. Los dones *se dan,* pero el carácter *se desarrolla.* A medida que Dios nos ayuda a desarrollar nuestro carácter, nos volvemos lo suficientemente estables como para mantenernos en paz, sin importar cuáles sean nuestras circunstancias. Te animo a desear y buscar la estabilidad en cada área de tu vida para que puedas liberar toda la capacidad que hay en ti.

Ayúdame, Dios, a desarrollar carácter y estabilidad para que se puedan liberar los dones que me has dado.

EVALÚA TUS MOTIVOS

Una vez habló Dios; dos veces he oído esto: Que de Dios es el poder, y tuya, oh Señor, es la misericordia; porque tú pagas a cada uno conforme a su obra.

SALMO 62:11-12 (RVR1960)

Dios nos recompensa según lo que hemos hecho, pero las únicas obras que reciben una recompensa son las puras. Algún día, todas nuestras obras pasarán ante Dios, y Él pondrá a prueba la calidad de cada una. Solo las realizadas con motivos puros perdurarán y recibirán recompensa (1 Corintios 3:10–15). Debemos preguntarnos siempre por qué hacemos lo que hacemos. ¿Es en obediencia a Dios? ¿Deseamos ayudar a otra persona? Hay muchos buenos motivos, pero también hay algunos malos.

Hacer buenas obras para ganar notabilidad o admiración no constituye un buen motivo (Mateo 6:1). Se nos anima a hacer nuestras buenas obras en secreto cuando sea posible, porque Dios, que ve en lo secreto, nos recompensará en público (Mateo 6:4).

Ansío ver cuáles son las recompensas de Dios, ¿no es así? Creo que algunas nos llegan mientras estamos aquí en la tierra, y otras están reservadas para que las recibamos cuando lleguemos al cielo.

Anímate hoy, porque el amor que Dios te tiene es inquebrantable y porque Él tiene el poder para hacer cualquier cosa que deba hacerse en tu vida. Dios te ama y tiene un buen plan para tu vida. Deja el pasado atrás y entusiásmate con el futuro, y recuerda buscar recompensas en el camino.

Padre, estoy tan agradecido de que me ames y de que puedo contar con tu amor, que nunca falla. Ayúdame a ser y hacer todo lo que quieres que yo sea y haga. Espero con ansias lo que tienes reservado para mí en el futuro.

TOMA UNA DECISIÓN

Como de sebo y de gordura será saciada mi alma, y con labios de júbilo te alabará mi boca.

SALMO 63:5 (RVR1960)

Creo que el pasaje de hoy representa una decisión importante que tomó David, el salmista. La vida no era fácil para él cuando escribió el Salmo 63. De hecho, enfrentó muchas dificultades en el desierto de Judá, pero en lugar de concentrarse en sus problemas, tomó una decisión, que se lee así en la versión de la Biblia de Reina Valera Actualizada (2015): "Como de sebo y de gordura se saciará mi alma; mi boca te alabará con labios de júbilo".

Nuestra vida está llena de actividades ordinarias que no siempre son emocionantes: vestirse, conducir al trabajo, ir al supermercado, hacer vueltas, limpiar la casa, pagar las cuentas y muchas otras más. Pueden ser lugares comunes, pero son las cosas que componen la vida, y podemos decidir estar satisfechos y alabar a Dios en medio de ellas. A veces, como le sucedió a David cuando escribió el Salmo 63, podemos sentirnos rodeados de desafíos y dificultades, pero podemos seguir su ejemplo y declarar que estamos satisfechos en Dios y que lo alabaremos incluso a través de nuestras luchas.

No importa lo que te depare un día cualquiera, es un regalo de Dios. Puedes elegir apreciarlo, tener una buena actitud frente a él, disfrutarlo y alabar a Dios.

Señor, gracias por el regalo de este día. Hoy elijo estar satisfecho con mi vida y te doy gracias.

PIENSA EN DIOS CON FRECUENCIA

Cuando me acuerde de ti en mi lecho, cuando medite en ti en las vigilias de la noche.

SALMO 63:6 (RVR1960)

¿En qué piensas mientras esperas a quedarte dormido o cuando te despiertas durante la noche? ¿Te preocupas por tus problemas o tratas de pensar qué hacer en ciertas situaciones? El salmista recordó a Dios en su lecho y pensó en Él durante toda la noche. Podríamos hacer esto también, meditar en la Palabra de Dios.

Meditar significa pensar profundamente o enfocar la mente en un pasaje por un período de tiempo. También significa murmurar o hablar en voz baja. Meditar en las Escrituras nos ayuda a recordarlas y libera su poder para ministrarnos. La Palabra de Dios tiene un poder inherente en ella (Hebreos 4:12), y meditar en esta es como masticar alimento para extraer las vitaminas y los nutrientes que contiene. Decir que el poder es *inherente* a la palabra significa que es una característica o un atributo de la palabra; es permanente y esencial.

Una de las formas más rápidas de dormir o volverte a quedar dormido si te despiertas durante la noche es meditar en la Palabra de Dios. Si estás preocupado por algo, medita en los pasajes que nos dicen que no nos preocupemos, o si tienes miedo, medita entonces en los pasajes que nos dicen que no temamos. También puedes meditar en las cosas buenas que Dios ha hecho en tu vida y agradecerle por ellas. La meditación establecerá la palabra en tu corazón y la hará parte de ti.

Padre, ayúdame a recordar hacer de la meditación de tu palabra parte de mi vida diaria. Recuérdame hacerlo cuando me vaya a dormir y aunque me despierte durante la noche. Creo que es un hábito santo que me ayudará enormemente. Gracias.

SIGUE AL LÍDER

Está mi alma apegada a ti; tu diestra me ha sostenido.

SALMO 63:8 (RVR1960)

El salmista David dice en el pasaje de hoy que su alma está *apegada* a Dios. Podemos sentir la intensidad en el corazón de David mientras sigue a Dios, el único líder digno que podemos tener. Tal vez, al igual que yo, recuerdes un juego de la infancia llamado *Sigue al líder*. Si el líder era creativo y divertido y hacía que todos se movieran a un buen ritmo, el juego era placentero. Si el líder era mandón, se movía demasiado rápido o se inclinaba por hacer que otros niños hicieran cosas demasiado difíciles o peligrosas, el juego se desmoronaba rápidamente. A medida que avanzamos en la vida, podemos elegir el líder que seguiremos. Todos llegamos a un punto en el cual debemos decidir si seguiremos a Dios o confiaremos en nosotros mismos para guiar nuestra vida.

Las personas que van por la vida con su propia agenda, y tratan de establecer su propio curso, hacen sus propios planes y dirigen su propia vida, a menudo terminan frustradas e infelices. No es que sus planes no sean buenos; es que los planes de Dios son mucho mejores.

Cuando seguimos a Dios, tenemos un líder que se mueve exactamente al ritmo correcto y mantiene la vida interesante. También se asegura de que milagrosamente terminemos justo donde se supone que debemos estar, cuando se supone que debamos estar. Seguir a Dios es una gran aventura, y espero que la aceptes hoy.

Dios, te elijo a ti como líder de mi vida. Ayúdame a seguirte con ahínco con todo mi ser.

QUÉJATE ANTE DIOS

Escucha, oh Dios, la voz de mi queja; guarda mi vida del temor del enemigo.

SALMO 64:1 (RVR1960)

La Biblia nos enseña a no quejarnos, pero si lo hacemos, es mejor desahogarnos con Dios y no con la gente. En los Salmos, David se quejó ante Dios varias veces (Salmo 55:2, 142:2), al igual que Habacuc, Job y Jonás (Habacuc 1:1–4; Job 23:2; Jonás 4:1–11). El hecho de que las personas mencionadas en la Biblia se quejaran no significa que quejarse sea bueno; simplemente nos muestra que podemos ser honestos con Dios sobre cómo nos sentimos y lo que pensamos.

En general, las quejas de David eran sobre sus enemigos. Después de quejarse, siempre alababa a Dios y declaraba su confianza en que Dios lo salvaría.

Cuando Habacuc se quejó, Dios le dijo que tuviera una visión y la escribiera (Habacuc 2:2). Suelo decirle a la gente: *No te quejes a menos que tengas una visión de lo que te hace sentir infeliz.*

Si yo hubiera sido Job o Jonás, creo que también me hubiera quejado, aunque no les sirvió de nada a ninguno de los dos. Entre más se quejaba Jonás, más tiempo seguía atrapado en el vientre del pez grande, pero cuando gritó con alabanza agradecido, el Señor le ordenó a la criatura que vomitara a Jonás en tierra firme (Jonás 2: 9–10). Las quejas de Job tampoco lo ayudaron nunca, pero finalmente Dios las respondió. Al hacerlo, lo hicieron sentirse humilde, y entonces Dios le dio el doble de lo que había perdido (Job 42:1–6, 10).

Quéjate ante Dios si necesitas, pero siempre termina en una nota de alabanza, porque Dios es el único que te puede ayudar.

Padre, me disculpo por las múltiples veces que me he quejado. Me alegra poder hablarte honestamente y decirte lo que siento, pero después de mis quejas, ayúdame a recordar siempre tu bondad y darte la alabanza que mereces.

CUMPLE TU PALABRA

Tuya es la alabanza en Sion, oh Dios, y a ti se pagarán los votos.

SALMO 65:1 (RVR1960)

David le menciona a Dios que cumplirá los votos que le ha hecho. Los votos son promesas solemnes. Hacemos un voto cuando le decimos a alguien que haremos algo. Cuando hacemos un voto o le prometemos a Dios que haremos algo, definitivamente debemos proseguir y hacerlo. Pero también es importante mantener nuestra palabra ante la gente.

Números 30:1–2 revela cuán serios son los votos: "Esto es lo que el Señor ha mandado: 'Cuando algún hombre haga al Señor un voto o un juramento asumiendo obligación, no violará su palabra; hará conforme a todo lo que ha salido de su boca'" (RVA-2015).

Dios siempre cumple su palabra, y en ella podemos confiar. De la misma manera, la gente debería poder depender de nosotros. Si surge una emergencia o sucede algo que te impida hacer lo que dijiste que harías, al menos llama y explica por qué no puedes hacer lo que prometiste.

Queremos que las personas mantengan su palabra cuando nos dicen que harán algo, y siempre debemos tratar a los demás como queremos que nos traten a nosotros. Te sugiero que pienses en esto, y si hay áreas en las que no has cumplido tu palabra, hagas lo que prometiste o discúlpate por no hacerlo.

Padre, estoy muy agradecido de que cumplas tu Palabra, y también quiero cumplir la mía. Perdóname por las veces que no lo he hecho y en el futuro ayúdame a no decir que haré algo a menos que tenga toda la intención de hacerlo.

ORACIÓN
CON RESPUESTA

Tú oyes la oración; a ti vendrá toda carne. Las iniquidades prevalecen contra mí; mas nuestras rebeliones tú las perdonarás.

SALMO 65:2-3 (RVR1960)

Es bueno recordar que Dios responde las oraciones. Siempre se nos anima a orar, pero recordar que Dios contesta la oración nos da energía para orar aún más. Puede que no siempre responda de la manera que pensamos que debería o en el momento que nos gustaría, pero responde.

Santiago 4:2 dice: "No tienen porque no piden" (RVA-2015). Basándome en este versículo, siempre animo a las personas a ser audaces en sus oraciones de acuerdo con la Palabra de Dios. No puedes pedirle demasiado a Dios. Él quiere hacer mucho más abundantemente todo lo que nos atrevemos a esperar, pedir o pensar (Efesios 3:20, RVR1960).

El pasaje de hoy también nos recuerda que no debemos dejar que nuestros pecados nos agobien, ni debemos cargar con culpa por estos. Dios los perdona generosamente, lo cual es asombroso.

Imagínate cuántas personas llevan la carga de su pecado y se sienten condenadas y culpables porque no conocen a Jesús. Pero sabemos que se nos perdonará y que Dios responde a la oración. Esta es la buena noticia del evangelio.

Padre, gracias porque respondes mis oraciones y perdonas mis pecados. Eres muy bueno.

DIOS PONE A PRUEBA A LOS QUE AMA

Porque tú nos probaste, oh Dios; nos ensayaste como se afina la plata.

SALMO 66:10 (RVR1960)

No conozco a nadie que particularmente disfrute que lo pongan a prueba, pero pasar por tiempos de prueba forma parte del proceso de madurez espiritual.

Dictionary.com dice que una prueba es "el medio por el cual se determina la presencia, la calidad o la autenticidad de cualquier cosa". Cuando enfrentamos pruebas, Dios busca ver si somos genuinos y si verdaderamente lo amamos y confiamos en Él. Las pruebas y las dificultades sacan lo que está dentro de nosotros, así como el proceso de refinación saca la plata pura.

Dios no es el único que ve lo que hay dentro de nosotros cuando enfrentamos pruebas, también lo vemos nosotros. Nos conocemos a nosotros mismos cuando estamos bajo presión de una forma como no podemos cuando la vida transcurre sin desafíos. Considera al apóstol Pedro. Estaba convencido de que nunca negaría a Jesús, pero cuando fue puesto a prueba, negó a su Señor (Mateo 26:31–35, 69–75).

Cuando nos enfrentamos a una prueba, debemos recordar siempre que la meta de Dios es que la pasemos, porque tiene preparado algo bueno para nosotros al otro lado. Con Él, nunca fallamos; hacemos la prueba de nuevo hasta que Él vea que estamos listos para que Él nos haga avanzar.

Señor, durante los momentos de prueba, ayúdame a aprender cada lección que quieres que aprenda y a desarrollar la fuerza que quieres que tenga para estar listo para las bendiciones que me tienes reservadas.

PASA TUS PRUEBAS

Porque tú nos probaste, oh Dios; nos ensayaste como se afina la plata. Nos metiste en la red; pusiste sobre nuestros lomos pesada carga. Hiciste cabalgar hombres sobre nuestra cabeza; pasamos por el fuego y por el agua, y nos sacaste a abundancia.

SALMO 66:10-12 (RVR1960)

En el devocional de ayer, escribí sobre las pruebas que enfrentamos, pero hoy quiero verlas desde una perspectiva diferente. A veces pasamos por situaciones muy difíciles y no entendemos por qué. Buscamos razones, como: *¿Hice algo mal? ¿Está Dios enojado conmigo?* Pero la mayoría de las veces, esto es signo de que nuestra fe está a prueba.

1 Pedro 4:12 dice: "Amados, no se sorprendan por el fuego que arde entre ustedes para ponerlos a prueba como si les aconteciera cosa extraña" (RVA-2015).

Concentrarse en pasar nuestras pruebas es mucho mejor que tratar de resolver nuestras dificultades. El salmista describió cómo se sintió durante una prueba que parece haber sido dolorosa, pero no olvidemos el final de la historia: "y nos sacaste a abundancia".

A menudo, Dios nos prueba para promovernos. Los niños no pasan al siguiente grado en el colegio sin aprobar los exámenes como forma de asegurarse de que han aprendido lo que se suponía que debían aprender en su grado actual. Aunque los estudiantes a veces fallan, con Dios nunca fallamos. Tenemos que intentar pasar la prueba una y otra vez hasta que lo logremos.

Por ejemplo, Dios puede estar tratando de enseñarnos a no ofendernos fácilmente, y la gente sigue ofendiéndonos. Oramos para que se detengan, pero Dios prefiere enseñarnos a ser lo suficientemente fuertes en nuestra fe como para no tomar la ofensa y perdonar rápidamente.

Confía en Dios durante los momentos de prueba, y saber que te llevará a un lugar de abundancia.

Padre, ayúdame a pasar mis pruebas para que pueda crecer y fortalecerme en mi fe. Confío en que al final siempre me bendecirás.

UNA CLAVE PARA LA ORACIÓN CONTESTADA

Si en mi corazón hubiese yo mirado a la iniquidad, el Señor no me habría escuchado.

SALMO 66:18 (RVR1960)

Sabemos que Dios contesta la oración, pero a veces pareciera que nuestras oraciones quedan sin respuesta y no entendemos por qué. Puede ser que haya pecado escondido en nuestra vida, que es de lo que habla el salmista cuando dice: "Si en mi corazón hubiese yo mirado a la iniquidad". Para explicar este versículo, me gustaría decir que el Señor no nos escuchará cuando oremos, si llegamos ante Él en oración con el pecado escondido en nuestro corazón. Si hay pecado en nuestra vida, no podremos orar abiertamente o con confianza. Si no nos sentimos cómodos cuando oramos, debemos detenernos y preguntarle a Dios por qué. También necesitamos pedirle que revele lo que esté oculto. Si Él nos acusa de algo que es pecaminoso, debemos llamarlo por lo que es: pecado. Según Romanos 3:23, todos pecamos, y cuando lo hacemos, Dios quiere que confesemos el pecado para limpiarnos y restaurar una conciencia limpia en nuestros corazones (1 Juan 1:9). Hay poder en la verdad y la honestidad cuando nos confesamos ante el Señor y recibimos su perdón. Nos permite orar con eficacia.

Asegúrate de que tu corazón sea puro ante Él para que tus oraciones se ofrezcan con confianza y con fe activa. Dios contesta nuestras oraciones cuando nos acercamos a Él con audacia y con corazones limpios y puros.

Señor, revela cualquier pecado oculto en mi vida para poder restaurar mi relación contigo y para que mis oraciones sean efectivas.

DIOS ES MISERICORDIOSO

Dios tenga misericordia de nosotros, y nos bendiga; haga resplandecer su rostro sobre nosotros.

SALMO 67:1 (RVR1960)

El salmista no se avergonzó de pedirle a Dios que lo bendijera. En algunas iglesias, los servicios concluyen con lo que se llama una bendición, y el pasaje de hoy forma parte de algunas de las primeras bendiciones.

Ser *misericordioso* significa dar gracia, y la gracia es el favor inmerecido de Dios. La gracia también se refiere al poder del Espíritu Santo que nos ayuda a hacer con facilidad lo que necesitamos hacer.

Cuando le pedimos a Dios que haga resplandecer su rostro sobre nosotros, le estamos pidiendo que nos bendiga con su presencia, y estar en su presencia es una de las mayores bendiciones que podemos tener. David dijo que lo único que buscaría sería morar en la presencia de Dios (Salmo 27:4).

Tal vez no te han enseñado a pedir con valentía las bendiciones de Dios, o crees que no las mereces. Recuerda que la gracia, o la bondad de Dios, es un favor *inmerecido*. Por eso es tan maravilloso. Ninguno de nosotros es lo suficientemente bueno para merecer algo de Dios, pero en el nombre de Jesús, podemos pedir con valentía y recibir lo que pedimos.

Padre, te pido que me bendigas a mí y a los que amo, que tengas piedad de nosotros y que hagas resplandecer tu rostro sobre nosotros. Gracias.

DIOS, NUESTRO DIOS, NOS BENDICE

La tierra dará su fruto; nos bendecirá Dios, el Dios nuestro. Bendíganos Dios, y témanlo todos los términos de la tierra.

SALMO 67:6-7 (RVR1960)

Es importante que los incrédulos del mundo vean las bendiciones de Dios en la vida de su pueblo, porque les permite saber que Él es bueno y que bendice a los que le pertenecen. Ver sus bendiciones hará que los que no lo conocen sientan un temor reverencial y asombro frente a Él que podría llevarlos a entregar su vida.

Esto no significa que los creyentes no tengamos problemas, porque los tenemos, pero es importante recalcar que los incrédulos ven nuestras luchas y observan cómo manejamos los problemas. En tiempos difíciles, debemos permanecer firmes, estar en paz y ser felices. Nuestra confesión debe ser constante, y cuando la gente pregunte por qué tenemos problemas, podemos decirles que, aunque tengamos dificultades en la vida, Dios nos libera de todas.

Según el Salmo 14:1, las personas que intentan vivir sin Dios son necias. No tienen nada más que miseria. Cuando sufren, no reciben ayuda, excepto la ayuda humana, y la ayuda humana rara vez, si es que alguna, hace bien.

Deja que tu vida sea un testimonio para los demás de que Dios es bueno y repite junto al salmista: "nos bendecirá Dios, el Dios nuestro. Bendícenos, Dios".

Padre, quiero que mi vida sea un testimonio para los perdidos. Deja que tus bendiciones estén sobre mí, y cuando tenga problemas, líbrame rápidamente y concédeme la gracia de comportarme de una manera piadosa mientras los enfrento.

QUE MIS ENEMIGOS SE DISPERSEN

Levántese Dios, sean esparcidos sus enemigos, y huyan de su presencia los que le aborrecen. Como es lanzado el humo, los lanzarás; como se derrite la cera delante del fuego, así perecerán los impíos delante de Dios. Mas los justos se alegrarán; se gozarán delante de Dios, y saltarán de alegría.

SALMO 68:1-3 (RVR1960)

Dios es paciente y generoso, aun con nuestros enemigos, pues a veces intenta lidiar con ellos y hacer que se arrepientan. Por eso nos enseña a perdonarlos y a orar por ellos. Pero llega un momento en que se levanta y dice: "basta", y dispersa a nuestros enemigos.

El salmista David tenía una fe sólida en que Dios lo libraría de sus enemigos, y no se avergonzó en pedirle que los tratara con dureza. Debemos recordar que bajo el Antiguo Pacto, la norma era la mentalidad de ojo por ojo (Levítico 24:20), y David oró lo que podría considerarse oraciones duras sobre el trato de Dios con sus enemigos, oraciones que no se recomiendan o no son apropiadas bajo el Nuevo Pacto (Mateo 5:38–42).

David oró para que Dios dispersara a sus enemigos como humo y los dejara perecer. Pero Jesús nos enseña a amar a nuestros enemigos y a orar por ellos (Mateo 5:44). Cuando lo hacemos, Dios lidia con ellos si no lo escuchan, pero nuestras oraciones le dan la oportunidad de obrar en sus vidas, con la esperanza de guiarlos hacia la verdad y entregar su vida a Él.

Lo importante a recordar aquí es que Dios siempre nos librará de nuestros enemigos en el momento adecuado. Nuestro trabajo, mientras tanto, es no dejar de hacer lo que Él nos pide que hagamos.

Padre, sé que te levantarás y dispersarás a mis enemigos si no te escuchan, pero oro para que lleguen a conocer la verdad y entreguen su vida a ti.

DIOS AYUDA A LOS QUE ESTÁN SOLOS

Padre de huérfanos y defensor de viudas, es Dios en su santa morada. Dios hace habitar en familia a los desamparados; saca a los cautivos a prosperidad; mas los rebeldes habitan en tierra seca.

SALMO 68:5-6 (RVR1960)

La mayoría de nosotros se ha sentido solo en algún momento de nuestra vida. Una persona puede ser solitaria y no estar sola. Podrías sentirte rechazado o incomprendido; incluso podrías sentirte invisible y pensar que nadie nota tus talentos y habilidades. Creo que Jesús se sintió solo en el Huerto de Getsemaní cuando les pidió a sus discípulos que oraran con Él por solo una hora y todos se durmieron (Mateo 26:36–46).

Dios tiene un lugar especial en su corazón para los solitarios. En la Biblia, vemos en repetidas veces la instrucción de ayudar a los que no tienen padre, a los huérfanos y a las viudas. En Éxodo 22:22, Dios dice: "No afligirás a ninguna viuda ni ningún huérfano" (RVA-2015). Dios también nos instruye a alcanzar y no maltratar a los extraños (Éxodo 22:21). Todos hemos estado en lugares nuevos donde no conocemos a nadie, son estos los momentos solitarios de la vida.

Te animo a buscar a las personas solitarias en tu iglesia, vecindario o lugar de trabajo. Busca a la mujer soltera que nunca se ha casado y no tiene familia. Busca a la viuda o al viudo; busca a los niños o jóvenes que no tienen padres. Acércate a estas personas. Invítalos a tu casa en las festividades. Invita a uno de ellos a comer con tu familia, o lleva al joven que no tiene relación con su padre a un partido. Puedes aliviar la soledad de alguien con el simple gesto de incluirlo.

Padre, ayúdame a darme cuenta de las personas que se sienten solas y a acercarme a ellas en amistad. Muéstrame formas como puedo ayudar a aliviar su soledad.

AYUDA PARA EL CANSADO

Cansado estoy de llamar; mi garganta se ha enronquecido; han desfallecido mis ojos esperando a mi Dios. Se han aumentado más que los cabellos de mi cabeza los que me aborrecen sin causa; se han hecho poderosos mis enemigos, los que me destruyen sin tener por qué.

SALMO 69:3-4 (RVR1960)

Es claro que David el salmista se sentía cansado al escribir las palabras del pasaje de hoy. En realidad, dice: *Estoy exhausto*. Cualquier tipo de situaciones pueden agotar nuestros recursos físicos y emocionales y, en definitiva, demasiado estrés durante un largo período de tiempo produce agotamiento.

Cuando estamos exhaustos, necesitamos recuperar nuestra fuerza, y la Biblia dice que Dios nos ayudará: "Pero los que esperan en el Señor renovarán sus fuerzas; levantarán las alas como águilas. Correrán y no se cansarán; caminarán y no se fatigarán" (Isaías 40:31, RVA-2015).

Creo que por la forma como pensamos y hablamos sobre las situaciones que enfrentamos en la vida podríamos llegar a agotarnos. Es cierto que algunas situaciones son extenuantes por todo lo que exigen de nosotros, pero con nuestros pensamientos y palabras podemos mejorarlas o empeorarlas.

El Espíritu Santo está disponible para ayudarnos, fortalecernos y restaurarnos. No nos ayudará a quejarnos o a ser negativos frente a las presiones que debemos afrontar, pero nos ayudará a pensar y a hablar sobre estas de acuerdo con la Palabra de Dios. Nos dará sabiduría para hacer frente a nuestros problemas con eficacia. Nos dará gracia y hará que las cosas sean más fáciles de lo que serían de otra forma. Nos fortalecerá en la fe y nos ayudará a esperar en el Señor que, según Isaías 40:31, es donde renovaremos nuestra fuerza.

Señor, cuando esté exhausto, dame la gracia de esperar en ti y confiar en ti para renovar mi fuerza.

QUEBRANTA EL PODER DE LA CONFUSIÓN

Porque por amor de ti he sufrido afrenta; confusión ha cubierto mi rostro.

SALMO 69:7 (RVR1960)

En el pasaje de hoy David menciona una confusión con la que muchos podemos identificarnos. Mantenernos en confusión es una de las formas como al enemigo le gusta impedir que avancemos en todo lo que Dios tiene para nosotros. Sabe que si no sabemos qué hacer, es posible que no hagamos nada.

Una forma de describir la confusión es ser de doble ánimo, es decir, el que piensa una cosa y luego piensa otra. Las personas de doble ánimo son incapaces de decidirse y dudan de sí mismas, por lo que permanecen atrapadas en la indecisión y la confusión.

Una forma de dejar de estar confundido es sopesar todas tus opciones, identificar los posibles aspectos positivos y negativos de cada una e intentar tomar la mejor decisión. Asegúrate de que la decisión sea acorde con la Palabra de Dios y verifica si sientes paz en tu corazón con ella, porque Dios nos guía a través de la paz. A medida que avances, sabrás si fue o no una buena decisión. Si no lo fue, haz un cambio y sigue adelante.

Señor, oro para que la confusión no me impida avanzar en tus planes para mi vida. Ayúdame a no ser de doble ánimo o indeciso, sino a buscarte y confiar en ti para que me guíes en cada situación.

LA CONFIANZA DE PEDIR UNA RESPUESTA RÁPIDA

Respóndeme, Señor, por tu bondad y tu gran amor; por tu inmensa misericordia, vuélvete hacia mí. No escondas tu rostro de este siervo tuyo; respóndeme pronto, que estoy angustiado.

SALMO 69:16-17 (NVI)

Queremos que nuestras respuestas y progresos lleguen rápidamente, pero el salmista David tenía la confianza suficiente no solo para desear una respuesta rápida, sino también para pedirla. Por eso le dijo a Dios: "respóndeme pronto, que estoy angustiado". La mayoría de nosotros podría decir estas palabras continuamente, y tal vez deberíamos decirlas. En varias traducciones de Filipenses 4:6 dice que en lugar de preocuparnos y estar ansiosos, deberíamos *presentar* nuestras peticiones. Puede que a veces no sepamos especificar bien lo que queremos.

No sugiero que sea posible hacer que Dios se apresure, pero me parece interesante la oración de David y, por mi parte, en el futuro intentaré pedir. El tiempo de Dios seguirá siendo perfecto, pero si no tenemos es porque no pedimos (Santiago 4:2), ¿por qué no pedir con valentía? Dios nos responde gracias a su bondad, amor y gran misericordia.

Jamás debemos decir: *Bueno, pues no hay nada más que hacer que orar*, porque la oración siempre debe ser lo primero. No es el último recurso, sino nuestra primera línea de defensa. David fue un hombre de oración, y nosotros también debemos ser personas de oración. Dios puede hacer más en un momento de lo que nosotros podemos hacer en toda una vida.

Padre, ayúdame pronto, porque estoy en problemas. Te necesito todo el tiempo, y pido tu presencia en mi vida. Contesta mis oraciones cuando te invoco. Gracias.

AYUDA PARA LOS POBRES Y NECESITADOS

Lo ven los humildes y se alegran. Busquen a Dios, y vivirá el corazón de ustedes. Porque el Señor escucha a los necesitados y no menosprecia a sus prisioneros.

SALMO 69:32-33 (RVA-2015)

Los versículos de hoy representan buenas noticias para cualquiera que experimente la carencia. Podemos ser pobres y necesitados de muchas formas: económica, física, social, espiritual o emocionalmente. Pero la buena noticia es que Jesús puede sanarnos donde sea que estemos lastimados. Dice en Juan 16:24: "Pidan y recibirán, para que su gozo sea completo" (RVA-2015).

Busca a Dios para cualquier necesidad. No intentes arreglar las situaciones tú mismo o acudir a otras personas en busca de ayuda; acude a Dios. Acude a la fuente de todas las cosas buenas. Tu oración es poderosa, así no hayas hecho todo bien. Cuando oramos, Dios nos responde sin reproche ni crítica (Santiago 1:5 RVR1960), pues entiende nuestras debilidades, y podemos acercarnos con confianza al trono de la gracia y recibir misericordia con tiempo suficiente para satisfacer nuestras necesidades (Hebreos 4:15–16).

Dios tiene un lugar especial en su corazón para los pobres y necesitados, y te escuchará y responderá. Incluso promete que verás la victoria y te alegrarás. Mantente lleno de esperanza y expectativa, porque Él ha escuchado tu oración, y tu respuesta viene en camino.

Padre, gracias porque cuidas y alegras a los pobres y necesitados. Tu bondad es más de lo que merezco, pero te la pido con valentía en el nombre de Jesús.

LA GRACIA REDENTORA DE DIOS

Oh Dios, acude a librarme; apresúrate, oh Dios, a socorrerme. Sean avergonzados y confundidos los que buscan mi vida; sean vueltos atrás y avergonzados los que mi mal desean.

SALMO 70:1-2 (RVR1960)

Si las Escrituras declaran una y otra vez que Dios lidiará con nuestros enemigos, entonces, ¿por qué perdemos el tiempo con la ira y la venganza? Ni siquiera necesitamos preocuparnos por nuestros enemigos, lo único que tenemos que hacer es orar como oró David: oraciones directas y audaces para que Dios nos ayude y nos libre de ellos. Para recibir respuestas a este tipo de oración, debemos descargar la ansiedad sobre Dios y dejar que cuide de nosotros (1 Pedro 5:7, RVC).

Mientras tengamos ira escondida en nuestro corazón no podemos orar para que Dios nos cuide y esperar que lo haga. Si perdonamos a nuestros enemigos y oramos por ellos como Dios nos instruye, podemos confiar en que Él pondrá de rodillas a nuestros enemigos para que se avergüencen de lo que intentaron hacernos.

Dios ama a sus hijos con ternura, y no se toma a la ligera el que alguien vaya contra ellos, especialmente si es sin causa. Si tienes enemigos o lidias con personas que te hayan lastimado sin motivo, puedes estar seguro de que Dios se encargará de ellas, te levantará y te alegrará la vida. Confía en el Señor, porque Él es bueno y está esperando ser bueno contigo.

Padre, te entrego a mis enemigos, y espero en ti la vindicación. Ayúdame pronto, Señor, y devuélveme la alegría.

ALABANZA Y GRATITUD

En ti he sido sustentado desde el vientre; de las entrañas de mi madre tú fuiste el que me sacó; de ti será siempre mi alabanza.

SALMO 71:6 (RVR1960)

En el pasaje de hoy, el salmista nos anima a alabar a Dios continuamente. Una vez que comenzamos a alabarlo con seriedad, nuestras cargas y problemas parecieran pesar menos sobre nosotros. Esto forma parte del poder de ser agradecidos. Dar gracias a Dios por lo bueno en nuestra vida nos ayuda a no estar tan concentrados en nuestros problemas. Creo que Dios quiere que seamos personas llenas de gratitud no solo hacia Dios, sino también hacia los demás.

Cuando alguien haga algo bueno por ti, hazle saber que lo aprecias. ¿Alguna vez les has dado las gracias a las personas que recogen tu basura? La última vez que comiste en un restaurante, ¿le agradeciste al mesero por llenar tu taza de café? Podría continuar con las preguntas, pero mi punto es este: necesitamos desarrollar una actitud de gratitud hacia las personas en nuestra vida.

Otra forma de expresar gratitud es mostrar aprecio por los miembros de tu familia, en especial por tu cónyuge. Aprecio a Dave, y aunque hemos estado casados por mucho tiempo, todavía le digo que lo aprecio. Es paciente y considerado conmigo.

Unas cortas palabras de agradecimiento son una excelente manera de bendecir a Dios y a los demás. Cuando expresas aprecio, es bueno que la otra persona lo escuche, pero recuerda que también te cubre de alegría a ti. Cuando muestras gratitud por cualquier cosa, grande o pequeña, enriqueces tu vida y la vida de otra persona.

Señor, deseo tener un corazón agradecido y lleno de alabanzas. Espíritu Santo, te pido que me recuerdes todos los días las cosas por las cuales debo estar agradecido.

SIEMPRE TENDRÁS ESPERANZA

Pero yo siempre tendré esperanza y más y más te alabaré.

SALMO 71:14 (NVI)

El salmista dice: "Pero yo siempre tendré esperanza", y nosotros también podemos tener esperanza siempre. Podemos aprender mucho sobre la esperanza al observar la creación de Dios, y cuando pienso en el pasaje de hoy, me recuerda los ríos que Dios ha creado. Como un río que nunca se seca, la esperanza no deja de fluir hacia los que pertenecen a Dios. Nunca podemos agotarla. Dios tiene un suministro inagotable de esperanza para los que confían en Él. Porque Dios es eterno, la esperanza en Él también es eterna. Todos los días de tu vida puedes acudir a Él y te dará una esperanza nueva, tal como fluye el agua dulce en un hermoso río.

Proverbios 23:18 hace eco del Salmo 71:14, diciendo: "Porque ciertamente hay fin, y tu esperanza no será cortada" (RVR1960). Si tu esperanza está en alguien o algo que no sea Dios, lo más probable es que se seque, pues llegará un momento donde ya no podrás encontrarla ahí. Pero con Dios siempre tendrás esperanza, y como dice el salmista en el versículo de hoy, esa es una razón para alabarlo cada vez más.

Gracias, Dios, porque como soy tuyo, siempre tendré esperanza. ¡Te alabo!

GLORIA A DIOS POR SUS OBRAS JUSTAS

Mi boca proclamará tu justicia y tu salvación todo el día, aunque no sepa enumerarlas. Celebraré los poderosos hechos del Señor Dios; haré memoria de tu justicia, que es solo tuya.

SALMO 71:15-16 (RVA-2015)

¿Qué pasaría si reemplazáramos todas las quejas y rumores con alabanzas a Dios? Me parece que ocurrirían cosas asombrosas. Es difícil pasar un día sin quejarse, y mucho menos toda una vida. Dios quiere escuchar nuestra alabanza, no un informe sobre todas las cosas negativas que sentimos que nos pasan.

Deberíamos plantearnos buscar todas las cosas buenas que Dios ha hecho y hace en nuestra vida y hablar sobre estas. Podemos ensayarlas a Dios cuando hablemos con Él y se las contemos a otros. Nuestras oraciones no deben ser solo para pedir; también deben estar llenas de alabanza a Dios y agradecimiento por todo lo que Él ha hecho.

Filipenses 4:6 nos enseña a orar con agradecimiento. Si nos quejamos, seguiremos quejándonos, aun cuando Dios nos dé lo que pedimos. Aprendamos a alabarlo en medio de nuestras tribulaciones, pues es ahí cuando la alabanza es más poderosa. Si no podemos alabarlo en los valles de la vida, tampoco lo alabaremos en la cima. Dios es bueno todo el tiempo, no solo cuando nos gustan nuestras circunstancias. Hablemos de sus obras poderosas y de salvación.

Padre, eres justo y haces obras justas. Te alabo por toda tu bondad para conmigo. Quiero que mi boca se llene de gratitud, no de quejas. Por favor, ayúdame. Gracias.

ENVIDIA

Ciertamente es bueno Dios para con Israel, para con los limpios de corazón. En cuanto a mí, casi se deslizaron mis pies; por poco resbalaron mis pasos. Porque tuve envidia de los arrogantes, viendo la prosperidad de los impíos.

SALMO 73:1-3 (RVR1960)

En el Salmo 73, el salmista Asaf comenzaba a sentir que había servido a Dios en vano, porque le parecía que a los malvados les iba mejor que a él. Dijo que no tienen dificultades, que sus cuerpos eran sanos y fuertes, y no tenían cargas (vv. 4–5).

También dijo que aunque había mantenido su corazón puro y había lavado sus manos en inocencia, había sido afligido y que cada mañana traía nuevos castigos (vv. 13–14). ¡Parece que para Asaf el día iba muy mal! Se concentraba en sus problemas y en el destino final de los malvados sin considerar la fidelidad de Dios hacia él.

Finalmente, vio la luz y se dio cuenta de que decir todo lo que pensaba no había sido bueno (v. 15). Cuando su corazón se entristeció y su alma se amargó, dijo que era "torpe", como una "bestia" ante Dios (vv. 21–22, RVR1950). Sintió arrepentimiento y se dio cuenta de que estaba mucho mejor que los malvados, a pesar de que sus circunstancias no parecían mejores que las de ellos. Recordó que Dios siempre estaba con él, y que lo tomaba de la mano (v. 23).

Padre, cuando tenga la tentación de envidiar a los malvados, ayúdame a recordar que sin importar cuántos bienes materiales tengan ellos, yo soy más bendecido porque te tengo a ti.

NO TENEMOS
QUE SENTIR CELOS

He aquí estos impíos, sin ser turbados del mundo, alcanzaron riquezas.

SALMO 73:12 (RVR1960)

Cuando el salmista Asaf escribe sobre los malvados en el pasaje de hoy, casi podemos sentir los celos. Podría sorprendernos darnos cuenta de que las personas en los tiempos del Antiguo Testamento luchaban contra la envidia por algunas de las mismas razones por las cuales todavía luchamos hoy: la vida aparentemente fácil y despreocupada de otras personas y sus bendiciones financieras. Según Proverbios 14:30 (RVR1960), la envidia "es carcoma de los huesos". Una declaración fuerte y de la cual no quiero ser víctima. Cada vez que te sientas celoso o con envidia, el mejor curso de acción es acudir a Dios y pedirle que te ayude y te consuele en cuanto a la situación. Pídele que te muestre cuán bendecido eres y que te ayude a comprender que no tienes ninguna razón real para estar celoso. Dios tiene un plan único para cada uno de nosotros, que es el mejor plan para cada uno. No te compares, ni compares tu vida o tus problemas con los de los demás.

Si podemos confiar en Dios y saber que nos dará lo que es mejor para nosotros, no necesitamos sentir celos de nadie. No quiero nada que Dios no quiera que tenga, y tú tampoco deberías quererlo.

Señor Jesús, no quiero vivir con celos ni comparándome con los demás. Ayúdame a descubrir el plan individual que tienes para mí y a trabajar contigo para convertirme en la mejor persona que me has creado para ser.

CUANDO NO SABES QUÉ HACER

Me has guiado según tu consejo, y después me recibirás en gloria.

SALMO 73:24 (RVR1960)

No saber qué hacer cuando es necesario tomar una decisión puede conducir fácilmente a la confusión, que no es de Dios (1 Corintios 14:33). Proverbios 3:5 dice que no debemos apoyarnos en nuestro propio entendimiento sino confiar en el Señor con todo nuestro corazón (NBLA).

Si confiamos en Dios con nuestro corazón, nuestros pensamientos estarán llenos de esperanza, no de frustración. Proverbios 3:6 continúa: "Reconócelo en todos tus caminos, Y Él enderezará tus sendas" (NBLA).

En momentos de indecisión, trata de aquietar tu cabeza y ver qué hay en tu corazón, porque es ahí donde encontrarás tu verdadero deseo y pasión. Después de orar y esperar en Dios, es posible que tengas que salir a averiguar qué debes hacer. A veces, la única forma de saber es acercarte a algo para ver si Dios abre la puerta y sientes paz. Si no, al menos has aprendido lo que *no* debes hacer. Muchas personas no saben qué es lo correcto hasta que ven qué es lo que les gusta.

Otra cosa que ayuda es considerar todo lo relacionado con lo que piensas hacer. Es posible que desees un auto nuevo, pero si no deseas realizar pagos todos los meses durante varios años, no es prudente comprarlo.

Padre, quiero tomar decisiones que me pongan en el centro de tu voluntad. Ayúdame y guíame en cada paso del camino. Ayúdame a no tener tanto miedo de hacer las cosas mal que prefiera no hacer nada.

DESEA A DIOS MÁS QUE NADA

¿A quién tengo yo en los cielos sino a ti? Y fuera de ti nada deseo en la tierra. Mi carne y mi corazón desfallecen; mas la roca de mi corazón y mi porción es Dios para siempre.

SALMO 73:25-26 (RVR1960)

¿Has conocido a alguien cuyo objetivo principal en la vida pareciera ser la búsqueda de las cosas que ofrece este mundo, tal vez dinero, la ropa de diseñador, una casa agradable, un auto deportivo o los últimos dispositivos electrónicos? Me refiero a una persona cuyo enfoque principal sea acumular cosas, alguien que dedica todo su tiempo y energía a las posesiones mundanas y no dedica tiempo a desarrollar una relación con Dios o relaciones significativas con otras personas. Los individuos que buscan lo mundano más que cualquier otra cosa terminan solos y tristes. Todas las cosas que creen que los llenarán en realidad los dejarán vacíos.

Aunque el salmista Asaf vivió hace siglos, antes de los autos deportivos y los dispositivos electrónicos, la gente de su época también buscaba los bienes mundanos por encima de la relación con Dios. Quizás por eso se sintió obligado a escribirle a Dios en el pasaje de hoy "y fuera de ti nada deseo en la tierra".

Nada en este mundo se compara con conocer a Dios y vivir en una relación íntima con Él. No importa lo que hoy decidas perseguir y valorar en tu vida, persíguelo a Él primero y valóralo más. Es todo lo que necesitas, y en Él encontrarás tu mayor plenitud.

Señor, ayúdame a enfocarme en desarrollar mi relación contigo más que en adquirir las cosas que este mundo ofrece. Como Asaf, no deseo nada en la tierra más de lo que te deseo a ti.

ESTÁ BIEN
NO ESTAR BIEN

¿Por qué, oh Dios, nos has desechado para siempre? ¿Por qué se ha encendido tu furor contra las ovejas de tu prado? Acuérdate de tu congregación, la que adquiriste desde tiempos antiguos, la que redimiste para hacerla la tribu de tu herencia; este monte de Sion, donde has habitado.

SALMO 74:1-2 (RVR1960)

El pasaje de hoy da la impresión de que el salmista Asaf no tiene un muy buen día. No hay problema; no todos los días de la vida son perfectos, y hay momentos en los cuales es bueno ser honesto con Dios o con alguien más sobre cómo te sientes. La mayoría de las veces, si un cristiano le pregunta a otro cómo está, la respuesta es *Bien*, pero no siempre está bien. Dice estar bien, por la creencia de que se espera que como cristianos estemos bien todo el tiempo. Asaf sintió como si Dios lo rechazara para siempre y que estaba enojado con él, y escribió.

No debemos quejarnos todo el tiempo, pero hay una manera de ser honestos sobre la forma como nos sentimos sin ser negativos. Confía en Dios siempre, pero no seas falso ni pretendas estar bien cuando en realidad no lo estás.

A veces, la mejor manera de deshacerse de los sentimientos negativos es hablar sobre ellos. El salmista David hablaba regularmente con Dios, y se sentía mejor. También fue un hombre de gran fe. No sientas que siempre tienes que estar bien, estupendo, increíble y maravilloso, o que no puedes admitir cuando atraviesas un momento difícil y tus emociones no son alegres. Hasta el mismo Jesús dijo: "Dios mío, Dios mío, ¿por qué me has desamparado?" (Mateo 27:46, RVR1960). También dijo: "En tus manos encomiendo mi espíritu" (Lucas 23:46, RVR1960). Aunque se sintió abandonado, sabía que no lo estaba.

Padre, estoy agradecido porque siempre puedo ser honesto contigo acerca de cómo me siento, y al mismo tiempo nunca dejo de confiar en ti.

DIOS SIEMPRE PROVEE

Dividiste el mar con tu poder; quebrantaste cabezas de monstruos en las aguas. Magullaste las cabezas del leviatán, y lo diste por comida a los moradores del desierto. Abriste la fuente y el río; secaste ríos impetuosos.

SALMO 74:13-15 (RVR1960)

En las Escrituras de hoy, el salmista Asaf escribe sobre el gran poder y la provisión de Dios. Señala que Dios dio a Leviatán (un símbolo de los enemigos de Israel) como alimento a los animales del desierto. Asaf había admitido anteriormente en este salmo que se sentía abandonado, pero ahora escribe sobre el gran poder y la bondad de Dios. Dios abrió el Mar Rojo y permitió que el pueblo de Israel cruzara ileso, pero ahogó a los egipcios en el mismo mar. Él proveyó para el pueblo de Israel en el desierto de manera milagrosa, y también proveerá para ti y para mí.

Cuando estés tentado a pecar, Él proveerá una salida de la tentación (1 Corintios 10:13). Y según 2 Corintios 9:8, Él proveerá todo lo que necesites: "Y poderoso es Dios para hacer que abunde en ustedes toda gracia, a fin de que, teniendo siempre en todas las cosas todo lo necesario, abunden para toda buena obra" (RVA2015).

Dios también provee el perdón por nuestros pecados: "Porque tú, Señor, eres bueno y perdonador, y grande en misericordia para con todos los que te invocan" (Salmo 86:5, RVR1960). Y también promete darnos fuerza cuando la necesitemos (Salmo 138:3; Isaías 40:31). Dice: "Pidan y recibirán, para que su gozo sea completo" (Juan 16:24, RVA-2015).

Padre, es tan bueno saber que tu provisión me espera en todas las áreas de mi vida y que todo lo que necesito hacer es pedirla y recibirla por fe. Gracias.

HABLA DE LO QUE DIOS HA HECHO

Gracias te damos, oh Dios, gracias te damos, pues cercano está tu nombre; los hombres cuentan tus maravillas.

SALMO 75:1 (RVR1960)

Cuando te reúnes con otras personas, tal vez en una reunión familiar o para almorzar o tomar un café con amigos, ¿de qué hablas? ¿Alguien se referiría a ti como el tipo de persona que se menciona en el pasaje de hoy, alguien que habla de las *maravillas* de Dios? Siempre puedes escoger de qué hablar, y puedes elegir decir palabras que animen a otros y glorifiquen a Dios o palabras que causen que otros se sientan abatidos y que no honren a Dios. Decirles a otros lo que Dios ha hecho los fortalecerá y motivará, y es una forma de alabar a Dios.

Considera hacer una lista de todo lo que Dios ha hecho por ti. Debe ser una lista larga que incluya no solo las grandes cosas que ha hecho en tu vida, sino también las bendiciones en apariencia más pequeñas, pues son muy importantes. Hacer esa lista te ayudará a lograr un nuevo nivel de satisfacción en tu vida y a estar muy agradecido. ¡Puede que también te sorprenda! Además, te dará algo de qué hablar la próxima vez que pases tiempo con las personas que amas.

Ayúdame, Señor, a ser una persona que cuenta a los demás lo que has hecho y haces en mi vida. Quiero que mis palabras te den alabanza.

NO TE JACTES

Dije a los orgullosos: "No se jacten".

SALMO 75:4 (NBLA)

La Palabra de Dios nos advierte sobre los peligros del orgullo. El orgullo es lo que nos hace jactarnos de nuestros propios logros cuando deberíamos agradecer a Dios y darle gloria. Debemos ser humildes bajo la poderosa mano de Dios, y a su debido tiempo Él nos levantará (1 Pedro 5:6).

El apóstol Santiago escribe: "Pero ahora se jactan en su soberbia. Toda jactancia de esta clase es mala" (Santiago 4:16, RVA-2015). Debemos dejar que los demás nos alaben y no alabarnos a nosotros mismos (Proverbios 27:2).

Cuando alguien te halague, recíbelo amablemente y agradécele, pero al final del día toma todos los elogios que recibas y ofrécelos a Dios, y dile que sabes que no puedes hacer nada bueno sin su ayuda.

La mejor manera de no jactarnos y tomar el crédito que pertenece a Dios es recordar que no somos nada sin Jesús. Cualquier cosa que podamos hacer que sea digna de alabanza solo es posible porque la hemos recibido de Dios.

Una vez escuché que lo que Dios podría hacer a través de un hombre o una mujer que le darían toda la gloria aún está por verse. Si las personas te felicitan constantemente por alguna habilidad o talento que tienes, asegúrate de recordar que Dios te los dio. Si lo recuerdas, entonces podrás mantenerlo y tal vez incluso verlo mejorar.

Padre, gracias por cada habilidad que me has dado. Cualquier cumplido que recibo te lo devuelvo, porque sé que nada puedo hacer separado de ti.

CÓMO RESPONDER CUANDO TE JUZGAN CON DUREZA

Mas Dios es el juez; a este humilla, y a aquel enaltece.

SALMO 75:7 (RVR1960)

La gente juzgó al apóstol Pablo por su fidelidad. Al parecer algunos pensaron que no había sido fiel, pero Pablo no se molestó en lo más mínimo con sus opiniones. Dijo: "Para mí es poca cosa el ser juzgado por ustedes o por cualquier tribunal humano; pues ni siquiera yo me juzgo a mí mismo. No tengo conocimiento de nada en contra mía, pero no por eso he sido justificado; pues el que me juzga es el Señor" (1 Corintios 4:3–4, RVA-2015).

Con devoción todos podemos llegar al lugar donde estaba Pablo para que, cuando nos juzguen, no nos preocupemos ni dejemos que nos roben la paz. Perdemos mucho tiempo preocupándonos por lo que piensan los demás de nosotros o tratando de defendernos. Pablo no se preocupó y simplemente confió en que Dios cuidaría su reputación.

Jesús sin duda no se preocupaba por su reputación. Con frecuencia lo juzgaban los que no entendían quién era o qué había venido a hacer a la Tierra, pero no perdió el tiempo alterándose por eso, ni trató de defenderse. Sabía que Dios era su defensa y su vindicador, y es también el nuestro.

Padre, te amo y te doy gracias porque eres mi defensor y vindicador. Confío en que cuidarás de mi reputación.

DIOS SALVA
A LOS AFLIGIDOS

Desde los cielos hiciste oír juicio; la tierra tuvo temor y quedó suspensa cuando te levantaste, oh Dios, para juzgar, para salvar a todos los mansos de la tierra.

SALMO 76:8-9 (RVR1960)

Dios ama a sus hijos y llegará el momento en que juzgará a quienes los maltratan y afligen. Según el pasaje de hoy, Dios salva a los afligidos. A veces espera más de lo que podemos entender, pero creo que es porque intenta lidiar con los que maltratan a otros y llevarlos al arrepentimiento. Si continúan negándose a arrepentirse y continúan con la opresión y el acoso a los hijos de Dios, Él eventualmente pronunciará juicio sobre ellos.

Todas las personas deben sentir un temor reverencial de Dios. Aunque Él es bondadoso, también hay momentos en que es severo en la forma como trata a las personas. Romanos 11:22 dice: "Considera, pues, la bondad y la severidad de Dios: la severidad ciertamente para con los que cayeron; pero la bondad para contigo, si permaneces en su bondad. De otra manera, tú también serás cortado" (RVA-2015).

Nos encanta pensar en la bondad de Dios, y la bondad es su naturaleza, pero como también es justo, llegará el momento en que tratará con severidad a los que continúan en la desobediencia. Lo hace por su propio bien, con la esperanza de que la severidad capte su atención ya que la amabilidad no logró cambiarla, y los inspire a cambiar. Debemos orar con diligencia por las personas que son desobedientes a Dios y que maltratan, oprimen y afligen a otros. Ora para que vean la luz frente a su comportamiento y se arrepientan, obtengan el perdón de su pecado y aprendan a tratar a las personas según la voluntad de Dios.

Padre, oro por todos los que afligen a tus hijos, y te pido que los trates de tal manera que se arrepientan y se salven.

BUSCA A DIOS CUANDO NECESITES AYUDA

Con mi voz clamé a Dios, a Dios clamé, y él me escuchará. Al Señor busqué en el día de mi angustia; alzaba a él mis manos de noche, sin descanso; mi alma rehusaba consuelo.

SALMO 77:1-2 (RVR1960)

Mateo 7:7, dice: "Pidan, y se les dará. Busquen y hallarán. Llamen, y se les abrirá" (RVA-2015).

Las palabras del pasaje de hoy me indican que el salmista Asaf se niega a rendirse. Dice que no sentirá consuelo hasta que Dios lo ayude. Otros en la Biblia tenían esta misma actitud. Abraham persistió en la oración por Sodoma (Génesis 18:16–33), Moisés persistió en la oración por los israelitas (Éxodo 32:11–13) y Ana fue persistente en la oración por un hijo (1 Samuel 1:9–18). A Dios le gusta cuando nos negamos a darnos por vencidos. Durante más de cuarenta años oré por la salvación de mi padre, y tres años antes de que falleciera, recibió a Cristo, y Dave y yo tuvimos el privilegio de bautizarlo.

Jesús les habló a sus discípulos sobre "la necesidad de orar siempre, y no desmayar" (Lucas 18:1, RVR1960). El apóstol Pablo también nos anima a persistir, y advierte que no nos cansemos de hacer el bien (Gálatas 6:9). Los que salen victoriosos no son los que hacen lo correcto una o dos veces, sino los que creen en la Palabra de Dios y perseveran en vivir su vida según esta.

Si te encuentras en un punto en el que tienes ganas de renunciar a algo o a alguien, anímate a ser persistente. Cosecharás si no desmayas ni te rindes.

Padre, gracias por recordarme que sea persistente. Hay momentos en los que me canso y tengo ganas de rendirme, pero con tu ayuda perseveraré hasta ver la victoria. Amén.

CUANDO TENGAS UN MAL DÍA

¿Desechará el Señor para siempre, y no volverá más a sernos propicio?... ¿Ha olvidado Dios el tener misericordia? ¿Ha encerrado con ira sus piedades?

SALMO 77:7, 9 (RVR1960)

Me da la impresión de que en el pasaje de hoy el salmista, aunque no tuvo un gran día, fue muy audaz y honesto con Dios acerca de lo que sentía. Sin embargo, si lees el resto del Salmo 77, encontrarás que justo después de estas preguntas que suenan desesperadas, comienza a recordar las obras del Señor y sus milagros de hace mucho tiempo. Considera todas sus obras y medita en sus proezas (77:10–12).

A partir de esto, es fácil ver que la respuesta a un mal día es recordar las cosas buenas que en el pasado Dios hizo por ti. Creo que con frecuencia recordamos lo que deberíamos olvidar y olvidamos lo que deberíamos recordar. Olvidamos lo bueno que ha sido Dios y todas las veces que nos ha sacado de dificultades en el pasado, y recordamos las oraciones que creemos que no ha respondido, las dificultades que enfrentamos que no entendemos, y las situaciones que pensamos que no son justas.

Hoy te animo a ser honesto con Dios acerca de cómo te sientes, pero alábalo generosamente por todas las cosas buenas que ha hecho en tu vida. Recuerda que si lo hizo una vez, puede volver a hacerlo. Tu progreso está en camino, así que no desesperes. Recuerda lo bueno, y más cosas buenas vendrán.

Padre, es posible que este sea un momento difícil, pero sé que eres fiel y que me ayudarás a superarlo y me darás la victoria.

DIOS OBRA A TRAVÉS DE LAS PERSONAS

Condujiste a tu pueblo como rebaño por mano de Moisés y de Aarón.
SALMO 77:20 (RVR1977)

Dios guio al pueblo de Israel fuera de Egipto y a través del desierto a la Tierra Prometida, pero lo hizo a través de Moisés y Aarón. Él obra a través de las personas. No necesariamente a través de personas especiales, calificadas y dotadas, sino a través de personas que están disponibles. Debemos estar disponibles para que Dios nos use en la vida de los demás, así como estar abiertos a esos que Dios envía para ayudarnos.

Si crees que no estás calificado para que Dios te use, solo mira a algunas de las personas que usó en las historias de la Biblia. David era un pastor; Rahab era una prostituta; Rut antes adoraba a un dios extranjero; Jacob era un embaucador, conspirador y mentiroso; entre los discípulos se incluían pescadores, un recaudador de impuestos y un médico. Eran personas ordinarias e imperfectas, como tú y como yo. Y así como nos sirven de ejemplo, nosotros podemos ser ejemplo de cómo la fuerza de Dios se perfecciona en nuestras debilidades (2 Corintios 12:9).

Recuerda siempre que Dios puede usar a la persona más improbable para comunicarte algo oportuno o para ayudarte cuando lo necesites. Incluso usó un burro para hablar con un profeta (Números 22:28).

El orgullo puede hacer que nos perdamos una palabra de Dios o un milagro, como le sucedió a un hombre llamado Naamán, cuya historia se encuentra en 2 Reyes 5:1–19. Espero que siempre seas lo suficientemente humilde como para aceptar a quien Dios te envíe para ministrarte y también espero que mantengas tu corazón abierto para que Dios lo utilice de cualquier forma para bendecir a otros.

Padre, quiero que me uses y quiero recibir de quien me envíes para ayudarme. Ayúdame a no permitir que el orgullo me haga perder mi milagro. Amén.

CÓMO LLEGAR A DONDE DIOS QUIERE LLEVARTE

A fin de que pongan en Dios su confianza, y no se olviden de las obras de Dios; que guarden sus mandamientos, y no sean como sus padres, generación contumaz y rebelde; generación que no dispuso su cora-zón, ni fue fiel para con Dios su espíritu.

SALMO 78:7-8 (RVR1960)

A pesar de la continua, misericordiosa y milagrosa provisión de Dios para el pueblo de Israel mientras este viajaba por el desierto hacia la Tierra Prometida, el pasaje de hoy nos dice que era gente muy terca y rebelde. Defino *terco* como obstinado o difícil de manejar o trabajar, y *rebelde* como resistente al control o a la corrección, ingobernable o que se niega a seguir las normas comunes. Estas dos actitudes negativas hicieron que casi todos los israelitas murieran en el desierto en lugar de completar el viaje a la Tierra Prometida (Números 26:65).

Este mismo ciclo se repite y registra muchas veces en el Antiguo Testamento, y si insistimos en ser tercos y rebeldes, podemos repetirlo en nuestra propia vida. Dios tiene muchas bendiciones reservadas para nosotros, así como tenía cosas buenas reservadas para los israelitas en la Tierra Prometida. Para disfrutar de todas las bendiciones que Él quiere volcar sobre nuestra vida, debemos aprender a abandonar nuestros propios caminos y ser flexibles y moldeables en sus manos. Mientras seamos tercos y rebeldes, permaneceremos en el desierto de la terquedad y la rebelión y nos quedaremos fuera de las cosas buenas que Dios quiere darnos. Él tiene grandes promesas para ti, promesas que anhela ver cumplidas en tu vida.

Deja que Él haga en ti una obra profunda de humildad y adaptabilidad a su voluntad para que puedas dejar atrás tu *desierto* y entrar a tu *Tierra Prometida*.

Ayúdame, Señor, a ser humilde ante ti, con deseos de adaptarme a tus caminos en lugar de exigir obstinadamente el mío.

LOS PENSAMIENTOS LLEVAN A LOS COMPORTAMIENTOS

Pero aún volvieron a pecar contra él, rebelándose contra el Altísimo en el desierto.

SALMO 78:17 (RVR1960)

Si lees todo el Salmo 78, verás que los israelitas tenían una mala actitud en su viaje por el desierto hacia la Tierra Prometida. Estoy segura de que sus malos comportamientos comenzaron con pensamientos negativos. Los pensamientos conducen a las palabras, y las palabras conducen a estados de ánimo, comportamientos y acciones emocionales. Sabemos que los malos comportamientos del pueblo de Israel hicieron que se quejara y hablara negativamente de sus líderes, Moisés y Aarón, lo que finalmente lo llevó a una rebelión total.

Somos sabios al recordar que nuestros pensamientos son la materia prima de nuestros comportamientos. Si tenemos pensamientos de amor hacia las personas, tendremos una actitud de amor hacia ellas y les hablaremos con amabilidad y amor. También expresaremos nuestro amor por ellas a través de nuestras acciones. Este ejemplo de amor y bondad es positivo, pero el mismo principio se aplica a los pensamientos, palabras y actitudes negativas.

Puedes tener una buena actitud o una mala en cualquier situación, y ambas comenzarán en tus pensamientos. ¡Hoy, elige tener pensamientos positivos!

Señor, ayúdame a elegir tener pensamientos piadosos para que tenga comportamientos piadosos.

GRACIA PARA CADA DÍA

Sin embargo, mandó a las nubes de arriba, y abrió las puertas de los cielos, e hizo llover sobre ellos maná para que comiesen, y les dio trigo de los cielos.

SALMO 78:23-24 (RVR1960)

El pasaje de hoy menciona que Dios alimentó al pueblo de Israel con maná, pero no menciona que cada mañana le daba solo lo suficiente para un día, excepto el sexto día, cuando envió una doble porción de maná para el día de descanso. Esto lo sabemos por Éxodo 16:4-5, que nos enseña uno de los caminos de Dios: Él nos da lo que necesitamos cada día y nos pide que no nos preocupemos por el día siguiente.

Jesús dice: "Así que, no se afanen por el día de mañana, porque el día de mañana traerá su propio afán. Basta a cada día su propio mal" (Mateo 6:34, RVA-2015). Aunque esto es cierto, cada día también tiene su propia gracia y misericordia. Lamentaciones 3:22-23 declara: "Por la misericordia del Señor no hemos sido consumidos; ¡nunca su misericordia se ha agotado! ¡Grande es su fidelidad, y cada mañana se renueva!" (RVC).

Cuando Dios le dio al pueblo de Israel el maná suficiente para cada día, fue su manera de enseñarles a confiar en Él. Quería ponerlo a prueba y ver si obedecía su instrucción de no juntar más de lo necesario cada día. Quiere que tú y yo, al igual que el pueblo de Israel, confiemos en Él para que nos proporcione lo que necesitamos cuando lo necesitamos, y que no nos preocupemos por el mañana.

Señor, elijo confiar en ti por toda la gracia que necesito hoy. Ayúdame a no mirar demasiado lejos, sino a confiar en ti para que me des exactamente lo que necesito cada día.

DIOS HACE CONCESIONES PARA NUESTRAS DEBILIDADES

En el fondo, nunca fueron rectos con él, ni se mantuvieron fieles a su pacto. Dios, en su bondad, les perdonaba su maldad; más de una vez contuvo su enojo, calmó su ira y no los destruyó. Se acordó de que eran mortales, ¡un simple soplo que se va y no vuelve!

SALMO 78:37-39 (RVR1960)

Si te sientes culpable por algo que hiciste mal, deja que el pasaje de hoy penetre en lo profundo de tu alma. Dios es misericordioso y nos perdona, aunque no merezcamos ese perdón. Me gusta mucho la declaración de que Dios recuerda que somos "un simple soplo". Él sabe que tenemos debilidades y las comprende. Por supuesto, espera que admitamos y nos arrepintamos de nuestros pecados, y cuando lo hacemos, extiende su misericordia. Recibe misericordia y perdón ahora mismo si los necesitas.

Dios te ama en este momento preciso, no importa quién seas o lo que hayas hecho. Puede que no le guste todo lo que haces, pero nunca deja de amarte. Deja que el amor de Dios sane tu quebranto. Recíbelo sin costo como un regalo y agradécelo. Una forma en la que puedes mostrar tu gratitud es extender a los demás la misma misericordia y el mismo perdón que Dios te da a ti.

Padre, gracias por tu misericordia y perdón. Ayúdame también a ser misericordioso y a estar siempre listo a perdonar.

EL PODER DE LA SANGRE

Les quitó la vida a todos los primogénitos... Dios hizo que su pueblo saliera como ovejas, y como un rebaño los llevó por el desierto.

SALMO 78:51–52 (RVR1960)

Justo antes de que Dios librara milagrosamente a los israelitas de sus cuatrocientos años de cautiverio en Egipto, un ángel atravesó esa nación e hirió a sus primogénitos. La única manera de que una familia escapara de esta pérdida era rociar la sangre de un cordero en las columnas laterales y en la parte superior de los marcos de las puertas principales de sus casas (Éxodo 12:1–7, 12–13). Cuando Dios veía la sangre, el ángel de la muerte pasaba por encima de esa casa y ninguna plaga caía sobre la gente que vivía ahí.

Jesús es llamado el Cordero de Dios (Juan 1:29; 1 Corintios 5:7), y derramó su sangre en el Calvario. Cuando lo recibimos como Señor y Salvador, también recibimos los beneficios que su sangre compró para nosotros: purificación, sanación, protección, liberación y muchos más. Somos libres de la muerte espiritual y recibimos la vida eterna. Podemos agradecerle a Dios cada día que se nos haya lavado en la sangre de su hijo y decir por fe: *Creo que el poder de la sangre de Jesús cubre mi hogar, mi familia, mi cuerpo físico y todo lo que me pertenece.*

Gracias, Jesús, por derramar tu preciosa sangre y por todos los beneficios que me pertenecen a causa de esta.

EL PODER DE LA ALABANZA

Así nosotros, que somos tu pueblo y tu rebaño, te alabaremos de generación en generación, y para siempre cantaremos tus alabanzas.

SALMO 79:13 (RVR1960)

Alabar y agradecer a Dios es una de las cosas más poderosas que podemos hacer. Nuestra alabanza nos ayuda a vencer al diablo, pues el diablo quiere que culpemos a Dios por nuestros problemas y que rumoremos y nos quejemos de nuestra vida, pero al hacerlo, nos debilitamos. Sin embargo, podemos vencer al mal con el bien (Romanos 12:21). Confundimos al diablo cuando lanza un ataque contra nosotros y lo confrontamos con alabanza y gratitud por la bondad de Dios.

Cualquier cosa que te haga sentir molesto hoy, hay más cosas por las cuales estar agradecido. Alaba a Dios por su bondad y enseña a la generación bajo tu cuidado a hacer lo mismo. Dios quiere que eduquemos a nuestros hijos y nietos sobre cómo caminar con Él. Puede ser con nuestras palabras, pero nuestro ejemplo es más efectivo.

Padre, tengo mucho que agradecer y me arrepiento de todas las veces que me he quejado en lugar de ofrecerte el sacrificio de la alabanza. Ayúdame a ser un buen ejemplo para todos los que me rodean mientras te alabo en todo momento, en cada situación.

DIOS PUEDE ARREGLAR
TODO LO QUE ESTÉ ROTO

¡Restáuranos, Dios nuestro! ¡Haz resplandecer tu rostro, y seremos salvados!

¿Hay algo roto en tu vida? ¿Tal vez tu matrimonio, la relación con un hijo, tus finanzas, tu salud o tu propia imagen? Dios es un dios de restauración, lo que significa que puede tomar cualquier cosa que esté rota y dejarla como nueva.

Nunca es demasiado tarde para que Dios obre en tu vida. Lo único que necesitas hacer es pedirle que obre y luego debes estar dispuesto a seguir su guía y dirección. Dios dijo a través de Jeremías: "Aunque te han llamado 'la despreciada', y aunque dicen: 'Esta es Sión, de la que nadie se acuerda', yo te devolveré la salud y sanaré tus heridas" (Jeremías 30:17, RVC).

Si le damos la oportunidad, Dios puede tomar lo que está roto en nuestra vida y hacer algo maravilloso con los pedazos. Te animo a que entregues a Dios cualquier cosa que esté rota y te llenes de esperanza, porque Él sin duda es un Dios de restauración.

Padre, gracias porque restauras cosas en mi vida que están rotas. Me alegro de que no sea demasiado tarde para que trabajes en mi vida y hagas las cosas como nuevas.

DIOS NO TIENE AFÁN

Señor, Dios de los ejércitos, ¿hasta cuándo te mostrarás indignado contra la oración de tu pueblo? Nos has dado a comer lágrimas en vez de pan; nos has hecho beber lágrimas en abundancia.

SALMO 80:4-5 (RVC)

El pueblo de Israel no había sido fiel a Dios, y por eso sus enemigos lo habían doblegado, haciéndolo miserable. El pueblo había clamado a Dios, pero Él se tomó su tiempo para responderle. ¿Por qué lo haría? A veces, si Él libera a las personas de las consecuencias de su pecado demasiado rápido, estas no aprenden las lecciones que necesitan aprender y seguirán repitiendo el mismo patrón en su vida.

Vemos que es cierto incluso con nuestros hijos. Por mucho que los amemos, hay momentos donde necesitamos dejarlos aprender, por experiencia propia, los beneficios de la obediencia.

Confía en el tiempo de Dios en tu vida. Por lo general, tenemos afán, pero Él no. Él prefiere un resultado bueno y duradero a uno rápido. Como seres humanos, no nos gusta esperar y queremos todo al instante, pero nuestro Dios es paciente y sus caminos siempre son más valiosos que los nuestros.

Padre, me canso de esperar, pero quiero confiar en tu tiempo en mi vida. Ayúdame a ser paciente y a saber que tú harás lo mejor para mí.

ADORA SOLO A DIOS

No habrá en ti dios ajeno, Ni te inclinarás a dios extraño.

SALMO 81:9 (RVR1960)

El primero de los Diez Mandamientos es "No tendrás dioses ajenos delante de mí" (Éxodo 20:3, RVR1960). Un dios es algo que adoramos. A lo largo de la historia, la humanidad ha adorado casi cualquier cosa. Ha adorado al sol, a los árboles, a varios animales, a las imágenes talladas y a los ídolos, a la riqueza, al éxito, a las personas, y la lista continúa. He viajado a muchos países extranjeros y he visto gente adorar todo lo que te puedas imaginar. El hecho de que todas las culturas encuentren algo que adorar es una prueba de que el ser humano fue creado para adorar. Pero Dios nos creó para adorarlo a Él, y adorar a cualquier otra persona o cosa no está bien.

Debemos darle a Dios el lugar que le corresponde; el primer lugar en nuestra vida. Él debe ser el primero en nuestros pensamientos, tiempo, conversaciones, dinero y en cualquier otra área. Jesús dice que si primero buscamos su reino, todo lo demás nos llegará por añadidura (Mateo 6:33).

Me sorprende que la gente adore cosas inertes y personas que están muertas cuando podrían elegir adorar a Jesús, quien venció la muerte y está vivo. Te animo a que no te dejes engañar y adores a otra cosa que no sea Dios. Pregúntate a qué dedicas tu tiempo y rápidamente descubrirás qué es lo más importante para ti: es decir, lo que adoras. Dios te creó, tú le perteneces y toda adoración es solo para Él.

Padre, no quiero cometer el error de adorar o idolatrar a nada ni a nadie excepto a ti. Ayúdame a mantenerte como prioridad en mi vida en todo momento. Gracias.

PASA TIEMPO CON DIOS

Yo soy el Señor tu Dios, que te hice venir de la tierra de Egipto. Abre bien tu boca, y la llenaré... Los habría sustentado con la suculencia del trigo; con miel de la roca te habría saciado.

SALMO 81:10, 16 (RVA-2015)

En el pasaje de hoy podemos ver que Dios quiere darnos lo mejor y satisfacernos por completo. Quiere que en su presencia encontremos gran paz, alegría y todo lo que necesitamos. La clave para recibir estas bendiciones es pasar tiempo con Él.

Todos en la tierra tenemos la misma cantidad de tiempo cada día, y algunos pasamos tiempo con Dios regularmente mientras que otros no. Creo que cuando alguien dice que no tiene tiempo para estar con Dios, está dando una simple excusa.

La verdad es que decidimos dedicar tiempo a lo que más nos importa. En este momento estás tan cerca de Dios como quieres estarlo. Lo que siembras, cosecharás. Si quieres una mejor cosecha, siembra más semillas. Si quieres una relación más cercana con Dios, pasa más tiempo con Él. Puede que debas hacer ajustes en tu agenda o aprender a administrar mejor el tiempo, pero Dios te ayudará a hacer lo que necesites para pasar tiempo con Él, pues Él también quiere pasar tiempo contigo. Inclúyelo en todo lo que hagas y habla con Él durante todo el día mientras haces lo que tienes que hacer.

Señor, ayúdame a hacer cualquier cambio necesario en mi agenda para poder pasar tiempo contigo.

LOS CAMINOS DE DIOS SON MEJORES

Pero mi pueblo no oyó mi voz, e Israel no me quiso a mí. Los dejé, por tanto, a la dureza de su corazón; caminaron en sus propios consejos.

SALMO 81:11–12 (RVR1960)

Los caminos y pensamientos de Dios son más elevados que los nuestros (Isaías 55:8–9). Si lo seguimos y hacemos lo que Él nos indica, tendremos una vida que valga la pena vivir. Sin embargo, si persistimos en la terquedad y la rebelión, Él eventualmente nos entregará a nuestros caminos.

A veces Dios tiene que darnos lo que creemos que queremos para demostrarnos que no es lo que queremos en absoluto. Recuerdo haber querido formar parte de un grupo social en una iglesia a la que asistía, y finalmente obtuve lo que quería por medio de complacer a la gente y mi falta de sinceridad. Pero cuando Dios me llamó al ministerio, esas personas se volvieron contra mí y rápidamente descubrí que solo me querían mientras las complaciera. No tenían ningún interés en el llamado de Dios para mi vida, ni me animaron a seguirlo.

¿Alguna vez has querido algo y, una vez que lo obtuviste, descubriste que no era lo mejor para ti? Podemos pedirle a Dios lo que queremos, pero debemos estar satisfechos y contentos con lo que nos da, porque siempre hace lo mejor para nosotros y debemos confiar en Él. Nunca desees nada (aparte de Dios) tanto que no puedas ser feliz si no lo consigues.

Padre, quiero estar contento con lo que tú me das y jamás pienses que no puedo ser feliz a menos que obtenga lo que quiero. Ayúdame a confiar completamente en ti, y saber que siempre harás lo mejor para mí.

DIOS DEFIENDE A LOS NECESITADOS

Defiendan la causa del débil y del huérfano; háganles justicia al pobre y al oprimido. Salven al débil y al necesitado; líbrenlos de la mano de los malvados.

SALMO 82:3-4 (NVI)

Muchas personas sufren de diferentes maneras, pero no importa quién seas o cuál sea la fuente de tu dolor, puedes regocijarte porque Dios es tu defensor. Él ve tu dolor, sabe quiénes son tus enemigos y tiene un plan para tu defensa y salvación.

Satanás te dirá que Dios no te ama y que no tienes a nadie que te ayude, pero recuerda que Satanás es un mentiroso. Dios está de tu lado y lucha por ti. Si miras con fe y seriedad en tu corazón el pasaje de hoy, te darás cuenta de que no tienes por qué temer.

Proverbios 3:5 dice: "Confía en el Señor de todo corazón, y no te apoyes en tu propia prudencia" (RVC). No trates de razonar sobre lo que Dios hará o cuándo lo hará. Solo debes saber que Él hará lo mejor para ti en el momento justo. Mientras esperas, puedes descansar en Él, y saber que nunca te desamparará.

Padre, te amo. Te agradezco que seas mi defensor y que te ocuparás de mis enemigos. Ayúdame a estar en paz mientras espero en ti.

DIOS ESCUCHA
Y RESPONDE

Oh Dios, no guardes silencio; no calles, oh Dios, ni te estés quieto.

SALM 83:1 (RVR1960)

Dios sin duda escucha nuestras oraciones y las responde. Puede que no responda según nuestros horarios o de la forma que creemos que es mejor, pero su manera siempre es mejor que la nuestra. A Dios le encanta que oremos y nos invita a pedir cosas que están mucho más allá de cualquier cosa que podamos pensar, pedir o imaginar (Efesios 3:20). ¿Pides grandes cosas? ¿Cosas que parecen casi imposibles de hacer para Dios? Si no, ¿por qué no empiezas a pedirlas hoy? Recuerda que todo es posible para Dios (Mateo 19:26).

Hablamos con Dios en oración, pero Él también nos habla. En el versículo de hoy, el salmista le pide a Dios que no se quede callado. Dios habla, pero debemos aprender a escuchar o percibir lo que nos dice. Dios a veces grita, pero normalmente susurra. Habla a través de su palabra, de nuestros deseos, de otras personas, de puertas abiertas o cerradas, e incluso a través de nuestras circunstancias.

Nunca aprenderás a escuchar a Dios si tienes miedo de cometer errores. Aprender a escuchar su voz es como aprender cualquier otra cosa, y no lo harás perfectamente todo el tiempo. Casi siempre aprendemos más de nuestros errores que de nuestros éxitos. Tal vez piensas que nunca has escuchado a Dios cuando te habla, pero te puedo asegurar que Él sí te escucha; quizás solo necesites aprender a reconocer su voz. Pídele que te enseñe a escucharlo. Luego lee y estudia su palabra y camina en fe hasta que aprendas a percibir su voz.

Padre, necesito oírte cuando me hablas. Enséñame en esta área y guíame hacia los recursos necesarios para que pueda aprender. Gracias.

FORTALECERTE A TRAVÉS DE PRUEBAS

Atravesando el valle de lágrimas lo cambian en fuente, cuando la lluvia llena los estanques. Irán de poder en poder; verán a Dios en Sion.

SALMO 84:6-7 (RVR1960)

El Valle de Baka es el valle del duelo, el lugar donde enfrentamos pruebas y sufrimiento. Pero también puede convertirse en un lugar donde crecemos espiritualmente y nos fortalecemos. Aunque es un lugar desagradable, puede convertirse en un lugar de manantiales vivificantes. He escuchado que varias veces nos daremos cuenta de que lo que pensábamos que era nuestro mayor enemigo resulta ser nuestro mejor amigo. Esto se debe a que profundizamos en Dios en tiempos de dificultad.

Santiago 1:2 dice que cuando caemos en diversas pruebas y tentaciones debemos considerarlas como gozo. ¿Por qué? Porque, aunque estos momentos sean incómodos, son los lugares donde crecemos y nos fortalecemos. Uno de los momentos más difíciles de mi vida ocurrió cuando personas que consideraba mis amigos más cercanos se volvieron contra mí y me traicionaron. Me sentí profundamente herida, pero esta experiencia me enseñó a no confiar más en las personas de lo que confío en Dios. Debemos conocer la naturaleza humana y darnos cuenta de que los seres humanos no tenemos la capacidad de ser perfectos y nos decepcionaremos los unos a los otros.

¿Qué has aprendido como resultado de los momentos difíciles que has atravesado? Cada vez que te encuentres en una situación difícil, recuerda que todo saldrá bien para ti y busca el lugar de los manantiales en el Valle de Baka.

Padre, ayúdame a encontrar la bendición en cada prueba. Permíteme fortalecerme cuando pones mi fe a prueba, y convertir cada lugar difícil en un lugar de bendición. Gracias.

LA PRESENCIA DE DIOS

Porque mejor es un día en tus atrios que mil fuera de ellos. Escogería antes estar a la puerta de la casa de mi Dios, que habitar en las moradas de maldad.

SALMO 84:10 (RVR1960)

Dios nos ha prometido que nunca nos dejará y que estará con nosotros siempre (Deuteronomio 31:6). Debemos aprender a apreciar la presencia de Dios en nuestra vida. Él nunca está a más de un pensamiento de distancia. Un día con Dios vale más que miles con cualquier otra persona, y su presencia nos trae plenitud de gozo (Salmo 16:11).

Aprende a buscar el rostro de Dios, su presencia, en lugar de su mano, y descubrirás que su mano siempre está abierta para ti. Búscalo por quién es, no simplemente por lo que puede hacer por ti. Su presencia satisface tu alma como ninguna otra cosa. El salmista David dijo que era lo único que buscaría por encima de todo (Salmo 27:4).

¿Que buscas? ¿Qué deseas? Si buscas a Dios primero, todo lo demás que desees vendrá con su presencia. Mantenlo a Él primero y todas las demás cosas te serán añadidas (Mateo 6:33). Dile varias veces al día que lo necesitas más a Él que a lo que Él puede hacer por ti, y tómate el tiempo para disfrutar de su presencia.

Padre, lamento todas las veces que he buscado tus dones en lugar de buscarte a ti. Ayúdame a reconocer tu presencia y a aprender a disfrutarla más que cualquier otra cosa.

ESPERA LA VIDA EN ABUNDANCIA

Porque sol y escudo es el Señor Dios; gracia y gloria dará el Señor. No privará del bien a los que andan en integridad.

SALMO 84:11 (RVA-2015)

En la vida, todos pasamos por momentos buenos y momentos difíciles. Cuando enfrentamos desafíos o temporadas de sufrimiento, ser capaz de mantener una buena actitud es una virtud muy importante. Pero el sufrimiento continuo no es la voluntad de Dios para nadie. El apóstol Pablo escribió que sabía lo que era "vivir humildemente", así como "tener abundancia" (Filipenses 4:12, RVR1960). En esta vida pasaremos por dificultades, pero podemos y debemos esperar la liberación de Dios, junto con el regreso a la vida abundante por la que Jesús murió por darnos (Juan 10:10).

La Escritura de hoy representa el corazón de Dios hacia nosotros. Es un Dios que nos favorece y nos honra, y podemos confiar en que no nos negará nada bueno. Cuando no obtenemos lo que queremos cuando lo queremos, Dios tiene una buena razón. Quizás el momento no es el adecuado, quizás todavía no somos lo suficientemente maduros para manejarlo, o quizás Dios tiene pensado algo mejor para nosotros. Cuando parece que Él oculta algo, nunca es porque no quiera que seamos bendecidos. Ese pensamiento no es consistente con quién es Él.

Gracias, Dios, porque quieres bendecirme. Ayúdame a atravesar las dificultades con buena actitud, esperando que me liberes y me devuelvas una vida en abundancia.

EL DIOS DE LAS SEGUNDAS OPORTUNIDADES

Restáuranos, oh Dios de nuestra salvación, y haz cesar tu ira de sobre nosotros. ¿Estarás enojado contra nosotros para siempre? ¿Extenderás tu ira de generación en generación?

SALMO 85:4-5 (RVR1960)

Dios perdonó y restauró bondadosamente al pueblo de Israel varias veces después de que lo desobedeció. Es un Dios de segundas oportunidades, y más cuando es necesario. ¿Te sientes mal porque cometes el mismo error una y otra vez? Si es así, no te alejes de Dios; Inclínate hacia Él, pues Él permanece fiel incluso cuando somos infieles (2 Timoteo 2:13).

La misericordia de Dios y el perdón ilimitado están más allá de nuestra comprensión y son hermosos. Hoy te animo a recibir ambos y a estar en paz con Dios. La culpa es una emoción inútil y desperdiciada. Una vez que nos hemos arrepentido de un pecado, Dios lo perdona y lo olvida, pues no solo elimina el pecado, sino también la culpa que lo acompaña. Durante muchos años pedí perdón, pero mantuve la culpa. Con el tiempo me di cuenta de que sentirme culpable era mi forma de castigarme, pero Jesús ya ha recibido nuestro castigo, y todo lo que debemos hacer es recibir su regalo del perdón y seguir con la vida.

Dios se enoja, pero no permanece en el enojo. Restaura y revive a su pueblo para que pueda regocijarse en Él. Hoy podría haber un nuevo comienzo para ti si lo permites. No es demasiado tarde, incluso si sientes que has cometido demasiados errores. Donde abunda el pecado, sobreabunda la gracia (Romanos 5:20).

Padre, gracias por darme una segunda oportunidad, y más si las necesito. Eres bueno. Lamento mis pecados. Te pido perdón, lo recibo y dejo ir la culpa. Que se haga tu voluntad en mi vida.

JUSTICIA Y PAZ

La misericordia y la verdad se encontraron; la justicia y la paz se besaron.

SALMO 85:10 (RVR1960)

Me gusta mucho el pasaje de hoy porque nos enseña que para tener la misericordia de Dios, debemos enfrentar la verdad, y que la paz solo proviene de entender la justicia con Dios. Jesús dice que si continuamos en su palabra, entonces conoceremos la verdad y esta nos hará libres (Juan 8:32). Algunas personas evitan la verdad porque casi siempre resulta doloroso afrontarla. Sin embargo, es lo único que nos hace libres. Una vez que enfrentamos la verdad, podemos pedir y recibir la misericordia de Dios.

Para tener paz con Dios, debemos entender lo que significa estar en buena posición ante Dios a través de la fe en Cristo. Cuando sabemos que estamos bien ante Dios y que nos ama y nos acepta, podemos tener y disfrutar la paz con Él. Si no tenemos paz con Él, no podemos disfrutar de paz con nosotros mismos ni con otras personas.

Jesús, que era perfecto y no conoció pecado, se hizo pecado para que nosotros fuéramos hechos justicia de Dios en Cristo (2 Corintios 5:21). Recibe la justa posición ante Dios a través de la fe, pues cambiará tu vida. No debes sentir que algo anda mal contigo todo el tiempo, porque Dios te ve como bueno a través de tu fe en Jesús. No hacemos todo bien, pero se nos ha dado la justicia de Dios como un regalo, y cuanto más creamos en ella, más correctas serán también nuestras acciones.

Padre, gracias por la misericordia, la justicia y la paz. Son maravillosas bendiciones tuyas, las aprecio y quiero caminar en ellas plenamente. Enséñame a recibir y a disfrutar los regalos que me has dado.

ALABANZA Y PETICIÓN

Inclina, oh Señor, tu oído y escúchame porque soy pobre y necesitado. Guarda mi alma porque soy piadoso; salva tú, oh Dios mío, a tu siervo que en ti confía. Ten misericordia de mí, oh Señor, porque a ti clamo todo el día.

SALMO 86:1-3 (RVA-2015)

Los salmos están llenos de ejemplos de cómo David lleva sus peticiones al Señor mientras lo alaba por su bondad. El pasaje de hoy es uno de esos múltiples ejemplos. La oración no es el último recurso, sino que debería ser nuestro primer plan de acción en cada situación. Se nos dice que oremos con acción de gracias (Filipenses 4:6), y la combinación de petición y alabanza es más poderosa que cualquier cosa que podamos imaginar.

Recordar y repasar todas las cosas buenas que Dios ha hecho por nosotros en el pasado lo invita a hacer todavía más en el futuro. Te animo a que hoy te tomes un tiempo y escribas al menos cinco oraciones que recuerdes que Dios respondió, y lo alabes por haber respondido.

No puedes pedirle demasiado a Dios, así que ora por todo lo que hay en tu corazón. Él es capaz de hacer "mucho más abundantemente" de lo que puedas atreverte a esperar, pedir o pensar (Efesios 3:20, RVR1960). La vida se vuelve emocionante cuando aprendemos a orar con fe y a esperar y velar por la respuesta de Dios. Es un aspecto de la vida que disfruto mucho.

Padre, gracias por escuchar y responder mis oraciones. Eres grande y te alabo por todo lo que has hecho, haces y harás por mí. Te amo.

UN CORAZÓN ÍNTEGRO

Enséñame, oh Señor, tu camino, y yo caminaré en tu verdad. Concentra mi corazón para que tema tu nombre. Te alabaré, oh Señor, Dios mío, con todo mi corazón; glorificaré tu nombre para siempre.

SALMO 86:11-12 (RVA-2015)

Jesús dijo que el mandamiento más importante es que amemos al Señor con todo nuestro corazón, alma, mente y fuerza, y que el segundo más importante es amar a nuestro prójimo como a nosotros mismos (Marcos 12:30–31). Dios quiere que tengamos un corazón completamente puesto en Él, no un corazón dividido que solo le pertenezca en parte porque la otra parte le pertenece a alguien o algo más. Puede que estemos interesados en otras cosas, pero Dios siempre debe ocupar el primer lugar.

He conocido a muchas personas que intentan trabajar en el ministerio mientras trabajan en un negocio u otra carrera, y no funciona bien. Al final, deberán decidir a qué se entregarán. Las personas se cansan si intentan comprometerse plenamente a dos o más cosas. Es posible que tengas un negocio secundario y estés en el ministerio, pero necesitarías que alguien dirigiera el negocio mientras tú te concentras en Dios. Me doy cuenta de que si voy a hacer apropiadamente el trabajo que Él me ha encomendado, debo darle todo mi tiempo.

Jesús conocía el propósito por el cual vino a la tierra y se concentró en eso. Cuando llamó a los apóstoles, ellos dejaron todo lo demás y lo siguieron. Debes enfocarte y poner tu corazón plenamente en Dios. Así, Él podrá utilizarlo de grandes maneras.

Padre, ayúdame a tener siempre un corazón íntegro y lleno de ti ante todo. Eres lo más importante en mi vida y te necesito. Eres mi vida.

¿ERES UN IMITADOR DE DIOS?

Mas tú, Señor, Dios misericordioso y clemente, lento para la ira, y grande en misericordia y verdad.

SALMO 86:15 (RVR1960)

Al igual que muchos otros en los salmos, el pasaje de hoy nos da una idea de la naturaleza y el carácter de Dios. Miremos cada palabra que lo describe. Es misericordioso, no es insensible ni distante. Es clemente, no es duro ni grosero. Es lento para enojarse, no es irascible ni se enoja con facilidad. Y es *"grande* en misericordia y verdad" (mis cursivas), y no está limitado en términos de lo amoroso o fiel que será. Esta descripción de Dios nos ayuda a entender quién es, pero Él tiene muchas otras cualidades maravillosas.

Efesios 5:1 nos enseña a ser "imitadores de Dios" (RVR1960), y debemos desear ser como es Él, que ve los deseos de nuestro corazón y nos ayuda a parecernos cada vez más a Él en nuestro comportamiento porque su poder y carácter están en nosotros. Comienza a imitar a Dios en tu vida, y haz lo que crees que Él haría, en lugar de lo que quieres hacer. Te sorprenderás.

Padre, ayúdame a conocerte tal como eres realmente y a imitarte en cada área de mi vida.

CUANDO NECESITAS CONSUELO

¡Dame una prueba de tu bondad! ¡Que sean avergonzados los que me odian al ver que tú, Señor, me ayudas y me consuelas!

SALMO 86:17 (RVC)

Cuando las personas sufren, uno de los primeros lugares de la Biblia al que recurren es al Libro de los Salmos, porque les brinda consuelo. En la Escritura de hoy, el salmista David dice que Dios lo ha consolado y que nos consolará a nosotros también.

Dios nos dice en su palabra que los que lloran recibirán consuelo (Mateo 5:4), así que si estás triste por algo, pide y recibe el consuelo de Dios. Cuando recibimos su consuelo, podemos consolar a otros "por medio de la consolación con que nosotros somos consolados por Dios" (2 Corintios 1:4, RVR1960). De hecho, creo que uno de los ministerios más importantes que los cristianos pueden tener es el de dar consuelo a los que lloran.

El mundo nos promete dolor y sufrimiento, pero Dios nos promete salvación y consuelo. No asumas que obtendrás consuelo; pídelo. Santiago 4:2 dice que no tenemos porque no pedimos, así que pide una y otra vez. No se puede pedir demasiado.

Dios puede consolarte como nadie más. Sabe exactamente todo sobre ti y lo que necesitas. Eres muy especial para Dios y siempre te dará consuelo cuando lo necesites.

Padre, gracias por tu consuelo. Nadie puede consolarme como tú. Trae a las personas que necesitan consuelo a mi camino para que pueda darles el consuelo que tú me has dado.

SELAH

Cosas gloriosas se han dicho de ti, Ciudad de Dios. Selah

SALMO 87:3 (RVR1960)

En algunas traducciones de la Biblia, a lo largo de los Salmos (y en Habacuc) vemos después de algunos versículos la palabra *selah*, que significa "hacer una pausa y pensar con tranquilidad". Lo vemos en el pasaje de hoy y también en el Salmo 87:6. Esta expresión nos permite, como lectores, saber que hemos llegado a un buen lugar para detenernos, considerar y digerir lentamente el significado de lo que acabamos de leer. Podemos tomarnos un tiempo para orar o meditar sobre el versículo o pasaje que leímos, o podemos pensar en la forma como este aplica a nuestra vida o a una determinada situación.

Jeremías escribe sobre detenerse para alimentarse y digerir las palabras de Dios. Dice: "Fueron halladas tus palabras, y yo las comí. Tus palabras fueron para mí el gozo y la alegría de mi corazón" (Jeremías 15:16, RVA-2015). Para utilizar una figura retórica, debemos *masticar* las Escrituras, ensayar palabras o frases específicas en nuestra mente y tomarnos el tiempo de pensarlas y procesarlas. A veces, leemos la Biblia por *cantidad*, con la esperanza de leer un cierto número de capítulos o páginas, cuando deberíamos leer por *calidad*. Cualquiera que sea el pasaje que estés leyendo, te animo a leerlo de tal forma que permita que la Palabra llegue a lo más profundo de tu ser y alimente tu espíritu.

Padre, honro tu palabra y te pido que me ayudes a tomarme un momento mientras la leo, para que afecte lo más profundo de mí.

ESPERANZA, EN LA ORACIÓN

Pero a ti he invocado, oh Señor; de mañana sale a tu encuentro mi oración.

SALMO 88:13 (RVR1960)

A lo largo del Salmo 88, el salmista habla de sus problemas y de lo agobiado que se siente por ellos, como cercano a la muerte. A veces nosotros también nos sentimos agobiados y clamamos a Dios por salvación. El Salmo 88 incluye dieciocho versículos, y en todos menos en el 13, el salmista pareciera sentirse miserable y desesperado por sus circunstancias.

Me gusta mucho el hecho de que en medio de lo que parece ser una oscuridad total en su vida, tiene todavía esperanza en la oración. No ha dejado de orar, porque sabe que la ayuda solo puede venir de Dios, y cree que Dios lo ayudará si se lo pide. Quiero que hoy sepas que cuando lo invoques, Dios también te ayudará.

El salmista no está contento con el tiempo que Dios se toma en responderle, pero aun así cree que solo Dios es la respuesta a sus problemas. Quiero animarte: no importa cuánto tiempo hayas esperado a Dios para que te llegue una respuesta, mantén la esperanza en la oración contestada. Dios es fiel y te responderá en el momento justo. Aunque tengas muchos problemas, encuentra cosas por las cuales estar agradecido y expresa tu gratitud a Dios. La acción de gracias es poderosa, especialmente en temporadas de espera y momentos difíciles.

Padre, ayúdame a no perder la esperanza de recibir tu ayuda. Sé que solo tú puedes ayudarme, y es a ti a quien clamo en oración. Espero en ti para que me respondas.

EL AMOR DE DIOS

Perpetuamente cantaré las misericordias del Señor; con mi boca daré a conocer tu fidelidad de generación en generación.

SALMO 89:1 (RVA-2015)

En el Salmo 89, el salmista menciona en numerosas ocasiones el amor y la fidelidad de Dios. Es importante recordar estos dos atributos. Dios es amor y es fiel. Nunca puede alejarse de ninguna de estas cualidades, porque son aspectos de lo que es.

No importa por lo que estés pasando en este momento de tu vida, recuerda siempre que Dios te ama y que es fiel. Dios no te dejará sin recibir ayuda para siempre. En ocasiones puede que tu fe se ponga a prueba, pero Dios siempre se hará presente si continúas confiando en Él. Al igual que el salmista, te animo a hablar con frecuencia sobre el amor y la fidelidad de Dios. Habla con Él sobre estas cualidades en tus oraciones, y habla de ellas con otras personas en tus conversaciones.

Cuando intentas ayudar a alguien que enfrenta dificultades, nada es más poderoso que recordarle que Dios lo ama, que es fiel y que no lo dejará desamparado ni solo en sus problemas. Anímalo a seguir confiando, sin importar cuánto tarde en llegar su respuesta.

Padre, gracias por recordarme que me amas y que eres fiel. Confío en ti para que me liberes de mis problemas y espero en ti para que lo hagas.

EL DIOS DE JUSTICIA

Justicia y juicio son el cimiento de tu trono; misericordia y verdad van delante de tu rostro.

SALMO 89:14 (RVR1960)

Observa en el pasaje de hoy que el salmista menciona la justicia y el juicio como los fundamentos del trono de Dios. Sin duda, Él es un Dios justo y recto. La justicia es solo uno de sus asombrosos y admirables rasgos de carácter, y la trae cuando esperamos en Él y confiamos en que Él será nuestro vindicador cuando alguien o algo nos haya lastimado, ofendido o perjudicado. Frente a acusaciones crueles, Job hace esta poderosa declaración acerca de Dios: "Yo sé que mi Redentor vive, y al fin se levantará sobre el polvo" (Job 19:25, RVR1960).

Cuando enfrentamos una situación injusta o cuando necesitamos vindicación, Dios nunca nos pide que resolvamos el asunto por cuenta propia. Lo único que nos pide es que oremos y perdonemos, y Él se hace cargo del resto. Él hace que hasta las injusticias y el dolor que sufrimos trabajen para nuestro beneficio (Romanos 8:28). Él nos justifica, nos reivindica y nos recompensa. Nos recompensa por nuestro dolor si seguimos su mandamiento de perdonar a nuestros enemigos, e incluso nos da el doble por nuestras dificultades (Isaías 61:7; Job 42:10). Rehúsate a vivir en la falta de perdón y confía en que Dios te hará justicia y te recompensará por cualquier maltrato que hayas soportado.

Señor, hoy declaro que eres un Dios justo y que eres mi vindicador. Oraré y perdonaré, y confiaré en que tú harás el resto.

EL TIPO DE TEMOR ADECUADO

Porque ¿quién en todo el cielo puede compararse con el Señor? ¿Qué ángel por más poderoso que sea, puede siquiera parecerse al Señor? Los poderes angelicales más altos se quedan temerosos ante Dios; él es más asombroso que ninguno de los que rodea su trono.

SALMO 89:6-7 (NBV)

Todos deberíamos tener la sabiduría de sentir miedo de caminar en medio del tráfico que viene en sentido contrario, o hacia un incendio que está fuera de control, o en la trayectoria de un tornado o en otras situaciones similares. Pero otros tipos de temor son negativos, perjudiciales para nosotros y debemos resistirlos y superarlos, excepto uno, y es más valioso de lo que podamos imaginar. Me refiero al temor reverencial de Dios, que es el tipo de temor sobre el que escribe el salmista en el pasaje de hoy.

El temor de Dios es un tipo de temor respetuoso y sobrecogedor que lo honra por encima de todo, pues dice: *Sé que Dios es todopoderoso y que cumple lo que dice. Él es bueno. Me ama y siempre cuidará de mí.* El énfasis está en la reverencia y el asombro, no en nuestra comprensión común y moderna del miedo. El temor de Dios nos liberará de temores equivocados y atormentadores. Es muy posible cambiar un tipo de miedo por otro; podemos renunciar a todo miedo negativo y abrazar un tipo de miedo que es bueno para nosotros.

El temor del Señor no tiene como objetivo llevarnos a temer que Dios nos haga daño. Dios siempre es bueno, pero por nuestra propia necedad, podemos abrirle puertas al diablo al desobedecer al Señor. Por esta razón, las Escrituras nos instan a tener un temor reverencial de Dios. Esta actitud hacia Él nos mantendrá en el camino correcto en la vida.

Ayúdame, Dios, a resistir todo tipo de miedo, menos uno. Ayúdame a abrazar plenamente el temor del Señor: el temor reverencial y el asombro hacia ti.

ETERNIDAD

Porque mil años delante de tus ojos son como el día de ayer, que pasó,
y como una de las vigilias de la noche.

SALMO 90:4 (RVR1960)

Dios vive fuera del tiempo y ve todo desde una perspectiva eterna.
Para Él, mil años son como un día, pero para nosotros un día puede parecer mil años, en especial si tenemos un problema y esperamos en Dios la salvación y ayuda.

Deberíamos aprender a pensar más como seres eternos que
temporales, porque eso es lo que somos. Eventualmente dejaremos
esta tierra, pero no dejaremos de existir; pasaremos a otro reino
y continuaremos por toda la eternidad con Dios. *Para siempre* es
algo que no podemos captar con nuestra mente finita, pero vivi-
remos para siempre y la mejor parte de nuestra vida comenzará
cuando dejemos esta tierra y lleguemos a nuestro hogar celestial.

Si en este momento esperas algo de Dios, te animo a creer que
Él está obrando, y a que no te concentres tanto en el tiempo que
le toma. Continúa y disfruta de tu vida mientras Dios trabaja en
tu problema. Te traerá la respuesta y no llegará tarde.

Padre, espero vivir en tu presencia para siempre. Cuando tenga afán,
recuérdame que soy un ser eterno y que tu sincronización en mi vida
es perfecta.

NO PIERDAS EL TIEMPO

Enséñanos de tal modo a contar nuestros días, que traigamos al corazón sabiduría.

SALMO 90:12 (RVR1960)

Cada día que Dios nos da es precioso y, una vez se acaba, nunca podremos recuperarlo. Un día desperdiciado es un día perdido; por eso, te animo a que aproveches el tiempo. Por ejemplo, no desperdicies un día sintiendo ira, falta de perdón o autocompasión. Ninguna de estas emociones negativas nos ayuda y son una completa pérdida de tiempo.

Todos tenemos veinticuatro horas al día, sin embargo, parece que algunas personas lograran mucho en ese período de tiempo, mientras que otras no hacen nada. Te animo a que pienses en lo que haces con el tiempo que Dios te ha dado y que te resulte útil, no inútil. Hoy tienes un día entero para hacer felices a otras personas, para agradecer todas las bendiciones de Dios o para terminar un proyecto que has intentado terminar durante meses.

Según Salmo 118:24, "este es el día que hizo el Señor" (RVA-2015), así que haz con él algo que valga la pena. El pasaje de hoy dice: "Enséñanos de tal modo a contar nuestros días, que traigamos al corazón sabiduría". Los sabios hacen ya lo que los hará felices más adelante. Te animo a que hagas con el tiempo que tienes hoy algo con lo que estarás satisfecho mañana.

Padre, gracias por recordarme que no debo perder el tiempo. El tiempo es una bendición que me has dado y es valiosa. Ayúdame a usar el mío sabiamente y a hacer todo lo que quieres que haga mientras estoy aquí en la tierra.

EL FAVOR DE DIOS

Que el favor del Señor nuestro Dios esté sobre nosotros. Confirma en nosotros la obra de nuestras manos; sí, confirma la obra de nuestras manos.

SALMO 90:17 (NVI)

El favor de Dios es una bendición maravillosa. Cuando lo tienes, la gente querrá hacer cosas por ti sin siquiera saber por qué. Se dice que la gracia es el favor inmerecido de Dios, es decir, que Él hace cosas por nosotros que no merecemos ni podemos merecer. Las hace porque es bueno y quiere concedernos su favor.

Viví la mitad de mi vida sin saber qué era el favor divino. De vez en cuando le pedía a una persona si podía hacerme un favor, pero nunca supe que podía orar y pedirle a Dios que me hiciera uno. Una vez lo supe, comencé a ver el favor de Dios en mi vida de pequeñas y grandes maneras.

Casi siempre, cuando nuestro equipo ministerial viajaba al extranjero para realizar cruzadas, veíamos el favor de Dios cuando obteníamos permisos que creíamos imposibles de conseguir, y vimos a varias denominaciones reunirse para ayudar y asistir a nuestro evento. Además, la propiedad en la que se encuentra nuestro edificio estuvo a la venta durante bastante tiempo. Un año antes de que la compráramos, alguien le ofreció al propietario exactamente la misma cantidad de dinero que nosotros y la rechazó. Pero gracias al favor de Dios, cuando le hicimos la misma oferta un año después, la aceptó.

Vivir con el favor de Dios es emocionante. Es bastante divertido ver a Dios abrir puertas que nadie excepto Él podría abrirte. Ora y espera favor, y verás que cosas maravillosas suceden en tu vida.

Padre, gracias por el favor divino. Me emociona ver que me favoreces mientras yo sigo con mi vida diaria.

UN LUGAR DE DESCANSO Y PROTECCIÓN

El que habita al abrigo del Altísimo, morará bajo la sombra del Omnipotente [cuyo poder ningún enemigo puede soportar].

SALMO 91:1 (RVR1960)

El Salmo 91 es un capítulo poderoso de la Biblia y habla de la protección de Dios. La Escritura de hoy nos enseña que Dios nos ofrece un lugar de refugio, al que se refiere en algunas traducciones como resguardo, morada o habitación (NTV, RVA-2015, RVA1960) donde podemos morar seguros, protegidos y en paz. Este refugio es el lugar de descanso en Dios, un lugar espiritual donde se vencen el miedo y la preocupación y reina la paz. Es el refugio de la presencia de Dios. Cuando pasamos tiempo en la oración y la búsqueda de Dios, y moramos en su presencia, estamos en el resguardo o refugio del Altísimo.

Este refugio que Dios pone a nuestra disposición es un escondite, un lugar privado, un lugar de descanso. Es nuestro resguardo cuando estamos heridos, abrumados, cansados o desanimados. Es una morada donde estamos seguros y tranquilos bajo la sombra del Todopoderoso. Fíjate que en la versión de la Biblia ampliada en inglés dice que Dios, el Todopoderoso, tiene un poder que *ningún enemigo puede soportar*. Experimentamos el refugio de Dios contra nuestro enemigo cuando nos maltratan o nos persiguen, cuando tenemos una gran necesidad o cuando sentimos que no podemos avanzar en la vida.

Dios te invita hoy a refugiarte bajo la sombra protectora de sus alas, y quiere que permanezcas ahí siempre.

Señor, elijo habitar en el refugio que me ofreces hoy y siempre. Gracias por este lugar seguro y pacífico.

¿QUÉ DIRÁS DEL SEÑOR?

*Declaro lo siguiente acerca del Señor: Solo él es mi refugio, mi lugar
seguro; él es mi Dios y en él confío.*

SALMO 91:2 (NTV)

David escribe con frecuencia sobre la bondad de Dios y su carácter. En el pasaje de hoy, se refiere a Dios como su refugio, su lugar seguro y su Dios, en quien confía. Observa también que antes de que David describa a Dios, escribe "*Declaro* lo siguiente acerca del Señor" (mis cursivas). Quizás, al igual que David, deberíamos preguntarnos periódicamente: "¿Qué decimos del Señor?".

Necesitamos *decir* palabras piadosas, no solo *pensar* cosas piadosas. Podemos pensar, creo, muchas cosas buenas acerca del Señor, pero ¿las decimos? Decimos creer algo, pero de nuestra boca sale todo lo contrario.

Necesitamos pronunciar en voz alta la bondad de Dios. Necesitamos hablarla en los momentos y lugares adecuados, y debemos asegurarnos de hacerlo. Te animo con firmeza a que hagas de las confesiones verbales sobre la bondad de Dios parte de tu comunión diaria con Él. Verbaliza tu acción de gracias, tu alabanza y tu adoración. Di en voz alta lo que hay en tu corazón acerca de Dios. ¡Lo glorificará y te bendecirá!

*Ayúdame, Señor, a prestar atención a lo que digo de ti y a pronunciar
palabras que te honren y me fortalezcan.*

PROTECCIÓN ANGELICAL

Porque al Señor, que es mi refugio, al Altísimo, has puesto como tu morada, no te sobrevendrá mal ni la plaga se acercará a tu tienda. Pues a sus ángeles dará órdenes acerca de ti para que te guarden en todos tus caminos. En sus manos te llevarán de modo que tu pie no tropiece en piedra.

SALMO 91:9-12 (RVA-2015)

Los ángeles son seres celestiales que cumplen las órdenes de Dios, según el Salmo 103:20, lo que significa que Él los envía para ayudar, proteger o ministrar de cualquier forma según considere. A lo largo de la Biblia, la gente se encuentra con ángeles por diversas razones. Jacob luchó con un ángel en Génesis 32:22–32 y Oseas 12:4. El ángel Gabriel anunció el inminente nacimiento de Jesús a su madre, María (Lucas 1:26–33), y dos ángeles se sentaron en la tumba vacía después de la resurrección de Jesús (Juan 20:11–12). En Apocalipsis 5:11–12, el apóstol Juan ve que muchos ángeles alaban a Dios, y dicen: El Cordero que fue inmolado es digno de tomar el poder, las riquezas, la sabiduría, la fortaleza, la honra, la gloria y la alabanza" (RVR1960).

Es evidente que los ángeles llevan a cabo una variedad de funciones. Según el pasaje de hoy, el Señor promete protección angelical y salvación a quienes confían en Él al refugiarse en Él y vivir en Él como su morada. Tener protección angelical no significa que nunca experimentaremos ninguna prueba o aflicción. Significa que estamos protegidos de cualquier plan que el enemigo conciba para nosotros siempre y cuando tengamos la confianza puesta en Dios y creamos y hablemos de Él según su palabra.

Gracias, Dios, por la seguridad de tu protección angelical.

DIOS NO QUIERE MÁS QUE TU AMOR

Por cuanto en mí ha puesto su amor, yo también lo libraré; le pondré en alto, por cuanto ha conocido mi nombre.

SALMO 91:14 (RVR1960)

Jesús dice que el primer y más importante mandamiento es amar a Dios con todo nuestro corazón, alma, mente y fuerzas (Marcos 12:30). En el pasaje de hoy, vemos que Dios promete nuevamente muchas bendiciones maravillosas a quienes lo aman. Él no pide nuestra perfección; solo quiere nuestro amor.

Dios promete rescatarnos, protegernos, responder a nuestras oraciones, estar con nosotros en los problemas, librarnos, honrarnos y darnos una larga vida si tan solo lo amamos (Salmo 91:15–16). Jesús dice que si lo amamos, le obedeceremos (Juan 14:15). Es claro que la obediencia forma parte de nuestro amor a Dios, pero es importante recordar que Dios hará todas estas cosas maravillosas por nosotros incluso si cometemos errores, siempre y cuando lo amemos realmente.

Dile al Señor que lo amas varias veces al día. Nunca me canso de que mi esposo o mis hijos me digan que me aman, y Dios tampoco se cansa de escucharlo. A lo largo de la Palabra de Dios, Él nos recuerda que nos ama y que nosotros también debemos amarlo. Ama al Señor con todo tu corazón, hazlo primero en tu vida y disfruta de todos los beneficios de tener una relación íntima y cercana con Él.

Padre, te amo mucho. Te aprecio por lo que eres. Aprecio todas las promesas que me has dado en tu palabra y aprecio todo lo que haces por mí. Eres bueno y eres lo más importante en mi vida.

PRESENCIA, SALVACIÓN, HONOR Y SATISFACCIÓN

Me invocará, y yo le responderé; con él estaré yo en la angustia; lo libraré y le glorificaré. Lo saciaré de larga vida, y le mostraré mi salvación.

SALMO 91:15-16 (RVR1960)

La Escritura de hoy se relaciona con el versículo de ayer, que dice: "Por cuanto en mí ha puesto su amor, yo también lo libraré; le pondré en alto, por cuanto ha conocido mi nombre" (Salmo 91:14, RVR1960). El salmista escribe sobre la protección angelical y es importante saber que esta protección no significa que nunca experimentaremos pruebas o angustias. Significa que estamos protegidos de cualquier plan que el enemigo conciba para nosotros siempre y cuando mantengamos nuestra confianza en Dios y creamos y hablemos de Él según su palabra.

Recuerda que el Salmo 91:14 nos prepara para recibir ciertas promesas de Dios *gracias a nuestro amor por Él*. En este contexto, el Señor dice que nos responderá cuando lo invoquemos. Luego hace varias promesas en las que me gustaría que nos concentráramos hoy, porque nos muestran que nuestra salvación no siempre ocurre de inmediato; representan un patrón y una progresión por la que nos lleva Dios.

Me tomó muchos años notar este patrón: Dios está con nosotros en nuestras pruebas y dificultades, luego comienza a librarnos de estos y después nos honra. Más adelante, nos satisface con una larga vida y nos muestra su salvación. A medida que avancemos en esta progresión, desarrollaremos mayor confianza, paz y gozo en el Señor. Pasar por las cosas con Dios nos ayuda a desarrollar una relación más íntima con Él. ¿No es eso lo que quieres? Yo, sin duda, sí.

Gracias, Señor, por tu promesa de que estarás conmigo en mis pruebas, me librarás, me honrarás, me saciarás de larga vida y me mostrarás tu salvación porque te amo.

LOS JUSTOS FLORECEN

El justo florecerá como la palmera; crecerá como cedro en el Líbano.

SALMO 92:12 (RVR1960)

Cuando prosperamos, nos desarrollamos de forma sana y vigorosa. Este tipo de crecimiento es una promesa para los justos. Los justos son los que confían en Dios y creen en sus promesas. Por medio de la fe en Cristo, nos ven como justos, lo que significa que Dios nos ve en buena posición con Él (2 Corintios 5:21).

Un cedro puede crecer hasta 12 pulgadas por año. Por su rico follaje y belleza, es un árbol muy deseable. Este salmo promete que una persona justa prosperará y crecerá como un cedro. Me encanta el crecimiento en Dios y me deleito en parecerme cada vez más a Jesús todo el tiempo.

Nuestro versículo de hoy nos dice que los justos serán fructíferos, sanos y hermosos, y que prosperarán y manifestarán un rápido crecimiento, lo cual me suena muy bien y estoy segura de que a ti también. Ten en cuenta estas promesas mientras continúas sirviendo a Dios con todo tu corazón. Crecerás hoy al servirle y amarlo con todo tu corazón.

Padre, gracias por el crecimiento en ti. Quiero ser más como Jesús. Me has dado el Espíritu Santo para transformarme a su imagen y quiero someterme a Él en todas las cosas. Por favor ayúdame a hacerlo.

PLANTADOS EN LA CASA DE DIOS

Plantados estarán en la casa del Señor; florecerán en los atrios de nuestro Dios.

SALMO 92:13 (RVA-2015)

Prosperamos mejor si estamos sembrados en una iglesia o en un grupo de personas, en lugar de movernos de un lugar a otro, sin estar conectados con nadie ni rendirle cuentas a nadie. La idea que Dios tiene de la iglesia no es solo que vayamos cada semana, nos sentemos en una banca y miremos a otras personas hacer cosas; quiere que participemos. Cada persona debe participar y todos deben contribuir.

Estar plantado equivale a comprometerse con algo. Cuando estamos comprometidos, hacemos lo que tenemos que hacer, así represente algo conveniente o inconveniente, sea fácil o difícil.

No es necesario que permanezcas en un grupo o iglesia durante toda la vida. A veces está bien mudarse a otro lugar donde Dios quiere que sirvas o crezcas de diferente forma, pero no seas el tipo de persona que nunca se involucra en algo por mucho tiempo. Termina lo que empiezas.

Padre, te pido que me ayudes a saber con qué quieres que me comprometa y luego permanecer plantado en ese lugar o cosa hasta que ya no sea necesario. Quiero terminar lo que empiezo. Gracias.

DAR FRUTOS EN LA VEJEZ

Aun en su vejez darán frutos y se mantendrán sanos y vigorosos para anunciar que el Señor es mi fortaleza, y que él es recto y en él no hay injusticia.

SALMO 92:14-15 (RVC)

Aunque nuestra edad avanza cada año, no tenemos por qué envejecer. La edad es un número, pero la vejez es una forma de pensar. Dios quiere que demos frutos y que seamos vitales, sin importar nuestra edad. No escuches al diablo cuando te susurra: *Eres demasiado viejo para hacer eso* o *Eres demasiado viejo para probar algo nuevo.* Cada etapa de la vida es hermosa y tiene un propósito. Debemos permanecer vibrantes y disponibles para el Señor y su propósito en cada momento de la vida. Estoy en los últimos años de mi vida. Por eso, me alegra mucho saber que todavía puedo dar frutos. De hecho, creo que algunos de mis mejores años están aún por venir.

A medida que envejecemos, nos volvemos más sabios y adquirimos experiencia. En muchos sentidos, cuantos más años agregamos a nuestra vida, más valiosos nos volvemos para los demás gracias a lo que hemos aprendido. Si te sientes inútil o inseguro acerca de tu propósito, te aseguro que Dios tiene mucho para que hagas. Debes estar disponible y comenzar a aprovechar las oportunidades que se te presentan, así pronto encontrarás la que es perfecta.

Padre, oro para que me ayudes a saber cómo puedo servir y dar buenos frutos. Quiero ser útil, no inútil.

UN DIOS FUERTE
Y PODEROSO

El Señor en las alturas es más poderoso que el estruendo de muchas aguas, más que las recias olas del mar.

SALMO 93:4 (RVA-2015)

Cuando pensamos en las mareas del océano, en nuestra mente vemos poderosas oleadas y salpicaduras de agua que golpean acantilados o formaciones rocosas costeras. Casi podemos oír el ruido y el estruendo cuando imaginamos esta escena. Las grandes aguas y las mareas son poderosas fuerzas de la naturaleza, pero como señala el salmista en el pasaje de hoy, Dios es aún más poderoso. Su poder y fuerza son mucho mayores que cualquier cosa en la tierra. De hecho, son ilimitados.

Puede que te enfrentes a situaciones que parecen imposibles en algunos momentos de tu vida. Ninguna cantidad de fuerza humana puede cambiarlos o corregirlos. Sin Dios, lo único en lo que cualquiera puede confiar es en la fuerza humana, que a menudo falla. En 2 Crónicas 32:8, el rey de Judá, Ezequías, dice sobre el rey de Asiria, quien era considerado muy fuerte y con un gran ejército poderoso: "Con él está un brazo de carne; pero con nosotros está el Señor, nuestro Dios, para ayudarnos y para llevar a cabo nuestras batallas". Al oír esto, el pueblo de Judá, "tuvo confianza en las palabras de Ezequías, rey de Judá" (RVA-2015).

Lo que fue cierto para el pueblo de Judá, también lo es para ti. El Señor está contigo para ayudarte y pelear tus batallas. Ninguna persona o cosa es más poderosa que Él.

Gracias, Dios poderoso, porque eres más grande que cualquier persona o cosa en la tierra y porque me ayudarás y pelearás mis batallas por mí.

DIOS OYE Y VE

El que hizo el oído, ¿no oirá? El que formó el ojo, ¿no verá?

SALMO 94:9 (RVR1960)

A veces nos sentimos solos y, aunque oramos y le pedimos a Dios que nos ayude, no estamos seguros de que nos escuche o de que vea nuestro dolor y miseria. Pero Él nos oye y nos ve. Dios es omnipresente, lo que significa que está en todas partes todo el tiempo; por eso te ve a ti y todo lo que sucede en tu vida. También escucha todas tus oraciones y, si continúas confiando en Él, recibirás respuestas.

A Dios sí le importa cuando sufres, y ha elaborado un plan y fijado una hora para tu salvación. Lo único que debes hacer es esperar pacientemente y aguardar a que Él aparezca en cualquier momento con tu respuesta. Recuerda otros momentos en los que te has sentido como te sientes ahora. Recuerda cómo Dios te respondió y confía en que lo hará nuevamente.

Sabemos que Dios puede responder cualquier cosa que elija y no entendemos por qué a veces espera tanto, pero confiamos en que su tiempo es perfecto en nuestra vida. A medida que avanza el día, no pares de decir: *Dios está obrando*, pues te mantendrá animado y alimentará y fortalecerá tu fe.

Padre, gracias porque obras en mi vida en este momento, incluso si no puedo sentirlo ni ver ningún cambio. Ayúdame a confiar en que tu momento en mi vida será perfecto.

DÍA 223

ENCONTRAR PAZ
EN MOMENTOS DIFÍCILES

Bienaventurado el hombre a quien tú, oh Señor, disciplinas y lo instruyes sobre la base de tu ley para darle tranquilidad en los días de la desgracia; en tanto que para los impíos se cava una fosa.

SALMO 94:12-13 (RVA-2015)

A veces llegamos a un punto de inflexión en nuestra vida donde reconocemos que nos encontramos bajo tanta presión que estamos a punto de perder la paz y muy cerca de empezar a comportarnos mal. En el pasaje de hoy, el salmista escribe que el Señor concede a la persona "tranquilidad en los días de la desgracia". A continuación, algunos pasos que, con suerte, ayudarán en el proceso:

Paso 1: Reduce la velocidad (o detente). Respira profundamente y reorganízate.

Paso 2: Recupera la perspectiva. Ajústate a la realidad de lo que sucede verdaderamente.

Paso 3: Resiste al diablo en sus ataques tan pronto te das cuenta de que te presiona.

Paso 4: Pon tu atención en Dios y deja que Él te muestre lo que puedes hacer. No pares de decir *Dios, dejé pasar esto. ¡Confío en ti!* hasta que sientas algo de calma.

Paso 5: Reflexiona sobre lo que piensas con respecto a las cosas que te frustran y deja de pensarlo. En su lugar, piensa en algo bueno y positivo.

Paso 6: Ejerce autocontrol y gestiona tus emociones en lugar de dejar que estas te controlen.

Paso 7: Pregúntate si puedes retrasar o delegar alguna de las cosas que te causan estrés e idea un plan.

Te doy gracias, Dios, por la paz que me das y por concederme la capacidad de calmarme y de encontrar la paz en medio de situaciones problemáticas.

NO TE PREOCUPES

En la multitud de mis pensamientos dentro de mí, tus consolaciones alegraban mi alma.

SALMO 94:19 (RVR1960)

Dios es el Dios de toda consolación (2 Corintios 1:3). Cuando estamos ansiosos o preocupados, debemos orar inmediatamente y pedir su consuelo. Pablo nos enseña: "Por nada estén afanosos; más bien, presenten sus peticiones delante de Dios en toda oración y ruego, con acción de gracias. Y la paz de Dios, que sobrepasa todo entendimiento, guardará sus corazones y sus mentes en Cristo Jesús" (Filipenses 4:6–7, RVA-2015).

En el Salmo 37, David escribe que, aunque los malvados prosperen, solo lo harán por poco tiempo (vv. 9–10). No debemos inquietarnos (preocuparnos), sino confiar en Dios y hacer el bien, y heredaremos bendiciones (vv. 1–4). La ansiedad hace que desperdiciemos el hoy preocupándonos por el mañana, pero Jesús dice: "Así que, no se afanen por el día de mañana, porque el día de mañana traerá su propio afán. Basta a cada día su propio mal" (Mateo 6:34 RVA-2015).

Dios nos da gracia para cada día, pero no nos dará la gracia de mañana hoy, así que adelante y disfruta de este día que Dios te ha dado, y no lo desperdicies preocupándote por cosas que no puedes arreglar o cambiar.

Padre, la preocupación es una gran tentación para mí. Te pido que me ayudes a darme cuenta de lo inútil que es y a reemplazar todas mis preocupaciones y ansiedades con confianza en ti.

ALABAR ANTES DE PEDIR

¡Vengan, cantemos con gozo al Señor! Aclamemos con júbilo a la roca de nuestra salvación. Acerquémonos ante su presencia con acción de gracias; aclamémosle con salmos.

SALMO 95:1-2 (RVA-2015)

Debemos recordar alabar, adorar y dar gracias a Dios antes de comenzar a hacer nuestras peticiones o solicitudes. Es lamentable que con frecuencia estamos tan ansiosos por decirle al Señor lo que necesitamos que haga por nosotros que nos olvidamos de recordar todas las cosas maravillosas que ya ha hecho. Dios ya sabe lo que necesitamos antes de que se lo pidamos (Mateo 6:8), por esto, no necesitamos dedicar demasiado tiempo a decírselo.

Pídele a Dios lo que necesitas y quieres, pero asegúrate de llenar tus oraciones de acción de gracias. Pablo llenó sus oraciones de acción de gracias. Me parece que dar gracias es la potencia detrás de la oración contestada. Filipenses 4:6 nos dice que en lugar de estar ansiosos, debemos orar por todas las cosas con *acción de gracias*, la parte más importante de la oración.

Dave y yo hacemos mucho por nuestros hijos y con frecuencia ellos nos comunican lo agradecidos que están y lo mucho que aprecian lo que hacemos. Su gratitud expresada nos hace querer hacer más. Tal vez si no expresaran su agradecimiento, nosotros pronto perderíamos el deseo de hacer todo lo que hacemos por ellos. Si la gente no está agradecida por lo que tiene, no estará agradecida por lo que recibe. Siempre debes ser generoso al expresar tu gratitud y aprecio a Dios, y debes entrar en su presencia con acción de gracias, no con petición.

Padre, eres tan bueno conmigo y quiero expresar siempre mi gratitud por todo lo que has hecho. Ayúdame a no precipitarme a tu presencia con mis peticiones sin recordar primero estar agradecido.

VIVE EN EL PRESENTE

Porque él es nuestro Dios. Somos el pueblo que él vigila, el rebaño a su cuidado. ¡Si tan solo escucharan hoy su voz!

SALMO 95:7 (NTV)

Observa que la Escritura de hoy dice: "Si tan solo escucharan *hoy* su voz" (mis cursivas). Debemos entender que Dios quiere que nos concentremos en cada día tal como llega y que aprendamos a ser personas del presente. Las decisiones que tomamos hoy determinan si disfrutaremos cada momento de nuestra vida o si lo desperdiciaremos al estar ansiosos o molestos. A veces nos perdemos parte del hoy porque nos sentimos culpables por el ayer o nos arrepentimos de algo del pasado, o estamos demasiado preocupados por el mañana. Necesitamos mantener nuestra mente enfocada en lo que Dios quiere que hagamos ahora.

Creo que la ansiedad proviene de intentar adentrarnos mental o emocionalmente en cosas que aún no están aquí (el futuro) o centrarnos en cosas que ya han sido (el pasado). Casi siempre pasamos nuestro tiempo mental en el pasado o en el futuro, en lugar de vivir el momento que tenemos ahora.

Cuando no nos entregamos por completo a lo que hacemos en el momento, nos volvemos propensos a la ansiedad. Si vivimos en el ahora, encontraremos al Señor ahí con nosotros. A pesar de las situaciones que la vida nos presente, Dios ha prometido que nunca nos dejará ni nos desamparará, sino que siempre estará con nosotros (Hebreos 13:5; Mateo 28:20). No pierdas tu valioso tiempo preocupándote por el ayer o por el mañana. ¡Vive el presente!

Gracias Dios por este momento presente. Ayúdame a no pensar demasiado en el ayer ni a quedar demasiado absorto en lo que podría pasar mañana, sino a disfrutar el hoy.

ESCUCHAR LA VOZ
DE DIOS

Si oyen hoy su voz "no endurezcan sus corazones como en Meriba; como el día de Masá, en el desierto.

SALMO 95:7-8 (RVA-2015)

La gente suele quejarse de que no escucha a Dios. Creo que hay ocasiones en las que escuchamos la voz de Dios, pero endurecemos nuestro corazón porque no queremos hacer lo que Él nos dice que hagamos.

Cada vez que Dios nos habla y endurecemos el corazón, se vuelve más difícil escucharlo la próxima vez. Escuchar a Dios es importante, pero obedecer lo que nos ha hablado es todavía más importante. No podemos tener una escucha selectiva, es decir, que escuchamos a Dios cuando dice algo que nos gusta y pretendemos no escucharlo cuando no nos gusta.

¿Hay algo que Dios te haya ordenado hacer y que no hiciste? Si lo hay, ahora es el momento de ser obediente. Todo lo que Dios nos dice que hagamos o dejemos de hacer es solo y siempre para nuestro beneficio. Obedecer a Dios es lo más sabio que podemos hacer, porque nos lleva a la buena vida que Él quiere que vivamos.

Padre, lamento las veces que me has hablado y yo obstinadamente he hecho oídos sordos. Perdóname y ayúdame a ser obediente cada vez que escucho tu voz.

COSECHAREMOS LO QUE SEMBRAMOS

¡Delante del Señor, que ya viene! ¡Sí, el Señor viene a juzgar la tierra!
¡Juzgará al mundo con justicia, y a los pueblos con su verdad!

SALMO 96:13 (RVC)

Las palabras, los pensamientos y las acciones son semillas que sembramos y, con el tiempo, traerán una cosecha a nuestra vida. La Palabra de Dios nos enseña que cosecharemos lo que hemos sembrado (Gálatas 6:7). Llegará el día en que Dios juzgará la tierra, y su juicio será justo. Ese día todos tendremos que dar cuenta de lo que hemos hecho (Romanos 14:12).

Los que creen en Jesucristo y lo han recibido como Señor y Salvador no serán juzgados en términos de si irán o no al cielo, sino que serán juzgados y recompensados de acuerdo con sus obras. Sin embargo, aquellos que han rechazado a Jesús durante su vida enfrentarán un tipo de juicio muy diferente. Se han pasado la vida haciendo lo que quisieron, y en el Día del Juicio cosecharán los resultados de lo que han sembrado.

Los que creen en Cristo esperan con ansias ese día. Se alegrarán de verlo venir, pero los incrédulos no se alegrarán. Ese día, se arrepentirán de su decisión de rechazar a Jesús a lo largo de su vida. Oremos todos los días por los que han rechazado a Jesús, para que puedan salvarse y pasar la eternidad con Él.

Padre, oro por todos los que han rechazado a Jesús como su Salvador y han caminado en su propia voluntad en lugar de seguirte. Oro para que crean y reciban a Jesús antes de que sea demasiado tarde. Envía al trabajador perfecto a su camino para que les hable una palabra oportuna.

AMA A DIOS
Y ABORRECE EL MAL

Los que aman al Señor aborrezcan el mal. Él guarda la vida de sus fieles; los libra de manos de los impíos.

SALMO 97:10 (RVA-2015)

Si amamos a Dios, debemos amar lo que Él ama y odiar lo que Él odia. Él odia la maldad, la perversidad y la injusticia, y nosotros también deberíamos odiarlas. Dios no odia a los malvados y a los perversos, pero odia lo que hacen. Si realmente odiamos el mal, tendremos cuidado de evitarlo.

El mundo está lleno de maldad, pero los que aman a Dios deben resistirlo y permanecer firmes en rectitud. No cedas ni hagas las cosas que hacen los malvados. Si te rechazan por favorecer a Dios y su justicia, no te preocupes, porque Dios nunca te rechazará. Puede ser difícil cuando nos persiguen por causa de la justicia, pero la Palabra de Dios nos dice que cuando esto nos sucede estamos siendo bendecidos (Mateo 5:10–12).

Como dice la Escritura de hoy, Dios guardará y librará de manos de los impíos a los que aborrecen el mal. Te bendecirá y recompensará mientras soportas la persecución por su causa. Puede que la gente te rechace, pero Dios está contigo.

Padre, ayúdame a estar siempre firme cuando la gente me persigue porque aborrezco el mal y elijo caminar en tus caminos. Amén.

DIOS HA HECHO COSAS MARAVILLOSAS

¡Canten al Señor un cántico nuevo porque ha hecho maravillas! Victoria le ha dado su diestra y su santo brazo.

SALMO 98:1 (RVA-2015)

Como dice la Escritura de hoy, Dios ha hecho "maravillas" en nuestra vida. Pero con demasiada frecuencia nos concentramos en lo que queremos que haga y que aún no ha hecho, y no vemos ni recordamos todo lo que sí ha hecho. Hoy te animo a que dejes un momento del día para recordar algunas de las cosas grandes y maravillosas que Dios ha hecho en tu vida.

Hoy recuerdo que Dios ha enviado a Jesús para pagar por nuestros pecados. Nos ha dado misericordia, ha sido paciente con nosotros, nos ha mostrado bondad cuando no la merecíamos y nos ha dado esperanza. La esperanza es poderosa y debemos regocijarnos porque la tenemos. Cuando tenemos esperanza, no nos pueden derrotar. Tenemos esperanza en lo que aún no vemos, pero por fe creemos nuestro. Creemos que recibiremos los deseos de nuestro corazón en el momento justo. La esperanza espera estas bendiciones. Busca que Dios aparezca en cualquier momento y una vez más haga algo maravilloso.

Es imposible saber lo que Dios podría hacer hoy; tal vez algo extraordinariamente asombroso, algo tan grandioso que te será difícil encontrar las palabras adecuadas para contárselo a otros. Me gusta mucho ver al Señor obrar en mi vida y en la tuya, porque en realidad hace maravillas.

Padre, has hecho cosas maravillosas en mi vida. Lamento todas las veces que olvido lo que has hecho y me quejo por lo que aún no has hecho. Confío en que harás todo lo que sea necesario en mi vida en el momento justo. Gracias.

NO MÁS MIEDO NI PREOCUPACIÓN

¡El Señor reina, tiemblan los pueblos! Él tiene su trono entre los querubines; la tierra se estremece. El Señor es grande en Sion; es alto sobre todos los pueblos.

SALMO 99:1-2 (RVA-2015)

Si pudiéramos comprender verdaderamente cuánto nos ama Dios y cuán grande es, nunca más volveríamos a sentir miedo o preocupación. Parece que cada día el diablo nos presenta algo nuevo por lo cual preocuparnos o algo que temer, pero tenemos el privilegio de alejarnos de sus mentiras y volvernos hacia Dios.

¿Qué te preocupa hoy? ¿A qué le temes? ¿Es algo más grande que tu Dios? Él desea que disfrutemos de paz… de una paz asombrosa, una paz que nos asegure que a pesar de lo que enfrentemos o debamos lidiar, al final Dios hará que todo resulte para nuestro bien.

Nuestros problemas son herramientas que Dios usa para ayudarnos a madurar espiritualmente. Crecemos en fe a medida que aprendemos a orar y luego a creer que todo lo que Él nos da es su perfecta voluntad en el momento en que nos encontramos. Te aseguro, cualquier cosa por la que estés pasando hoy llegará a su fin. Y cuando eso suceda, serás más fuerte que antes y estarás más cerca de Dios.

Padre, cuando sufro, ayúdame a confiar en que estás conmigo y obras el bien en medio de mi dificultad. Fortaléceme, Señor, y déjame glorificar tu nombre.

NUESTRO DIOS AMA LA JUSTICIA

Alaben tu nombre grande y temible; Él es santo. Y la gloria del rey ama el juicio; Tú confirmas la rectitud; Tú has hecho en Jacob juicio y justicia.

SALMO 99:3-4 (RVR1960)

Recordemos lo grande y maravilloso que es el nombre de Dios, a medida que leemos nuestro pasaje de hoy. En el Antiguo Testamento, Dios recibió muchos nombres, y cada uno representaba algo maravilloso de su carácter. Por ejemplo, Jehová-Rapha significa el Señor nuestro Sanador; Jehová-Jireh, el Señor nuestro Proveedor; El Shaddai, el Señor Dios Todopoderoso; y El Elyon, el Dios Altísimo. Existen muchos otros nombres de Dios y todos son hermosos.

En el Nuevo Testamento tenemos el nombre de Jesús. Nuestro nombre es "el nombre que es sobre todo nombre" (Filipenses 2:9, RVR1960), y tenemos la bendición de poder usar su nombre en oración.

Basándonos en la escritura de hoy, recordemos también que Dios ama la justicia. Me gusta que la ame, porque significa que corrige las cosas malas. Si alguien te maltrata injustamente, Él te traerá justicia a la vida. He recibido la justicia de Dios en muchas ocasiones y es asombrosa.

Dios también establece la equidad, lo que significa que es justo e imparcial. Nos trata a cada uno con equidad. La vida no es justa, pero Dios sí lo es. Abusaron de mí en mi niñez, cuando no podía hacer nada al respecto, pero aprendí a confiar en Dios para obtener justicia y equidad, y las he visto llegar a mi vida. Si te han maltratado, pídele justicia a Dios y espera en Él. Te dará muchas bendiciones por tus dificultades.

Padre, gracias por tu hermoso nombre y por la justicia y la equidad. Es reconfortante saber que corregirás las cosas malas que me han hecho.

EL PODER DE LA ALEGRÍA

¡Canten alegres al Señor, habitantes de toda la tierra! Sirvan al Señor con alegría; vengan ante su presencia con regocijo.

SALMO 100:1-2 (RVA-2015)

Si el diablo no tuviera miedo de nuestra alegría, no se esforzaría tanto para quitárnosla. Aunque no podamos encontrar gozo en nuestras circunstancias, siempre podemos encontrar gozo en Jesús. Él nos da esperanza, y cuando la tenemos no nos pueden derrotar. La esperanza abre la puerta de la alegría.

Nehemías 8:10 dice que el gozo del Señor es nuestra fuerza. El gozo del Señor es un tipo de gozo diferente al gozo en nuestras circunstancias, porque siempre está disponible. Pase lo que pase, hoy puedes sentir alegría. Tan solo mira lo que tienes y deja de mirar lo que no tienes.

Tienes la esperanza de la vida eterna. Si investigas cuántas promesas de Dios hay en la Biblia, encontrarás miles de promesas en las que te podrás apoyar en momentos de dificultad, y saber que la Palabra de Dios siempre es verdadera.

Ríe tanto como puedas, porque mientras más alegría tengas, más poderoso eres.

Padre, ayúdame a prestarte más atención a ti que a mis problemas. Ayúdame a llenarme de alegría mientras confío en ti para que te ocupes de todo lo que me concierne.

ENCUENTRA COSAS PARA ESTAR AGRADECIDO

Entren por sus puertas con acción de gracias, por sus atrios con ala-banza. Denle gracias; bendigan su nombre.

SALMO 100:4 (RVA-2015)

Ser ingrato es síntoma de falta de madurez espiritual, y a veces la oración queda sin respuesta debido a un corazón ingrato. Un corazón que no es agradecido casi siempre se expresa a través de malas actitudes y palabras negativas. Hay personas que se quejan, rumoran, critican, encuentran fallas y protestan. Probablemente te hayas cruzado con personas así (yo también) pero debemos tener cuidado de no quejarnos, criticar o encontrar fallas en los demás. Necesitamos ser el tipo de personas que están agradecidas por lo que Dios hace.

Si queremos ver que Dios obre en nuestro cónyuge, nuestros hijos, nuestra economía, nuestras circunstancias o nuestro trabajo, podemos comenzar por agradecer lo que ya tenemos y usar nuestras palabras para expresar esa gratitud.

El Espíritu Santo alguna vez me inculcó la idea de que cuando las personas oran y le piden cosas a Dios sin tener un corazón agradecido, no están del todo listas para algo más porque tampoco estarán agradecidas por eso. Parte del plan del enemigo es tenernos insatisfechos todo el tiempo.

La respuesta de Dios a la ingratitud es que llenemos nuestra vida de acción de gracias y alabanza. Busca hoy algo por lo cual estás agradecido y ofrece una oración de alabanza y acción de gracias.

Padre, ayúdame a estar atento a las cosas por las cuales estar agrade-cido y a ser diligente en agradecerte por ellas.

UN CORAZÓN INTACHABLE

Entenderé el camino de la perfección cuando vengas a mí. En la integridad de mi corazón andaré en medio de mi casa.

SALMO 101:2 (RVR1960)

La Escritura de hoy menciona una vida y un corazón íntegros. ¿Te parece imposible la idea de vivir una vida —y tener un corazón— intachable? Creo que tendríamos que admitir que no consideramos que nuestra vida y nuestro corazón sean inocentes o completamente libres de culpa.

2 Crónicas 16:9 dice que "los ojos del Señor recorren toda la tierra para fortalecer a los que tienen un corazón íntegro para con él" (RVA-2015). Cuando leí este versículo por primera vez hace años, pensé: *será mejor que me ponga las pilas, porque ciertamente no soy inocente.* Pero luego aprendí que ser intachable ante los ojos de Dios no significa desempeñarse a la perfección o no cometer nunca el más mínimo error. Más bien, significa tener un deseo abierto y sincero de obedecer la Palabra de Dios y de vivir de una manera que le agrade.

Si realmente quieres vivir según la Palabra de Dios y en tu corazón está agradarle, entonces tienes un corazón intachable y eres justo el tipo de persona en la que Dios quiere mostrarse con fuerza. Y puedes contar con que Dios se mostrará con fuerza a tu favor.

Gracias, Señor, porque puedo caminar en integridad ante ti porque quiero agradarte sinceramente en todo sentido.

DECIDE HACER LO CORRECTO

No pondré delante de mis ojos cosa injusta. Aborrezco la obra de los que se desvían; ninguno de ellos se acercará a mí. Corazón perverso se apartará de mí; no conoceré al malvado.

SALMO 101:3-4 (RVR1960)

El mundo en el que vivimos actualmente está lleno de todo tipo de maldad y, como hijos de Dios, debemos decidir con firmeza no comprometer la justicia ni participar en las cosas malas que suceden a nuestro alrededor. Ten cuidado a quienes eliges como amigos y resiste con firmeza la tentación de hacer cualquier cosa que sepas que no es la voluntad de Dios.

En el versículo de hoy, el salmista David declara que no participará en nada malo o vil, y que no hará lo que hacen las personas infieles. Tomó la firme decisión de desaprobarlo y evitarlo todo. La Palabra de Dios nos dice que la tentación vendrá a nosotros (Lucas 17:1). Satanás pone trampas diseñadas para atraernos a la tentación. Ora diariamente para que no te engañes cuando la tentación es grande.

Es inútil orar para no ser tentado porque lo serás, y yo también. Incluso Jesús enfrentó la tentación, pero nunca pecó (Hebreos 4:15). El apóstol Pablo escribe que Dios "no los dejará ser tentados más de lo que ustedes pueden soportar", sino que nos proporcionará una salida (1 Corintios 10:13, RVA-2015). Permanece firme. Sé fuerte. Y sé también un ejemplo piadoso para los demás.

Padre, ayúdame a nunca hacer concesiones morales para encajar con alguien que haga cosas impías. Ayúdame a resistir la tentación de hacer concesiones y a defender siempre lo que es correcto.

DIOS DA GRACIA A LOS HUMILDES

Al que solapadamente infama a su prójimo, yo lo destruiré; no sufriré al de ojos altaneros y de corazón vanidoso.

SALMO 101:5 (RVR1960)

Dios odia el orgullo. Sin duda, a David tampoco le gusta, porque en el pasaje de hoy afirma que no tolerará a alguien con un corazón vanidoso y arrogante. Debemos reconocer rápidamente el orgullo en nuestra vida, y lo encontraremos en nuestros pensamientos, palabras y actitudes. Todo ser humano tendrá que enfrentarse al orgullo en distintos momentos de la vida. Algunos de los problemas que crea el orgullo es que nos hace pensar que somos mejores que los demás, nos hace juzgar y criticar y nos indispone a escuchar y respetar las ideas y opiniones de otras personas. Hasta puede impedirnos amar y apreciar a las personas o desarrollar relaciones que serían una bendición para nosotros.

Dios ayuda y "da gracia a los humildes", pero "resiste a los soberbios" (1 Pedro 5:5, RVR1960). Creo que una de las razones por las cuales se resiste a ayudar a los orgullosos es que ellos no creen necesitar ayuda. Son independientes, pero Dios quiere que seamos totalmente dependientes de Él.

Si queremos ser humildes "bajo la poderosa mano de Dios" (1 Pedro 5:6, RVR1960), debemos aprender a decir: *sin Jesús nada puedo hacer*, basados en Juan 15:5, y darnos cuenta de que todo lo que tenemos, todo lo que somos y todo lo que podemos hacer proviene de Él.

Señor, guárdame del orgullo y ayúdame a vivir una vida humilde, y saber que separado de ti nada puedo hacer.

SÉ TÚ MISMO

Señor, escucha mi oración; ¡deja que mi queja llegue a tus oídos! No te alejes de mí cuando me veas angustiado; inclina a mí tu oído, ¡respóndeme pronto cuando te invoque!

SALMO 102:1-2 (RVC)

Me gusta mucho la audacia que hay en los Salmos. Constituyen un ejemplo que podemos seguir. Cuando el salmista oraba, era auténtico. No intentaba sonar demasiado espiritual, pero era honesto con Dios sobre lo que sentía y lo que quería.

Dios quiere que seamos así. Cuando ores, sé tú mismo: tu yo cotidiano y sencillo. ¿Estás al límite y sientes que no puedes soportar más? Entonces puedes decirle a Dios que necesitas una pronta respuesta. Él te responderá en el momento justo, tal vez no tan rápido como quisieras, pero le gusta cuando eres honesto y expresas tus verdaderos sentimientos.

Los líderes religiosos y fariseos de la época de Jesús eran falsos. Hacían oraciones largas y en apariencia perfectas, pero sus corazones estaban lejos de Dios (Lucas 20:45-47). Sé real, genuino y auténtico, y obtendrás respuestas de Dios mucho más rápido de lo que lo harías si trataras de sonar elocuente. No necesitamos tratar de impresionar a Dios; solo necesitamos ser honestos. Al fin y al cabo, Él ya sabe cómo nos sentimos y qué necesitamos.

Padre, ayúdame a ser siempre auténtico y genuino cuando acudo a ti en oración. No quiero ser falso jamás ni tratar de impresionarte con palabras elegantes.

ESPERANZA PARA LOS AFLIGIDOS

Te levantarás y tendrás misericordia de Sion, porque es tiempo de tener misericordia de ella, porque el plazo ha llegado.

SALMO 102:13 (RVR1960)

Según el diccionario de la Real Academia, estar afligido es sentir "molestia o sufrimiento físico o pesadumbre moral". Por lo tanto, una aflicción puede ser física, pero también puede ser mental, emocional o espiritual. Aquellos afligidos que pasan por situaciones muy difíciles necesitan la compasión, la gracia y el favor de Dios. Como Él es misericordioso y compasivo, ellos pueden esperar que les muestre compasión y los libere. Según 1 Corintios 10:13, Dios no permite que nos suceda más de lo que podemos soportar.

Si hoy estás afligido, puedes estar seguro de que en el momento exacto Dios se levantará, será misericordioso y tendrá compasión de ti. Siempre que experimentes un momento difícil o de prueba, anímate porque Dios ve tu situación. Debes saber que mientras pongas tu confianza en Él, verás la victoria en su tiempo y a su manera. Mantén la fe y ten paciencia. Dios no llegará tarde.

Gracias, Padre, por ser bondadoso conmigo y mostrarme compasión.

DIOS NUNCA CAMBIA

Desde el principio tú fundaste la tierra, y los cielos son obra de tus manos. Ellos perecerán, mas tú permanecerás; y todos ellos como una vestidura se envejecerán; como un vestido los mudarás, y serán mudados; pero tú eres el mismo, y tus años no se acabarán.

SALMO 102:25-27 (RVR1960)

En el mundo, todo está sujeto a cambios, pero Dios es siempre el mismo. La gente cambia y las cosas nuevas se desgastan, pero podemos depender de Dios siempre. Él es el mismo "ayer, y hoy, y por los siglos" (Hebreos 13:8, RVR1960).

Santiago 1:17 nos dice que "toda buena dádiva y todo don perfecto" viene de Dios (RVR1960). Él es la fuente de todas las cosas buenas. Isaías 40:8 nos dice que "la palabra del Dios nuestro permanece para siempre" (RVR1960). Es maravilloso saber que siempre podemos confiar en que Dios hará lo que dice que va a hacer.

¿Confías en Dios para algo que su palabra promete que hará? Si es así, entonces no te rindas, no importa lo tarde que sea, porque es imposible que Él no sea fiel.

Pablo le escribió a Timoteo y le dijo que aun cuando somos infieles, Dios permanece fiel, porque "no puede negarse a sí mismo" (2 Timoteo 2:13, RVR1960). Así que relájate y pon toda tu confianza en Dios. Él nunca te dejará sin la ayuda que necesitas para hacer lo que necesites.

Padre, necesito tu fuerza y ayuda hoy y todos los días. Me alegro de que nunca cambies y de que siempre pueda depender de ti para que estés conmigo y me ayudes. Gracias.

DIOS PERDONA NUESTROS PECADOS Y SANA NUESTRAS ENFERMEDADES

¡Bendice, alma mía, al Señor! ¡Bendiga todo mi ser su santo nombre!
¡Bendice, alma mía, al Señor, y no olvides ninguna de sus bendicio-
nes! El Señor perdona todas tus maldades, y sana todas tus dolencias.

SALMO 103:1-3 (RVC)

Es importante no olvidar todos los beneficios con los que el Señor nos bendice. Alábalo por estos con regularidad y agradécele con frecuencia. Incluso en medio de otras actividades podemos alabar a Dios en lo más íntimo de nuestro ser, agradeciéndole por todo lo que hace por nosotros.

Dios perdona todos nuestros pecados y es maravilloso. También sana todas nuestras enfermedades, lo que no significa que nos sana a todos milagrosamente, pero sí creo que toda sanación proviene de Dios. Él todavía hace milagros, pero también usa la medicina y la tecnología médica, creadas por los seres humanos gracias a la sabiduría que Dios les dio.

A veces oramos para sanarnos, y la sanación no se demora en llegar. En otras ocasiones tarda mucho más de lo que nos gustaría. En diciembre de 2017 me enfermé de gravedad. Me diagnosticaron fatiga suprarrenal severa y me dijeron que descansara durante dieciocho meses. La recuperación tardó más que eso, pero en este momento me siento muy bien. A lo largo de los años Dios me ha sanado de muchas cosas diferentes y confío en Él para que me sane sin importar cuánto tiempo tome o cómo llegue.

Padre, creo que eres el Creador de toda sanación y confío en ti para
conseguirla. Te agradezco que perdones todos mis pecados, te alabo
y te agradezco.

UNA MENTALIDAD JUVENIL

El que sacia de bien tu boca de modo que te rejuvenezcas como el águila.

SALMO 103:5 (RVR1960)

Puede que la idea de tener nuestra juventud rejuvenecida "como el águila" les parezca buena a la mayoría de las personas, porque ciertos aspectos de la juventud nos resultan atractivos. Por ejemplo, no conozco a nadie a quien le guste tener arrugas o artritis. Preferiríamos evitar que nuestra piel, nuestras articulaciones y nuestros órganos envejecieran y desarrollaran los problemas que a veces surgen con la edad.

La edad es un número. Envejecer es una forma de pensar. Creo que podemos envejecer con una mentalidad juvenil a medida que nuestros cuerpos evolucionan y, para mí, esta es una forma como nuestra juventud puede renovarse como la del águila. Una clave importante para una mentalidad juvenil es continuar haciendo todo lo que podamos y disfrutarlo, a medida que hacemos los ajustes necesarios.

Mi esposo, Dave, es un ávido golfista. Le encanta jugar golf, practicar golf, ver golf e incluso leer sobre golf. Una vez le pregunté cómo pensaba que le afectaría llegar al punto cuando ya no pudiera jugar golf. Me respondió: *Ya lo pensé y decidí ser feliz de todos modos y encontrar otras cosas que hacer.* El comentario de Dave representa una mentalidad saludable hacia el envejecimiento, una mentalidad que le permitirá ser feliz en cualquier etapa de la vida.

Hoy espero que decidas tener una actitud positiva y una mentalidad juvenil hacia el envejecimiento, para que puedas disfrutar al hacer todas las cosas que puedas, incluso si necesitas hacer algunos ajustes.

Padre, gracias por cada etapa de mi vida. A medida que envejezca, ayúdame a desarrollar una mentalidad juvenil y a encontrar maneras de disfrutar la vida que me has dado. Dame gracia para hacer cualquier ajuste necesario para continuar viviendo cada día al máximo.

CUANDO TE ENOJAS

Compasivo y clemente es el Señor, lento para la ira y grande en misericordia.

SALMO 103:8 (RVA-2015)

El pasaje de hoy nos recuerda que el Señor es "lento para la ira", pero nosotros no siempre seguimos ese ejemplo. Podemos enojarnos fácil y rápidamente. Sin embargo, cuando nos enojamos, sabemos que podemos estar enojados y, sin embargo, no pecar (Efesios 4:26).

Sentir ira no es pecado; es lo que hacemos con ese sentimiento lo que determina si se convierte en pecado o no. Sentir ira cuando nos maltratan forma parte de la naturaleza humana, pero se dice que la persona que puede controlar su ira es más fuerte que el que "toma una ciudad" (Proverbios 16:32).

El perdón es la respuesta a la ira. Es un regalo que Dios nos ha dado para protegernos de los problemas que causa la ira si dejamos que se acumule. Estar enojado y no perdonar a alguien es muy destructivo, pero perdonar rápidamente resuelve ambos problemas.

Quizás pienses que la persona que te lastimó no merece el perdón, pero lo importante es que tú mereces paz y puedes conseguirla al perdonar. Cuando perdonas a alguien que te ha hecho daño, te haces un favor a ti mismo. Odiar a alguien no funciona, pues es como tomar veneno y esperar que tu enemigo muera. Cuando perdonamos, Dios puede ponerse a trabajar para resolver el problema, pero mientras estemos enojados, la puerta está abierta para que el diablo trabaje.

Padre, ayúdame a no quedarme enojado cuando me enfado. Ayúdame a ser rápido para perdonar. No quiero que la falta de perdón abra una puerta para que el diablo trabaje en mi vida.

NUESTROS PECADOS YA ESTÁN PAGOS

Cuanto está lejos el oriente del occidente, hizo alejar de nosotros nuestras rebeliones.

SALMO 103:12 (RVR1960)

Creo que Dios nos da a cada uno habilidades y la energía correspondiente para cumplir sus planes y propósitos para nuestra vida. Si te sientes con poca energía, te sorprenderá saberlo, podría ser a causa de un pensamiento erróneo en algún área de tu vida. Los pensamientos negativos (miedo, amargura, culpa, desánimo, resentimiento, falta de perdón y otros) siempre roban energía.

Algunos de los pensamientos que más consumen nuestra energía se refieren a errores, fracasos y pecados del pasado, que producen culpa y condenación. Al enemigo le encanta llenar nuestra mente con pensamientos de fracasos pasados sobre los cuales no podemos hacer nada, pero podemos elegir cómo pensar sobre estos. Podemos pensar en el pasado y en lo que hemos perdido, o podemos pensar en el futuro y en las oportunidades que tenemos ante nosotros. Podemos concentrarnos en nuestros pecados, o podemos pensar en la gracia de Dios, demostrada al enviar a Jesús para pagar por nuestros pecados y eliminarlos por completo.

No podemos pagar nuestros pecados con el sentimiento de culpa, porque Jesús ya pagó por nuestros pecados cuando murió en la cruz. Su sacrificio es bueno para siempre (Hebreos 10:10). No hay nada que podamos añadir a lo que Jesús ha hecho. Solo podemos recibir con humildad y gratitud el perdón completo que Él ofrece y rechazar la culpa, porque sabemos que nuestros pecados quedan tan lejos como está el oriente de occidente.

Gracias Dios por enviar a Jesús a sufrir y a morir por mis pecados. Sé que estoy perdonado por completo y que no tengo culpa ni condena por fracasos y pecados pasados.

HAZ QUE TUS ÁNGELES TRABAJEN

Bendigan al Señor, ustedes sus ángeles, ustedes poderosas criaturas que escuchan y cumplen cada uno de sus mandatos.

SALMO 103:20 (NBV)

Todos tenemos ángeles guardianes que obrarán a nuestro favor, protegiéndonos y ayudándonos, si les damos el material adecuado para trabajar, que es la Palabra de Dios. La Escritura de hoy dice que ellos la escuchan, y podemos asumir que no escuchan ni obran según nuestras quejas o refunfuños.

La Palabra de Dios nos dice en repetidas ocasiones y de diversas maneras lo poderosas que son las palabras de nuestra boca y lo cuidadosos que debemos ser con lo que decimos. Fue interesante para mí descubrir en el pasaje de hoy que mis palabras también afectan lo que mis ángeles puedan hacer por mí o no.

Quiero que mis ángeles tengan la posibilidad de hacer todo lo que puedan por mí y estoy segura de que te sientes igual, por eso debemos ser sabios en lo que decimos. Por ejemplo, en lugar de decir: *No puedo hacer eso*, deberíamos recordar Filipenses 4:13 y decir: *Puedo hacer todo lo que Dios quiere que haga en Cristo que me fortalece.* No digas: *Nunca tendré dinero*, sino di: *Dios suple todas mis necesidades conforme a mis riquezas en gloria en Cristo Jesús* (Filipenses 4:19). Deja que tus ángeles trabajen para ti y experimentarás más cosas buenas en tu vida.

Padre, gracias por darme ángeles que trabajan a mi favor y que escuchan tu palabra. Concédeme la sabiduría para pronunciar palabras de vida que mis ángeles puedan usar.

DIOS HA HECHO COSAS MARAVILLOSAS

¡Cuán numerosas son tus obras, oh Señor! A todas las hiciste con sabiduría; la tierra está llena de tus criaturas. Este es el mar grande y ancho, en el cual hay peces sin número, animales grandes y pequeños.

SALMO 104:24-25 (RVA-2015)

Anteriormente he mencionado que disfruto ver documentales sobre la naturaleza. Me recuerdan la grandeza de Dios y lo maravilloso que es. La variedad de animales, peces, insectos, pájaros, flores y árboles es más que asombrosa. Vi un programa sobre los colores de los animales que fue bastante intrigante. El solo hecho de pensar en el pavo real y en lo majestuoso que luce cuando extiende las plumas de su cola, nos deja asombrados. La pava no tiene plumas en la cola como las del macho, pues estos las tienen para impresionar a las pavas durante la temporada de apareamiento. Muchos otros tipos de pájaros machos exhiben colores impresionantes, junto con bailes diseñados exclusivamente para impresionar y atraer a las hembras con fines de apareamiento.

Disfrutamos de todos los colores de la naturaleza, pero no solemos pensar en lo maravillosos que son. Pienso en lo aburrida que sería la vida si no hubiera colores y todo fuera blanco y negro o gris. Dios hace muchas cosas maravillosas para nuestro disfrute, pero rara vez las apreciamos.

Dios también les ha dado a los animales instintos que los hacen tomar acciones específicas en momentos específicos. Algunos peces y otros animales viajan miles de kilómetros cada año hasta el mismo lugar con el único propósito de dar a luz. Cuando sus crías tienen edad suficiente, regresan al lugar donde nacieron y repiten el ciclo al año siguiente. Lo único que puedo decir es que Dios es asombroso.

Padre, cuando pienso en todas las cosas que haces cada día solo para mantener la tierra en buen funcionamiento y alimentar a todos los animales del mundo, no me cabe duda de que tú también cuidarás de mí. Gracias.

CREE PARA SIEMPRE

Les das, recogen; abres tu mano, se sacian de bien.

SALMO 104:28 (RVR1960)

Cuando piensas en los días que te esperan, ¿estás seguro de que Dios tiene reservadas cosas buenas para ti? O piensas: *Pues, las cosas nunca me han salido bien, así que no estoy seguro de que algo saldrá bien en el futuro.*

Déjame recordarte 2 Corintios 5:17: "De modo que si alguno está en Cristo, nueva criatura es; las cosas viejas pasaron; he aquí todas son hechas nuevas" (RVR1960). Como nueva creación en Cristo, no hay necesidad de dejar que las cosas que te sucedieron influyan en tu forma de pensar o afecten tu vida. Las cosas anteriores han pasado. Eres una nueva persona con una nueva vida en Cristo. Puedes comenzar a renovar tu mente al estudiar la Palabra de Dios y aprender acerca de su buen plan para ti. Te sucederán cosas buenas y puedes empezar a creer que estarás *saciado de bien*, como leemos en el pasaje de hoy.

Aunque tu realidad esté llena de aspectos negativos, puedes tener una actitud positiva hacia esta. En cada situación, confía en Dios y confía en que Él te ama. Cree que Él obra el bien en todas las cosas (Romanos 8:28).

¡Alégrate! Es un nuevo día, un día para cosas buenas.

Gracias Señor, porque todo lo viejo en mi vida ha pasado. Soy una nueva creación en Cristo y espero con ansias las cosas buenas que tienes guardadas para mí.

ELIGE CON CUIDADO TUS PENSAMIENTOS

Cantaré al Señor en mi vida; a mi Dios cantaré salmos mientras viva.
Que mi meditación le sea grata y que yo me alegre en el Señor.

SALMO 104:33-34 (RVA-2015)

En el pasaje de hoy, el salmista escribe sobre la grandeza de Dios y declara que cantará y alabará a Dios toda su vida. Deberíamos asumir el mismo compromiso. No importa cuántos problemas puedas tener en este momento, tienes mucho más por qué alabar a Dios. Tómate con frecuencia el tiempo para pensar en las cosas majestuosas que Dios ha creado, pues te ayudará a darte cuenta de que Él no tiene problemas para manejar tus dificultades.

Meditamos sobre algo la mayor parte del tiempo. Nuestra meditación consiste en los pensamientos que pasan por nuestra cabeza, ya sea de manera intencional o aleatoria, y son importantes. David ora en el Salmo 19:14 para que sus palabras y meditaciones sean agradables a los ojos de Dios, y aquí el salmista hace la misma oración.

Por nuestra cabeza pasan miles de pensamientos, y mientras más podamos entrenarnos para elegir sobre qué meditar, en lugar de meditar simplemente sobre lo que se nos ocurra, mejores seremos. Nuestros pensamientos se convierten en palabras y acciones y determinan la calidad de nuestra vida, por eso son muy importantes. Te animo a que consideres lo que piensas y a que te asegures de que tus meditaciones agraden a Dios.

Padre, te alabaré toda mi vida por todas las cosas maravillosas que haces y te pido que me ayudes a solo meditar en las cosas que te agradan.

BUSCAR Y ANHELAR A DIOS

Busquen al Señor y su poder [su fuerza, su fortaleza]; busquen continuamente su rostro.

SALMO 105:4 (RVA–2015)

A lo largo del Libro de los Salmos vemos que David anhela profundamente al Señor. Al igual que tú o yo, podría haber anhelado otras cosas, pero su anhelo más profundo era Dios.

En el Salmo 27:4, David escribe: "*Una cosa* he pedido al Señor; esta buscaré: que more yo en la casa del Señor todos los días de mi vida, para contemplar la hermosura del Señor y para inquirir en su templo" (RVA-2015, mis cursivas). Lo único que quería era estar en la presencia de Dios. Si no podía, nada más importaba. ¡Es un anhelo profundo!

Creo que tu corazón, como el de David, anhela a Dios, y buscarlo es la forma de satisfacer esta gran hambre y sed. Lo buscas al leer su palabra, al orar, al pasar tiempo con Él, al pensar en Él, al hablar de Él y al actuar de una forma que lo glorifique. En Jeremías 29:13, Él promete: "Me buscarán y me hallarán, porque me buscarán con todo su corazón" (RVR1960). Si lo buscas de manera casual, es probable que no lo encuentres de la forma que satisfaga el profundo anhelo de tu corazón, pero lo encontrarás si lo buscas deliberada y diligentemente, con todo tu corazón.

No hay mejor manera de emplear el tiempo y energía que en la búsqueda de Dios, y no hay mejor lugar para estar que en su presencia. Ahí es donde se satisfará tu anhelo más profundo.

Padre, te anhelo profundamente. Ayúdame a buscarte a ti y a tu presencia por encima de todo.

PACIENTE Y POSITIVO

Ya había enviado delante de ellos a un hombre, a José, que fue vendido como esclavo. Afligieron con grilletes sus pies, y a su cuello pusieron cadena de hierro hasta que se cumplió su palabra, y el dicho del Señor lo aprobó.

SALMO 105:17-19 (RVA-2015)

La Escritura de hoy nos recuerda a José y el trato injusto que recibió de sus hermanos. Lo vendieron como esclavo y le dijeron a su padre que un animal salvaje lo había matado. Mientras tanto, un hombre adinerado, Potifar, había comprado a José y lo había llevado a su casa como esclavo. Dios favoreció a José dondequiera que estuviera, y pronto encontró el favor de su nuevo amo.

José no paró de progresar, pero al final lo acusaron falsamente de tener un romance con la esposa de su jefe y terminó en prisión.

José trató de ayudar a los demás durante todo el tiempo que estuvo en prisión. No se quejó, sino que fue paciente y positivo frente a su sufrimiento, y finalmente Dios lo libró y lo promovió hasta el punto en que nadie más en Egipto tuvo más autoridad que José, excepto el propio Faraón.

Dios también vindicó a José ante sus hermanos, y José demostró su piedad al negarse a maltratarlos, aunque se lo merecían. Dijo que el mal que habían querido hacerle, Dios lo había convertido en bien: que ellos quedaban en manos de Dios, no en las suyas, y que él no tenía derecho a hacer nada más que bendecirlos (Génesis 37–45). Podemos esperar resultados similares si somos pacientes durante el sufrimiento y mantenemos una actitud positiva y de perdón.

Señor, cuando pase por momentos de sufrimiento o dificultad, ayúdame a mantenerme paciente y positivo y a estar dispuesto a perdonar a quienes me han tratado mal.

DÉJATE GUIAR POR DIOS

Extendió una nube por cubierta, y fuego para alumbrar la noche.

SALMO 105:39 (RVR1960)

Cuando se liberó a los israelitas de Egipto e iban en camino a la Tierra Prometida, Dios los guio mediante una nube durante el día y una columna de fuego durante la noche (Éxodo 13:21). Cuando la nube se posaba, tenían que dejar de viajar, y cuando la nube se asentaba, tenían que moverse y seguirla (Números 9:22). A veces la nube permanecía en su lugar durante mucho tiempo y otras no, pero cada vez que la nube se movía, los israelitas tenían que estar preparados para moverse también.

Lo anterior representa la forma en la que debemos estar preparados para seguir a Dios, incluso si requiere cambios que no planeamos hacer. A algunas personas les parece que el cambio es emocionante y osado, pero a otras no les gusta y lo resisten con firmeza. El cambio forma parte de la vida, y cuando las circunstancias cambian, lo primero que debemos hacer es aceptar la transición, porque resistirla solo hará la vida más difícil.

Seguir a Dios no es aburrido, porque nunca sabemos lo que hará o nos pedirá que hagamos. Un cambio que todos debemos afrontar es dejar a un lado las cosas con las que Dios ha terminado o detener las cosas que ya no deberíamos hacer. Te animo a seguir a Dios porque, aunque sus caminos no son los nuestros, son los mejores.

Padre, quiero seguirte y no aferrarme obstinadamente a cosas con las que ya has terminado. Enséñame a seguirte en todo momento. Gracias.

DISFRUTA EL VIAJE

Pecamos nosotros, como nuestros padres; hicimos iniquidad, hicimos impiedad. Nuestros padres en Egipto no entendieron tus maravillas; no se acordaron de la muchedumbre de tus misericordias, sino que se rebelaron junto al mar, el Mar Rojo.

SALMO 106:6-7 (RVR1960)

El pasaje de hoy es solo una muestra de dos versículos entre los múltiples del Salmo 106 que nos recuerdan la forma como se comportó el pueblo de Israel cuando Dios lo sacó de Egipto hacia la Tierra Prometida. Entre otras malas actitudes, como la queja y la rebelión, los israelitas se volvieron egocéntricos y exigentes, lo cual representa una advertencia de los peligros de un corazón codicioso, pues un corazón así nunca está satisfecho, y esa es una condición espiritual poco segura.

Aunque Dios había liberado al pueblo de la esclavitud en Egipto y había destruido al Faraón y su ejército, que lo perseguía, el pueblo de Israel no estaba satisfecho (véase Salmo 106:8-25). No importa cuánto le proveyó, siempre quería más. Iba camino a la Tierra Prometida, pero no disfrutaba del viaje. Nosotros muchas veces tenemos el mismo problema.

Si las personas no tienen cuidado, pueden desperdiciar toda la vida anhelando lo que no tienen. No importa cuál sea su lugar en la vida, siempre quieren algo más. Siguen quejándose y refunfuñando ante Dios sobre las cosas que quieren. Cuando Él se las da, vuelven a quejarse porque quieren algo más.

El pueblo de Israel finalmente obtuvo lo que quería, pero no estaba preparado para afrontarlo. Pídele a Dios que te dé un corazón que se sienta contento y satisfecho en cada etapa del viaje de tu vida y que sea capaz de manejar el crecimiento cuando llegue. En lugar de quejarte, aprende a disfrutar del lugar donde te encuentras en el camino hacia donde te diriges.

Padre, gracias por guiarme a un buen lugar. Ayúdame a disfrutar el viaje y a estar satisfecho con cada regalo que me das.

RECORDAR FORTALECE LA CONFIANZA

Entonces creyeron a sus palabras y cantaron su alabanza. Bien pronto olvidaron sus obras; no esperaron su consejo.

SALMO 106:12-13 (RVR1960)

Dios liberó milagrosamente a los israelitas de condiciones casi insoportables de esclavitud en Egipto. Mientras los guiaba hacia la libertad, "creyeron en sus palabras y cantaron su alabanza". Pero al poco tiempo se olvidaron de la asombrosa liberación de Dios. Incluso después de que Él los llevó a establecerse en una tierra de paz y abundancia, se quejaron y rumoraron (Salmo 106:24–25).

La gente hoy en día puede estar tentada a ser como los israelitas del Antiguo Testamento. Puede que Dios haga algo increíble por nosotros, algo que nos haga saber que su palabra es verdadera, y pronto podemos olvidar sus promesas y comenzar a dudar de su palabra.

Si te has sentido frustrado últimamente y te has quejado, si has perdido la paz y el gozo, hazte la siguiente pregunta: *¿Estoy creyendo en la Palabra de Dios?* La única manera de descansar en las promesas de Dios y vivir en su gozo y paz es creer en su palabra.

Quizás hoy podrías tomarte un tiempo para enumerar las situaciones que te han hecho saber que la Palabra de Dios es verdadera y digna de confianza. Recuerda cómo Él te ha ayudado o ha hecho milagros en tu vida. Piensa en cómo lo alabaste cuando trabajó a tu favor. Deja que esos recuerdos impulsen tu fe para creerle a Dios y confiar en Él de maneras nuevas y frescas para cualquier cosa que enfrentes hoy.

Padre, ayúdame a no olvidar ninguna de las cosas maravillosas que has hecho por mí, sino a recordarlas y alabarte.

¿LO QUE CREES QUE QUIERES ES LO QUE REALMENTE QUIERES?

Se entregaron a un deseo desordenado en el desierto; y tentaron a Dios en la soledad. Y él les dio lo que pidieron; mas envió mortandad sobre ellos.

SALMO 106:14-15 (RVR1960)

Ayer mencioné a los israelitas en el desierto. Al igual que ellos, muchas veces anhelamos cosas que no serán buenas para nosotros, pero Dios nos permite tenerlas para darnos una lección. Podemos pensar que queremos algo y rogarle a Dios que nos lo dé, solo para descubrir que no estamos preparados para asumir la responsabilidad que conlleva.

La gente constantemente me dice que desearía tener un ministerio como el mío. Cuando dice esto, la mayoría de las veces solo se fija en el hecho de que aparezco en televisión o que tengo el privilegio de predicar a grandes multitudes. No tiene idea de todo el arduo trabajo que hago detrás de cámara o de las múltiples horas que paso preparando mensajes y escribiendo libros. No conoce el juicio crítico que muchas veces reciben las personas que figuran en el ojo público.

Sé prudente al querer lo que otra persona tiene y comprende que cada privilegio conlleva una responsabilidad. Puedes pedirle a Dios lo que quieras, pero es sabio decirle también: *Por favor, no me lo des a menos que sea lo mejor para mí.*

Padre, quiero tu voluntad en mi vida más de lo que quiero mi propia voluntad. Dame lo que es mejor para mí, no simplemente lo que creo que quiero.

EL DOLOR
DE LA ENVIDIA

Después tuvieron celos de Moisés en el campamento, y de Aarón, el consagrado del Señor. La tierra se abrió y tragó a Datán, y cubrió al grupo de Abiram.

SALMO 106:16-17 (RVA-2015)

El mundo está lleno de problemas y ninguno de nosotros puede evitarlos. Basta pensar en las personas que están enfermas, en los padres cuyos hijos padecen enfermedades terribles, o en las personas que necesitan trabajo y no lo tienen. El mundo ya tiene suficientes problemas sin que nosotros los tengamos, pero cuando envidiamos a otras personas lo que creamos es problemas para nosotros.

Dios nos da a cada uno lo que sabe que podemos manejar y, aunque sus decisiones no siempre nos parezcan justas, debemos recordar que Él no comete errores, pues sabe lo que hace y debemos confiar.

Si Dios no te elige para algo que deseas, el mejor curso de acción es alegrarte por la persona que eligió y saber que te promoverá en el momento adecuado. Sentir celos o envidia no cambia la opinión de Dios; pero sí te hace sentir miserable. Por lo tanto, conténtate con lo que tienes y sé feliz.

Padre, ayúdame a estar contento con lo que me has dado y a no tener celos ni envidia de los demás. Amén.

MANTENTE PURO

Antes se mezclaron con las naciones, y aprendieron sus obras, y sirvieron a sus ídolos, los cuales fueron causa de su ruina.

SALMO 106:35-36 (RVR1960)

Vivimos en el mundo, pero no debemos pensar ni comportarnos como lo hace el mundo, porque no somos del mundo (Juan 17:16). Los hijos de Dios son un pueblo aparte. Le pertenecemos a Él y debemos permanecer puros para que nos use. A los israelitas se les advirtió que no tuvieran nada que ver con las naciones idólatras que los rodeaban, pero ellos desobedecieron y se mezclaron. Adoraron a sus ídolos, y eso se les convirtió en una trampa (un engaño).

A veces decir no a las cosas impías es difícil, pero si lo hacemos, disfrutaremos el fruto de haber sido obedientes a Dios. Es importante permanecer puro y no mezclar lo piadoso y lo impío en nuestra vida. No podemos pertenecer a Dios y al mundo a medias. Según 1 Juan 2:15-17, no debemos amar al mundo ni a las cosas que hay en él. Si amamos al mundo, nos dicen estos versículos, entonces el amor al Padre no está en nosotros.

Podemos disfrutar, sin duda, de las cosas que no son pecaminosas en el mundo, pero no podemos amarlas más de lo que amamos a Dios ni permitir que nos aparten de Él. Dios requiere el primer lugar en nuestra vida, y si no se lo damos, terminaremos envueltos en la trampa que Satanás ha diseñado para nuestra destrucción.

Padre, ayúdame a estar en este mundo sin volverme mundano. Quiero permanecer puro para ti y para tu uso. Ayúdame a no hacer concesiones ni a mezclarme con personas o cosas equivocadas.

CONTAR LA VERDAD DE DIOS

Díganlo los redimidos del Señor, los que ha redimido del poder del enemigo.

SALMO 107:2 (RVA-2015)

Aunque a ti y a mí nos hayan "redimido del poder del enemigo", no significa que el diablo nos dejará en paz. Cuando te das cuenta de que el enemigo trata de acosarte con preocupaciones o pensamientos negativos, puedes dejar que tenga éxito o puedes enfrentarlo. Una manera de oponerse a él es recordar cómo Dios te ha redimido y decirlo, como lo instruye el pasaje de hoy. En otras palabras, abre la boca y comienza a confesar todo lo que Dios ha hecho por ti en Cristo.

Satanás instala pensamientos ansiosos y negativos en nuestra mente; hasta la bombardea con ellos. Él espera que los recibamos y comencemos a hablarlos. Si lo hacemos, entonces él tiene material para crear en nuestra vida las mismas circunstancias que nos han preocupado.

Una vez que reconocemos los pensamientos impíos, podemos tener autoridad sobre ellos, pedir la ayuda de Dios y decidir vivir la buena vida que Dios quiere que vivamos, no la que el enemigo quiere que vivamos.

Hoy te animo a no ser el portavoz del diablo. No digas las mentiras que él te mete en la cabeza. Descubre lo que la Palabra de Dios te promete y comienza a declarar su verdad. Al hablar su palabra con fe, empuñamos una espada poderosa que expone y derrota las tácticas y mentiras del enemigo.

Señor, cuando el enemigo instale pensamientos negativos en mi mente, ayúdame a recordar que debo enfrentarlos al hablar tu Palabra, que siempre los vence.

LA PALABRA SANADORA
DE DIOS

Envió su palabra, y los sanó, y los libró de su ruina.

SALMO 107:20 (RVR1960)

Es probable que miles de veces haya dicho *Jesús nos sana donde sufrimos.* Lo he experimentado personalmente y lo he visto sanar a innumerables personas de muchas maneras. Sé que hay sanación en la Palabra de Dios, pues tiene el poder de cambiar tu vida por completo.

Debido al abuso sexual que sufrí durante mi infancia, desarrollé muchas actitudes equivocadas que me mantuvieron herida y lastimada. Pero comencé a pensar y a hablar diferente a medida que la Palabra de Dios renovaba mi entendimiento (Romanos 12:1-2). Con el tiempo, mis actitudes y mi comportamiento también cambiaron. Cualquiera que viva según su palabra puede esperar el mismo tipo de resultados.

¿Necesitas algún tipo de sanación? ¿Estás cansado de cargar con el peso del dolor, la vergüenza, la culpa, la ira, el miedo u otras emociones negativas? ¿Te gustaría dejar atrás el dolor del pasado para ir hacia un futuro maravilloso? Entonces, haz de la Palabra de Dios una prioridad. Dedica tiempo a leerla y estudiarla. Reflexiona y créela. Confiésala (háblala en voz alta) y recuérdala con frecuencia.

No importa quién te haya herido u ofendido, no importa lo que hayas hecho o lo que te hayan hecho, Dios es tu sanador, y su palabra tiene el poder de sanarte *donde sea* que estés lastimado.

Padre, gracias por tu palabra. Ayúdame a experimentar su poder curativo mientras renueva mi mente.

LA ASOMBROSA MISERICORDIA DE DIOS

Él trae calma a la tempestad, y se apaciguan sus olas. Entonces se alegran porque ellas se aquietan, y él los guía al puerto que desean. ¡Den gracias al Señor por su misericordia y por sus maravillas para con los hijos del hombre!

SALMO 107:29-31 (RVA-2015)

A lo largo del Salmo 107 leemos relatos del pueblo de Israel que se rebela contra Dios, se mete en problemas, se arrepiente, y Dios, en su misericordia, le devuelve sus bendiciones. Nuestro Dios es verdaderamente misericordioso, y sus misericordias son de verdad nuevas cada mañana, como lo promete Lamentaciones 3:22–23. Considera este hermoso pasaje en su totalidad: "Por la bondad del Señor es que no somos consumidos, porque nunca decaen sus misericordias. Nuevas son cada mañana; grande es tu fidelidad" (RVA-2015).

Cuando nos despertamos cada día tenemos disponible una nueva provisión de la misericordia de Dios. Estoy muy agradecida por que la misericordia de Dios nunca se agota, y estoy segura de que tú también lo agradeces.

Demos gracias al Señor por su amor inagotable y por las maravillosas obras que hace para nosotros. Nunca podríamos llegar a agradecerle demasiado a Dios por su misericordia, perdón y bondad. No debemos olvidar jamás estas bendiciones, y siempre debemos tener presente que estaríamos destruidos si no fuera por la bondad y el favor de Dios.

Padre, gracias por tu misericordia y tu amor inagotables. Gracias por la extrema paciencia que me tienes y por restaurarme una y otra vez. Pido que mi boca esté siempre llena de acción de gracias hacia ti.

EL DIOS DEL INCREMENTO

Los bendice, y se multiplican en gran manera; y no disminuye su ganado.

SALMO 107:38 (RVR1960)

Dios es un dios de incremento. Todo lo que le damos, nos lo devuelve multiplicado. Dios quiere que crezcamos y mejoremos en todas las áreas de la vida: sabiduría, humildad, santidad, finanzas, buena salud y conocimiento de Él.

Una de las formas más importantes en que Él quiere que crezcamos es en el amor. Primera Tesalonicenses 3:12 dice: "Y que el Señor los haga crecer y aumente el amor entre ustedes y hacia los demás, así como también nosotros los amamos a ustedes" (RVC).

El Señor también "da fuerzas al cansado, y aumenta el vigor del que desfallece" (Isaías 40:29, RVC). Dios es un dios de incremento, pero Satanás quiere disminuirnos. Viene solo para robar, matar y destruir (Juan 10:10). Quiere hacernos sentir pequeños y tener vidas pequeñas, pero Dios quiere hacer mucho y de manera abundante, más allá de todo lo que podemos pedir, esperar o pensar (Efesios 3:20).

Mientras esperas en Dios, espera que Él haga grandes cosas en tu vida y espera el incremento. No dejes que el diablo te haga sentir pequeño o disminuido, y cuando lo intente, recuerda que es un mentiroso (Juan 8:44).

Padre, gracias por traer el incremento a mi vida en cada área. Ayúdame a reconocer y resistir a Satanás cuando intenta disminuirme.

DIOS ES FIEL

Porque más grande que los cielos es tu misericordia, y hasta los cielos tu verdad.

SALMO 108:4 (RVR1960)

¿Cuán grande es el amor de Dios? Es demasiado grande para medirlo, más alto que los cielos. Pablo oró para que las personas a quienes ministraba conocieran la altura, la profundidad, la longitud y la amplitud del amor de Dios por ellos (Efesios 3:17–19). Cuando sabemos cuánto nos ama Dios, se resuelven los problemas del miedo y la inseguridad, pues su amor nos hace audaces y no sentimos tanto temor a cometer errores como para no dar un paso de fe y aprovechar las oportunidades que Dios nos brinda.

Te animo a meditar sobre cuánto te ama Dios. No solo su amor es más alto que los cielos, sino que el salmista David dice que su fidelidad llega "hasta los cielos", para indicar que es demasiado grande para medirla. Aun cuando somos infieles, Dios permanece fiel (2 Timoteo 2:13). Nunca nos defraudará. Puede que no haga todo lo que le pedimos, pero si no lo hace es porque tiene reservado algo mejor.

Dios nunca te dejará ni te desamparará. Está contigo en este mismo momento. Nunca está a más de un pensamiento de distancia. Todo lo que necesitas hacer para traerlo a tu presencia es pensar en Él o decirle algo. Dios siempre obra a tu favor y tiene grandes cosas planeadas para ti.

Padre, gracias por tu amor y fidelidad. Saber que siempre puedo depender de ti, me permite entrar en tu reposo en lugar de preocuparme.

DIOS DA LA VICTORIA

Danos socorro contra el adversario, porque vana es la ayuda del hombre. En Dios haremos proezas, y él hollará a nuestros enemigos.

SALMO 108:12-13 (RVR1960)

Cuando tenemos problemas o tenemos preguntas que necesitan respuesta, casi siempre acudimos a nuestros amigos en busca de ayuda. Pero siempre debemos acudir primero a Dios. Puede que él use a una persona para ayudarnos o para decirnos una palabra oportuna, pero si no se origina en Dios, será inútil.

Dios nos da la victoria sobre nuestros enemigos si lo escuchamos y le obedecemos. Él peleará por nosotros y, mientras aguardamos, podemos estar seguros de que hará grandes cosas que esperaremos con ansias. Pídele ayuda a Dios, ora y perdona a tus enemigos como Él te indica, y evita depender de la carne humana, porque Dios dice claramente en el pasaje de hoy que "vana es la ayuda del hombre".

Dave y yo tenemos cuatro hijos adultos y nos encanta que vengan a pedirnos consejo, pues es una muestra del respeto y el valor que le tienen a nuestra opinión. Si siempre acudieran a otras personas en busca de consejo, sentiríamos que no valoran nuestra capacidad para ayudarlos. Me imagino que Dios es igual. Él es nuestro Padre y quiere que acudamos a Él en busca de toda la ayuda que necesitemos.

Si le has pedido a Dios que te ayude, pero todavía no ves un cambio, no te desanimes. Mientras sigas creyendo, Dios estará obrando.

Padre, estoy agradecido porque siempre obras a mi favor y porque me darás la victoria sobre mis enemigos.

EL PODER
DE LA ORACIÓN

Oh Dios de mi alabanza, no calles; porque boca de impío y boca de engañador se han abierto contra mí; han hablado de mí con lengua mentirosa; con palabras de odio me han rodeado, y pelearon contra mí sin causa. En pago de mi amor me han sido adversarios; mas yo oraba.

SALMO 109:1-4 (RVR1960)

La oración es la forma más efectiva de derrotar al diablo. Cuando oramos, invocamos el poder de Dios para que haga por nosotros lo que no podemos hacer nosotros mismos. La oración ferviente y eficaz de una persona justa puede mucho y pone a disposición un poder tremendo (Santiago 5:16). Recuerda siempre que cuando oras, un poder tremendo se pone a tu disposición, así sientas algo o no. Oramos por fe, no por sentimientos.

En la Escritura de hoy, el salmista David se encuentra en una situación difícil. Está rodeado de gente que lo odia y lo ataca sin motivo, pero él cree que, si ora, Dios obrará a su favor, se ocupará de sus enemigos y le dará la victoria.

Cualquier problema con el que debas lidiar ahora o en el futuro, recuerda orar antes de hacer cualquier otra cosa. A veces la gente dice: *Bien, supongo que no hay nada más que hacer que orar.* La oración no es un último esfuerzo o recurso; siempre debe ser nuestra primera línea de defensa.

Padre, perdóname por todas las veces que he intentado resolver mis propios problemas y he fracasado. Ayúdame a siempre recordar orar antes de hacer cualquier otra cosa y a creer en el maravilloso poder de la oración.

¿PODRÍAS SER
UN SANADOR SANADO?

Porque yo estoy afligido y necesitado, y mi corazón está herido dentro de mí.

SALMO 109:22 (RVR1960)

La escritura de hoy habla de un corazón herido, y si tu corazón está dolido o herido, te animo a recibir la sanación de Dios para que puedas seguir con tu vida, disfrutarla y cumplir los planes y propósitos que Él tiene para ti.

En los días del Antiguo Testamento, si un sacerdote tenía una herida o una llaga sangrante, no podía ministrar. Me parece que hoy en día podemos aprender de esto, porque hay muchas personas heridas que tratan de ministrar y llevar sanación a otros mientras ignoran sus propias heridas, que no han sanado. Todavía sangran y sufren. Son lo que llamo *sanadores heridos*.

Pero también hay *sanadores sanados*, y a Dios le encanta usar personas que han padecido dolor o han sido heridas y luego sanadas, porque nadie puede ministrar a alguien mejor que una persona que ha estado en la misma situación que la persona a la que trata de ayudar. Pídele a Dios que te sane en todos los lugares donde estés lastimado para que luego pueda usarte para ayudar a otros. Pídele que te convierta en un sanador sanado.

Padre, gracias por tu deseo y capacidad de sanar cada corazón herido, incluido el mío. Sáname y úsame para ayudar a otros a encontrar sanación en ti.

ENTRAR EN
EL REPOSO DE DIOS

El Señor dijo a mi señor: "Siéntate a mi diestra hasta que ponga a tus enemigos como estrado de tus pies".

SALMO 110:1 (RVA-2015)

La escritura de hoy se refiere a entrar en el reposo de Dios. Estamos invitados a sentarnos a su diestra en Cristo hasta que Él lidie con nuestros enemigos y los convierta en banquillo para nuestros pies. Estar sentados con Cristo significa que hemos entrado en el reposo de Dios, un tipo especial de descanso que no es un descanso del trabajo, sino un descanso mientras trabajamos y hacemos lo que tenemos que hacer. No tenemos que preocuparnos ni sentirnos ansiosos; solo debemos confiar en que Dios obra a nuestro favor.

El escritor les pidió a los hebreos que no dejaran de entrar en el reposo de Dios mientras estuviera disponible, y les enseñó que la manera de entrar es creer (Hebreos 3:19, 4:1–3). Cuando confiamos (creemos) en las promesas de Dios, se alivia toda la presión. Confiamos en que Dios obra, aunque no veamos ni sintamos nada. "Es, pues, la fe la certeza de lo que se espera, la convicción de lo que no se ve" (Hebreos 11:1, RVR1960).

Si has experimentado el reposo de Dios, sabes lo maravilloso que es. Pero si no, una vez que lo hagas, te sorprenderá lo mucho que puedes disfrutar de tu vida mientras Dios resuelve tus problemas. Él no te pide que te preocupes ni que te inquietes ni tampoco que estés ansioso o que intentes buscar razones. Simplemente quiere que creas que Él es fiel y que te dará la victoria si confías.

Padre, gracias porque puedo entrar en tu reposo mientras lidias con mis enemigos. Gracias por enseñarme todo lo que necesito saber para entrar.

GOBERNAR SOBRE NUESTROS ENEMIGOS

El Señor enviará desde Sion el cetro de tu poder; domina en medio de tus enemigos.

SALMO 110:2 (RVA-2015)

Tenemos un enemigo, Satanás (el diablo), pero Dios nos ha dado el poder y la autoridad sobre él (Lucas 10:19). Satanás tiene poder, pero nosotros tenemos poder y autoridad en Cristo. Tener autoridad está bien, pero para que sea eficaz debemos ejercerla. Jesús habló con Satanás y le dijo que se pusiera detrás de Él (Mateo 16:23). En este caso, Satanás obraba a través de Pedro, al intentar impedirle avanzar con el plan de redención de Dios para toda la humanidad.

En otras ocasiones, Jesús citó la Palabra de Dios a Satanás cuando lo tentaba a hacer cosas que irían en contra de la voluntad de Dios (Lucas 4:1–13). La Palabra de Dios es el arma más eficaz que tenemos contra el enemigo.

Satanás es un mentiroso, según Juan 8:44, y cualquier pensamiento que venga a tu mente que no esté de acuerdo con la Palabra de Dios es una mentira de su parte y debes resistirlo de inmediato. La mente es el campo donde ganamos o perdemos nuestra batalla contra el diablo. Renuévala según la Palabra de Dios y verás y experimentarás el buen plan que Dios tiene para tu vida (Romanos 12:2).

Al esgrimir la Palabra de Dios, puedes gobernar en medio de tus enemigos. Sométete a Dios, resiste al enemigo, y el enemigo desaparecerá (Santiago 4:6–7). Dios ha puesto todas las cosas bajo los pies de Jesús (Efesios 1:22), y como somos su cuerpo, esas cosas también están bajo nuestros pies. Levanta la cabeza y vive como un vencedor, porque lo eres.

Padre, gracias por darme autoridad y poder sobre mis enemigos. Ayúdame a recordar hablar tu Palabra cuando el enemigo me ataque y a caminar siempre en obediencia a ti.

DIOS, NUESTRO PROVEEDOR

Ha dado alimento a los que le temen; para siempre se acordará de su pacto.

SALMO 111:5 (RVR1960)

¿Necesitas provisión en un área de tu vida y no estás seguro de dónde vendrá? Anímate, porque en el pasaje de hoy Dios promete proveer a los que le temen, es decir, los que lo adoran y lo honran con reverencia inspirada. Siempre y cuando adoremos a Dios, podemos esperar su provisión.

Tal vez alguien que te proporcionó sustento en el pasado ya no está, o te encuentras al borde de perder el trabajo, o pronto tendrás un ingreso fijo. Si por algún motivo te preocupa la provisión, marca el Salmo 111:5 en tu Biblia. Medita sobre este y hasta intenta memorízalo, porque creerlo es la clave para satisfacer tus necesidades. Si guardas esta promesa en tu corazón, el versículo te fortalecerá y te ayudará a vivir con fe cuando en tu vida surja una necesidad, no con miedo.

Cree en la Palabra de Dios cuando Él dice que da alimento y provisión a quienes le temen y adoran con reverencia. Cualquiera que sea tu situación, Dios te proveerá mientras lo adores y lo honres.

La adoración es, de hecho, divertida y energizante, mientras que la preocupación aflige nuestro corazón y provoca la pérdida de alegría. No te preocupes, adora y observa cómo Dios provee para todas sus necesidades.

Gracias, Padre, por satisfacer todas mis necesidades mientras te temo y te adoro con reverencia.

EL COMIENZO, DE LA SABIDURÍA

El principio de la sabiduría es el temor del Señor. Buen entendimiento tienen todos los que ponen esto por obra. Su loor permanece para siempre.

SALMO 111:10 (RVA-2015)

La Biblia enseña que aquellos que caminan en sabiduría serán benditos, fructíferos y felices (Proverbios 2:1–24, 28:26). Me gusta definir la sabiduría como el uso correcto del conocimiento, y afirmar que caminar en sabiduría es hacer ahora lo que te hará feliz más adelante. Según Proverbios 3:1–18, los sabios serán tan bendecidos que, de hecho, serán envidiados. No existe la sabiduría sin adoración. Pero ¿cómo se vuelve sabia la gente? La Escritura de hoy dice que el temor al Señor, que significa adoración reverente y asombrada, es el comienzo de la sabiduría. En otras palabras, la reverencia es fundamental para tener una vida exitosa ante los ojos de Dios.

Hoy en día, muchas personas buscan conocimiento e información, y todos los días tenemos mundos de conocimiento e información en la palma de nuestra mano. Lo único que tenemos que hacer es tocar la pantalla de nuestro teléfono para sorprendernos de todo lo que podemos aprender. El conocimiento y la información son buenos, pero la sabiduría es mucho mejor. El conocimiento sin sabiduría puede hacer que las personas se vuelvan pomposas u orgullosas, lo que en última instancia será perjudicial. Las personas sabias tienen conocimientos, pero no todas las personas con conocimientos son sabias.

Debemos buscar la sabiduría con diligencia y "la rebuscas como a tesoros escondidos" (Proverbios 2:4, RVA-2015). Nada es más importante que la sabiduría y esta comienza con la reverencia a Dios.

Señor, hoy te pido sabiduría, y sé que esta comienza por la adoración y el temor piadoso de ti. Te adoro con todo mi corazón.

NO SIENTAS TEMOR DE LAS MALAS NOTICIAS

De las malas noticias no tendrá temor; su corazón está firme, confiado en el Señor.

SALMO 112:7 (RVA-2015)

Como los primeros años de mi vida estuvieron llenos de abuso, cometí el error de empezar a esperar y a temer las malas noticias. Parecía que nunca me pasaba nada bueno, así que dejé de esperar o de pensar que me pasaría. Más adelante, cuando mi relación con Dios se fortalecía, me di cuenta de que todo el tiempo sentía algo siniestro a mi alrededor. No lo entendí hasta que Dios me dijo que eran *malos presentimientos.*

Nunca había oído el término malos presentimientos, pero encontré un pasaje de las Escrituras que lo explicaba: "Todos los días del afligido son difíciles [por pensamientos y presentimientos ansiosos]; mas el de corazón contento tiene un banquete continuo [independientemente de las circunstancias]" (Proverbios 15:15, RVR1060, mis paréntesis).

Había experimentado tantas decepciones en la vida que había empezado a esperarlas y a temerles. Pero en el pasaje de hoy vemos que el justo "no tendrá temor" de las malas noticias. Los hijos de Dios confían en Él y saben que satisfará sus necesidades y los guiará mientras manejan cada situación que surja. Te animo a que no temas las malas noticias, porque Dios te ama y tiene un buen plan para tu vida.

Padre, estoy agradecido de no tener que temer las malas noticias. Ayúdame a tener siempre la confianza de que me cuidarás sin importar las circunstancias.

DIOS HONRA A LOS POBRES Y NECESITADOS

Él levanta del polvo al pobre, y al menesteroso alza del muladar, para hacerlos sentar con los príncipes, con los príncipes de su pueblo.

SALMO 113:7-8 (RVR1960)

Los seres humanos tendemos a ver a algunas personas como mejores que otras, pero Dios nos valora a todos por igual. A los pobres y necesitados casi siempre se les hace sentir como si pertenecieran a una clase inferior, pero Dios los elevará y los sentará en lugares importantes con personas en cuya presencia nunca pensaron que estarían, llamadas *príncipes* en la escritura de hoy.

Dios tiene un lugar especial en su corazón para los pobres, los necesitados y los que sufren. Quiere consolarlos y elevarlos a un lugar de dignidad. Dios levanta a los que han sido oprimidos o tratados con injusticia, y les dará una doble porción por su dolor y opresión (Isaías 61:7). Si sientes que te han menospreciado, o si eres pobre y necesitado, puedes esperar que Dios te ascienda a un lugar de honor.

Dios te tiene elegido para darte bendiciones. Ha planeado tu liberación y tu recompensa. Confía en Él y en que nada en este mundo puede deprimirte a menos que tú lo permitas.

Eleva tus alabanzas a Dios ahora y siempre, porque Él es bueno y digno de alabanza.

Padre, gracias por levantarme y darme honra entre tu pueblo.

LA GRANDEZA DE DIOS

*Ante la presencia del Señor tiembla la tierra; ante la presencia del Dios
de Jacob.*

SALMO 114:7 (RVA-2015)

Dios es grande y poderoso, y debemos temblar en su presencia
no porque le tengamos miedo, sino porque sentimos reverencia y
asombro al darnos cuenta de lo poderoso que es. Cuando me invi-
tan a una iglesia para ministrar la Palabra de Dios, siento un temor
reverencial hacia el pastor y quiero ser respetuosa. Hago lo que me
piden y cumplo con el plazo que me dan. Sé que el pastor tiene
el poder de invitarme o no volver a invitarme nunca más. Sentir
un temor reverencial de Dios significa que le obedecemos y queremos agradarle porque sabemos que, si así lo desea, tiene el poder
de bendecir nuestra vida o quitarnos bendiciones.

Me parece que pocos cristianos tienen, o siquiera comprenden,
el temor del Señor. La Biblia dice que "El principio de la sabiduría es el temor del Señor" (Proverbios 9:10, RVA-2015). También
nos dice: "perfeccionémonos en la santidad y en el temor de Dios"
(2 Corintios 7:1, RVC). Dios nos ha llamado a vivir una vida santa, pero no podemos hacerlo sin el temor reverencial a Él.

Dios es grande y quiere mostrar su grandeza en tu vida; por
esto, es importante recordar pedirle que la demuestre. Como dice
Santiago 4:2: "No tienen porque no piden" (RVA-2015). Acude
con valentía al trono de Dios y pídele más de lo que crees posible,
y recuerda que todo es posible para Él (Mateo 19:26).

*Padre, gracias por todo lo que has hecho en mi vida. Te pido que hagas
grandes cosas y que me ayudes a vivir una vida santa y me enseñes a
temerte con reverencia.*

DARLE A DIOS TODA LA GLORIA

No a nosotros, oh Señor, no a nosotros, sino a tu nombre da gloria por tu misericordia y tu verdad.

SALMO 115:1 (RVA-2015)

Dios hace muchas cosas maravillosas por nosotros y a través de nosotros, y debemos estar atentos a darle la gloria (crédito). Es un trágico error comenzar a pensar que somos la causa o la fuente de nuestras bendiciones. No creas que Dios te bendice por tu bondad o tus habilidades, más bien recuerda que te bendice a pesar de tus errores.

La mejor forma, y la más rápida, de perder tus bendiciones es atribuirte su mérito. Da a Dios toda la gloria, porque Él no está dispuesto a compartir su gloria con nadie. 1 Corintios 1:27–31 nos enseña que Dios escoge las cosas débiles y necias del mundo para obrar a través de ellas, de modo que nadie pueda jactarse en su presencia. También debemos tener cuidado de no darle el crédito de Dios a ninguna otra persona o cosa, pues Él es la fuente de todo lo bueno. Alábalo y agradécele con frecuencia por todo lo que hace en tu vida, y recuerda que separado de Él, nada puedes hacer (Juan 15:5).

Varias veces me recuerdo a mí misma que nada bueno habita en mi carne (Romanos 7:18), y que sin Dios, no soy nada y nada puedo hacer. En la versión de la Biblia de Reina Valera, 1960, nos dice el salmista David en el Salmo 36:11: "No venga pie de soberbia contra mí, y mano de impíos no me mueva", y la soberbia puede alcanzarnos fácilmente a todos. Nos persigue, y trata siempre de encontrar una entrada a nuestra vida porque Satanás, su autor, sabe que Dios exalta a los humildes, pero la soberbia trae destrucción.

Padre, ayúdame a ser siempre humilde en todo momento para darte la gloria que solo a ti te corresponde.

LAS BENDICIONES VAN A TI

El Señor aumentará bendición sobre ustedes; sobre ustedes y sobre los hijos de ustedes. Benditos sean del Señor quien hizo los cielos y la tierra.

SALMO 115:14-15 (RVA-2015)

Dios desea bendecirte a ti y a tus hijos. Él siempre es bueno y tiene cosas buenas planeadas para ti. Quizás hayas experimentado momentos áridos y difíciles, por lo tanto, deberías esperar que las cosas cambien y mejoren.

Ten esperanza siempre, es decir, espera siempre que algo bueno suceda en cualquier momento. Dios quiere que creamos en sus promesas, y considero que el pasaje de hoy ejemplifica las promesas que queremos ver cumplidas. Tú y tus hijos prosperarán y Dios los bendecirá. Guarda esta esperanza para ti y tus hijos. Exprésala y mientras esperas a que Dios la realice, sé una bendición para alguien a tu alrededor. Al ser bueno con los demás, siembras semillas para tu cosecha.

Cuando nosotros, como padres, tomamos decisiones piadosas, nuestros hijos heredan las bendiciones que recibimos de Dios. Siguen nuestro ejemplo y toman decisiones piadosas en su propia vida. Nos enfrentamos a muchas decisiones cada día. Tomar decisiones piadosas es importante, porque lo que hagamos hoy determinará nuestra calidad de vida mañana.

Ten sabiduría y haz ahora lo que crees que te hará feliz más adelante.

Padre, espero que me sucedan cosas buenas a mí y a mis hijos porque me has prometido que me sucederán. Ayúdame a ser una bendición para los demás mientras espero en ti.

DIOS ESCUCHA

Amo al Señor, pues ha escuchado mi voz y mis súplicas, porque ha inclinado a mí su oído. Por tanto, le invocaré todos mis días.

SALMO 116:1-2 (RVA-2015)

Es maravilloso creer plenamente que Dios nos escucha cuando oramos. Siempre nos escucha y nos responde, excepto cuando le pedimos algo que no está conforme a su voluntad.

La oración es un diálogo con Dios donde no tenemos que intentar ser elocuentes; podemos ser nosotros mismos. Te animo a hablar con Dios como hablarías con un buen amigo, y hablar de todo, porque Él se interesa por todo lo que te concierne. A Dios le encanta escuchar tus oraciones y quiere ayudarte en todo lo que haces, pero muchas veces no tenemos ciertas cosas porque no las pedimos (Santiago 4:2). Simplemente pide con fe, y cree que recibirás lo que pides y lo tendrás (Marcos 11:24). Las Escrituras no dicen cuándo llegará, pero llegará si no te rindes.

Algunas personas creen que solo las otras personas obtienen respuestas de Dios, pero no ellas mismas, lo cual no es cierto. El Espíritu Santo vive dentro de todos los creyentes renacidos. Él conoce la voluntad de Dios y nos permite escuchar a Dios de diversas maneras. Por lo general, Dios nos guía por lo que en 1 Reyes 19:12 se llama "un silbo apacible y delicado" (RVR1960). A menudo siento que Dios habla a través de un conocimiento definitivo de lo que es correcto o de lo que simplemente me hace sentir paz en mi corazón. Si quieres oír de Dios, debes creer que puedes escucharlo y que es su voluntad que lo escuches.

Padre, hazme confiar en que puedo escucharte y enséñame la forma como me hablas. Quiero saber de ti y estar siempre en tu voluntad.

LA CONFIANZA EN DIOS TRAE SATISFACCIÓN

Creí; por tanto hablé, estando afligido en gran manera.

SALMO 116:10 (RVR1960)

Pienso que es seguro afirmar que la mayoría de las personas se siente, de una forma u otra, afligida a lo largo de su vida. El salmista que escribió el pasaje de hoy sin duda se sintió así, al igual que el apóstol Pablo. Pablo escribe sobre algunas de sus aflicciones en 2 Corintios 11:21–28. Si miramos tan solo dos versículos de ese pasaje, podemos ver que sufrió mucho: "De los judíos cinco veces he recibido cuarenta azotes menos uno. Tres veces he sido azotado con varas; una vez apedreado; tres veces he padecido naufragio; una noche y un día he estado como náufrago en alta mar" (vv. 24–25, RVR1960). Sin embargo, más adelante en su vida, escribió: "Sé vivir humildemente, y sé tener abundancia; en todo y por todo estoy enseñado, así para estar saciado como para tener hambre, así para tener abundancia como para padecer necesidad" (Filipenses 4:12, RVR1960).

Creo que lo que Pablo quería decir cuando dijo que estaba enseñado era que todavía confiaba en Dios incluso si no le gustaba particularmente la situación en la que se encontraba. Por tanto, su confianza lo mantuvo en perfecta paz y esto también aplica para nosotros. Cuando realmente confiamos en el Señor, estamos contentos y en paz.

Confiar en Dios y no quejarse durante los tiempos difíciles lo honra de gran manera. No tiene ningún valor decir cuánto confiamos en Dios cuando todo está bien si, cuando enfrentamos dificultades, no podemos decir: *Confío en ti, Señor*, y decirlo con sinceridad.

Enséñame, Señor, a estar contento, incluso en medio de los desafíos y aflicciones. Confío en ti.

CUMPLE TUS VOTOS

Cumpliré mis votos al Señor delante de todo su pueblo.

SALMO 116:18 (RVA-2015)

Hacemos un voto cuando le decimos o prometemos a alguien que haremos algo. La gente hace votos cuando se casa, que se denominan comúnmente votos matrimoniales y deben tomarse en serio. Los votos matrimoniales no deben hacerse ni romperse a la ligera, y cuando el matrimonio se vuelve difícil, debemos hacer todo lo posible para solucionar las cosas y mantener los votos que hemos hecho. Dios no cree que un voto carezca de importancia, pues sabe que es muy importante y no debe hacerse a menos que una persona tenga la plena intención de honrarlo.

A veces decimos que haremos cosas, pero no las cumplimos. Parece que hoy muchas personas piensan que no cumplir sus votos (promesas) no representa un problema. Decirle a alguien con ligereza: *Te llamaré pronto para ir a almorzar* puede no parecer importante, pero en lo que respecta a Dios, hemos hecho votos o promesas de hacer algo, y es importante que los cumplamos nuestra palabra.

Dave y yo nos esforzamos diligentemente por hacer lo que decimos que haremos. Pienso que Dios bendice a las personas que toman en serio su palabra. Él siempre mantiene su palabra, pues esperamos que la mantenga, y Él espera lo mismo de nosotros. Cuando le decimos a Dios que haremos algo, siempre debemos cumplirlo. Si tienes votos incumplidos en tu vida, te insto a que los cumplas y, si es necesario, te disculpes por no haberlos cumplido antes.

Padre, lamento las promesas que hice y no cumplí. Perdóname y ayúdame a corregir lo que pueda y a cumplir siempre mi palabra de ahora en adelante. Gracias.

ALABA AL SEÑOR

¡Alaben al Señor, naciones todas! ¡Pueblos todos, alábenle! Porque ha engrandecido sobre nosotros su misericordia, y la verdad del Señor es para siempre. ¡Aleluya!

SALMO 117:1-2 (RVA-2015)

El Salmo 117 consta de solo dos versículos y leemos palabras similares en todos los Salmos. He llegado a creer que cada vez que la Palabra de Dios repite ciertas cosas, quiere decir que son importantes y debemos prestarles mucha atención.

Entramos por las puertas de Dios con acción de gracias y entramos por sus atrios con alabanza (Salmo 100:4), por eso creo que la acción de gracias y la alabanza siempre deben preceder a nuestras peticiones. No puedo pedirle algo a Dios si ni siquiera estoy en su presencia, así que comienzo mis momentos de oración matutina con alabanza y acción de gracias. Oro de otras maneras a lo largo del día sin estas dos cosas porque no quiero hacer de esto una regla, pero sí creo que nuestro día debe estar lleno de acción de gracias y alabanza, así como de oraciones por nosotros mismos y por los demás.

Múltiples veces las Escrituras dicen que Dios nos ama y que su amor es grande y perdura para siempre, y creo que también debemos decirle que lo amamos durante todo el día. No creo que las veces que lo decimos sean suficientes. Nunca me canso de escuchar a mi esposo decirme que me ama, y nunca me canso de escuchar a Dios decirme que me ama, por esto, dudo seriamente que Él se canse de oírnos decirle que lo amamos.

Dile hoy a Dios que Él es bueno, que aprecias todo lo que hace por ti, que lo amas y que confías en Él para que te ayude en todo lo que hagas.

Padre, estoy agradecido por ti y te alabo por todas tus poderosas obras. Te amo y te necesito. Eres bueno y eres fiel. Pongo mi confianza en ti. Amén.

EL MIEDO
A OTRAS PERSONAS

*Al Señor invoqué desde la angustia, y el Señor me respondió ponién-
dome en lugar espacioso. El Señor está conmigo; no temeré lo que me
pueda hacer el hombre.*

SALMO 118:5-6 (RVA-2015)

El salmista clamó al Señor, y Él lo condujo a un lugar espacioso
(grande). A menudo digo que prefiero creerle a Dios por mucho y
obtener algo, que creerle a Dios por poco y obtenerlo todo. ¿Qué
tipo de oraciones haces? ¿Eres lo suficientemente valiente como
para pedirle a Dios más de lo que te parece razonable? Efesios 3:20
nos dice que Dios es capaz de hacer mucho, "más abundantemente de lo que pedimos o entendemos" (RVR1960).

El salmista también creía que Dios estaba con él. Por esta
razón, no tenía por qué temer. Creamos que no tendremos miedo en nuestra vida. El temor es nuestro enemigo y desea impedirnos progresar y mantenernos viviendo vidas pequeñas llenas
de decepciones. No tenemos nada que temer mientras Dios esté
con nosotros y sepamos que nos ama. Él es más grande que cualquier enemigo.

No debemos temer a otras personas porque no son más grandes
que Dios, y nada de lo que alguien amenace con hacernos sucederá mientras mantengamos la confianza en el Señor. Si sucede algo
injusto, Dios lo permitirá solo porque tiene la intención de hacer
algo mejor para nosotros.

Muchas personas pierden su destino por miedo a los demás.
No dejes que esto te pase. Dios está contigo, está por ti y puedes
vivir en un lugar grande sin miedo.

*Padre, gracias porque no tengo que vivir con miedo porque siempre
estás conmigo y me amas. Llévame a un lugar grande y espacioso donde pueda disfrutar de mi vida y servir de bendición para muchas personas.*

REFÚGIATE EN EL SEÑOR

Mejor es refugiarse en el Señor que confiar en el hombre. Mejor es refugiarse en el Señor que confiar en los poderosos.

SALMO 118:8-9 (RVA-2015)

Un refugio es un lugar sin peligros o problemas, un lugar al que podemos correr cuando tenemos miedo. Dios es el refugio del cristiano. Es mejor confiar en Dios que confiar en los seres humanos. No sugiero que desconfiemos de las personas, pero no debemos poner en ellas la confianza que corresponde a Dios. También debemos darnos cuenta de que los seres humanos pueden decepcionarnos o abandonarnos cuando más los necesitamos. Por fortuna hay personas fieles que permanecen con nosotros pase lo que pase, pero si miramos a alguien y pensamos: nunca me hará daño, quedamos expuestos a la devastación emocional.

Una vez un grupo de personas que ingenuamente pensé que nunca me rechazaría, me hirió. Estaba segura de que siempre formarían parte de mi vida y de mi ministerio, pero Satanás los engañó y rápidamente me dieron la espalda y me acusaron de cosas que no eran ciertas. Fue una lección dolorosa, pero ha sido la más importante de mi vida y ministerio. Tengo mucha gente maravillosa que me ayuda. Confío en estas personas, pero nunca las miro y pienso: estarán aquí para siempre; nunca me decepcionarán ni me lastimarán, porque sé que esta forma de pensar trae problemas. Dios es mi refugio. Las personas son mis amigas, mis compañeras de trabajo y mis ayudantes, pero Dios es mi refugio y oro para que también sea el tuyo.

Señor, ayúdame a nunca darles a otras personas la confianza total que solo te corresponde a ti.

RECHAZA EL RECHAZO

La piedra que desecharon los edificadores ha venido a ser la principal del ángulo. De parte del Señor es esto; es una maravilla a nuestros ojos.

SALMO 118:22-23 (RVR1960)

El pasaje de hoy habla de la "piedra que desecharon los edificadores". Jesús es esa piedra, pero se ha convertido en la piedra angular de todo en lo que creemos. La piedra angular de un edificio es sobre la cual descansa el peso del edificio, y Jesús es la roca sobre la cual descansa el peso de todo. La gente lo rechazó, pero Dios lo resucitó. Cuando la gente nos rechaza, podemos rechazar su rechazo y saber que Dios nos reivindicará y promoverá siempre y cuando lo sigamos.

Los hermanos de José lo rechazaron, pero Dios lo escogió para ser gobernante y tener un lugar de tremendo poder (Génesis 37, 39–41). Los hermanos de David lo rechazaron, pero Dios lo ungió como rey (1 Samuel 16:6–13).

El rechazo es extremadamente doloroso, tanto como el dolor físico, o quizás peor. Dios nos ha creado para que se nos acepte y el rechazo va en contra de todo lo que está en su plan para nosotros, pero todos lo experimentamos. A menudo proviene de los que más amamos, porque Satanás sabe que ellos son los que más pueden influenciarnos y dañarnos. Él utiliza el dolor del rechazo para tratar de lograr que complazcamos a las personas en lugar de agradar a Dios. El apóstol Pablo afirma en Gálatas 1:10 que no habría llegado a ser apóstol de Jesucristo si hubiera tratado de ser popular entre la gente. ¿Cuántas personas pierden su destino porque no rechazan el rechazo que viene a descarrilarlas? Probablemente más de los que podemos contar.

Dios te acepta, y eso es lo que realmente importa, así que cuando la gente te rechace, ora por ella y rechaza su rechazo, porque Dios tiene un plan para ti que tendrá éxito sin ella.

Señor, ayúdame a estar siempre firme cuando las personas me rechazan, y ayúdame a creer lo que dices de mí más de lo que creo que ellas dicen de mí.

HOY ES UN REGALO

Este es el día que hizo el Señor; nos gozaremos y nos alegraremos en él.

SALMO 118:24 (RVA-2015)

¿Alguna vez has decidido qué tipo de día tendrás incluso antes de levantarte de la cama? Quizás te despiertas de mal humor o sin ganas de tratar con tu jefe o compañeros de trabajo, y temes el día que te espera. Mucha gente vive de esta manera, y hacerlo es dejar que tus emociones te controlen en lugar de que tú las manejes.

Creo que el salmista descubrió el secreto para vivir los días ordinarios con entusiasmo extraordinario. Aprendió a ver cada día como un regalo de Dios y decidió y declaró que, como tal, lo disfrutaría y se alegraría. Tomó una decisión que le produjo los sentimientos que deseaba en lugar de esperar a ver cómo se sentía.

La presencia de Dios hace que cada día sea emocionante si tenemos una perspectiva piadosa de la vida en su totalidad. Todo lo que hacemos es sagrado y sorprendente si lo hacemos para el Señor y creemos que Él está con nosotros. Pregúntate ahora mismo si realmente crees que Dios está contigo, incluso en medio de las tareas rutinarias. Si tu respuesta es sí, ¡podrás tener un día extraordinario!

Puede que hoy no tengas planeado el día más maravilloso del mundo y que necesites hacer algunas cosas que no disfrutas, pero aun así puedes tener un gran día si eliges recibirlo como un regalo de Dios y regocijarte en él.

Gracias Señor por este día. ¡Lo recibo como un regalo tuyo para mí y me regocijaré!

DIOS QUIERE
QUE TENGAS ÉXITO

¡Oh Señor, sálvanos, por favor! ¡Oh Señor, haznos prosperar!

SALMO 118:25 (RVA-2015)

El éxito se presenta de diversas formas. Hay muchas personas en la Biblia que tuvieron éxito y prosperidad en sus ocupaciones, pero también hay muchas que no eran ricas en términos de bienes o finanzas, sino que casi siempre sufrieron la humillación. Sin embargo, estas personas tuvieron éxito porque eran ricas en términos espirituales.

No hay nada malo en tener dinero siempre y cuando el dinero no te tenga a ti. Puede que entonces preguntes: *Joyce, ¿no dice la Biblia que el dinero es la raíz de todos los males?* No, no lo es. La Biblia dice: "porque raíz de todos los males es *el amor* al dinero" (1 Timoteo 6:10, RVR1960, mis cursivas).

Jesús dice: "Nadie puede servir a dos señores; porque aborrecerá al uno y amará al otro, o se dedicará al uno y menospreciará al otro. No pueden servir a Dios y a las riquezas" (Mateo 6:24, RVA-2015). Sin embargo, podemos usar el dinero para servir a Dios y ayudar a las personas.

Dios quiere que tengamos éxito y debemos confiar en que Él nos dará solo las bendiciones materiales que sabe que podemos manejar, a la vez que lo tenemos a Él en primer lugar en nuestra vida. Debemos querer y buscar el éxito espiritual, que incluye conocer y obedecer la Palabra de Dios, conocer a Jesús y seguir la guía del Espíritu Santo. Cuando nuestra prioridad es nuestra vida espiritual, vendrá todo lo que Dios quiere que tengamos de más.

Padre, te busco primero y confío en que añadirás lo que quieras que tenga. Creo que quieres que tenga éxito en todas las áreas de la vida y confío en que me enseñarás lo que de verdad significa el éxito.

CÓMO RECIBIR BENDICIONES

Bienaventurados los que guardan sus testimonios, y con todo el corazón le buscan.

SALMO 119:2 (RVR1960)

El Salmo 119 es el más largo de todos los salmos y el capítulo más largo de la Biblia, con 176 versículos. Está lleno de alabanzas y exhortaciones sobre la Palabra de Dios. En el pasaje de hoy leemos acerca de guardar los *testimonios* de Dios, que es lo mismo que guardar su palabra o sus enseñanzas.

Lo que el salmista comunica en el pasaje de hoy es que para ser bendecidos y experimentar el favor de Dios, debemos hacer dos cosas. Primero, debemos conocer su palabra. No es posible que Dios diga una cosa y haga otra, pues Él no puede mentir, y es siempre fiel a cumplir lo que ha prometido. Cuanto más conocemos su palabra, más conocimiento tenemos sobre la forma como podemos esperar que Él se muestre en nuestra vida.

Segundo, debemos buscar a Dios continuamente con todo nuestro corazón, lo cual comienza al conocer su palabra. Conozco a muchas personas que quieren que su vida mejore, pero no tienen disciplina para aprender la Palabra de Dios y buscarlo a través de ella.

Es tu elección pasar tiempo con Dios estudiando su palabra, y solo tú la puedes tomar. Cuando eliges buscarlo con todo el corazón, no pasará mucho tiempo antes de que tus deseos y tu vida comiencen a cambiar, y Dios se vuelva más importante para ti que cualquier otra cosa.

Señor, hoy elijo estudiar, aprender y conocer tu palabra. Ayúdame a buscarte a través de ella con todo mi corazón.

AYÚDAME A NO PECAR EN TU CONTRA, SEÑOR

Con todo mi corazón te he buscado; no dejes que me desvíe de tus mandamientos. En mi corazón he guardado tus dichos para no pecar contra ti.

SALMO 119:10-11 (RVA-2015)

Cualquier persona que quiera vivir una vida santa debe estudiar la Palabra de Dios con diligencia y permitir que llene su corazón. La Palabra de Dios te hablará cuando estés a punto de hacer algo pecaminoso. Además, cuando estés tentado a pecar, puedes hablar y meditar en la palabra, y así te fortalecerás para resistir la tentación que enfrentas.

Recientemente sentí celos de alguien e inmediatamente el Espíritu Santo me recordó que el amor no es celoso (1 Corintios 13:4). Para mí es importante caminar en amor porque sé que este es el nuevo mandamiento que Jesús nos dejó antes de su crucifixión (Juan 13:34). En lugar de dejar que los celos pudrieran y echaran raíces en mi corazón, comencé a orar para que Dios me ayudara a amar a la persona de la que tenía celos y a orar por su continua bendición.

No podemos resistir el pecado a menos que nuestros corazones estén llenos de la Palabra de Dios, lo que significa que tendremos que hacer el esfuerzo de estudiar, escuchar, leer y pensar en su palabra diariamente. Según los versículos de hoy, si escondemos la palabra en nuestro corazón, no pecaremos contra Dios ni nos desviaremos de sus mandamientos. El tiempo dedicado a aprender la Palabra de Dios es una inversión que produce grandes dividendos.

Padre, concédeme la gracia y la disciplina para hacer del estudio de tu palabra una prioridad en mi vida. Quiero vivir una vida santa y sé que no puedo hacerlo sin un corazón lleno de tus instrucciones.

HABLA LA PALABRA

¡Bendito seas tú, oh Señor! Enséñame tus leyes. Con mis labios he contado todos los juicios de tu boca.

SALMO 119:12-13 (RVA-2015)

Una de las lecciones más grandes que Dios me ha enseñado es la importancia de hablar su palabra en voz alta. Según Efesios 6:17, su palabra es una espada, nuestra arma número uno contra nuestro enemigo, el diablo. Cuando el enemigo ataca nuestra mente o nos tienta a pecar, podemos decir una porción de las Escrituras que se aplica a la situación que enfrentamos, lo que nos fortalecerá, pero también ahuyentará al enemigo.

En Lucas 4:1 leemos que el Espíritu Santo llevó a Jesús al desierto, donde permaneció cuarenta días. Durante ese tiempo, Satanás lo tentó de diversas maneras. Después de estas tentaciones, Jesús respondía: "Escrito está", y citaba un pasaje de las Escrituras relevante para cada tentación en particular. Por ejemplo, Satanás le mostró a Jesús todos los reinos del mundo y le dijo: "A ti te daré toda autoridad y la gloria de ellos; porque a mí me ha sido entregada, y la doy a quien yo quiero. Por esto, si tú me adoras, todo será tuyo" (vv. 6–7, RVA-2015) y Jesús respondió a Satanás: "Escrito está: Al Señor tu Dios adorarás, y a él solo servirás" (v. 8, RVA-2015).

Tú y yo podemos seguir el ejemplo de Jesús en nuestra vida. Si te enojas, puedes citar pasajes de las Escrituras que te digan que no dejes que tu ira persista. Si te sientes egoísta, puedes citar pasajes de las Escrituras sobre dar y ser una bendición para los demás. Citar las Escrituras en voz alta ayuda a que la Palabra de Dios quede profundamente arraigada en tu corazón. Además, convoca a tus ángeles a trabajar a tu favor, porque obedecen su palabra (Salmo 103:20).

Padre, enséñame a guardar tu palabra en mi corazón para poder hablarla en voz alta y blandirla como espada de dos filos cuando el diablo me tiente o me mienta. Gracias.

CUANDO NECESITAS CONSEJO

Príncipes también se sentaron y hablaron contra mí; mas tu siervo meditaba en tus estatutos, pues tus testimonios son mis delicias y mis consejeros.

SALMO 119:23-24 (RVR1960)

Creo que la Palabra de Dios nos da la respuesta a cualquier problema que tengamos. Nos aconsejará cuando necesitemos saber qué hacer o cómo manejar una situación específica. Además, el Espíritu Santo, que habita dentro de nosotros, es nuestro *Consolador* (Juan 14:16–17). No hay nada de malo en obtener ayuda profesional si lo necesitas y puedes pagarla, pero si no, el hecho de que la Palabra de Dios y su Espíritu te puedan aconsejar debería brindarte consuelo.

Creo que acudimos a otras personas demasiado rápido, pero antes de buscar ayuda en otro ser humano, deberíamos darle a Dios la oportunidad de aconsejarnos. Si elegimos consultar a un consejero profesional, necesitamos su guía sobre cuál es la persona adecuada.

Durante mi infancia abusaron sexualmente de mí y cuando comencé mi proceso de sanación, no podía pagar un tratamiento profesional. Pero, a través de su palabra, Dios me aconsejó y me llevó a un lugar de plenitud y victoria, y si lo necesitas hará lo mismo por ti. La Palabra de Dios contiene poder sanador. Pasar tiempo en su presencia también trae sanación. Sé paciente y confía en que la Palabra de Dios y su Espíritu Santo obran en ti para darte buenos consejos.

Padre, cuando no sé qué hacer, gracias porque me brindas consejo y asesoramiento en cualquier situación. Permíteme buscar siempre tu consejo y confiar en ti para que me guíes hacia el siguiente paso que debo dar.

PEDIR ENTENDIMIENTO
A DIOS

Dame entendimiento, y guardaré tu ley, y la cumpliré de todo corazón.

SALMO 119:34 (RVR1960)

La gente suele decir que leer la Biblia es confuso y que no entiende lo que Dios dice a través de ella. Pienso que lo dice porque intenta descifrarla racionalmente, pero debemos darnos cuenta de que no somos lo suficientemente inteligentes para comprender la mente de Dios y que no siempre podemos depender de nuestro propio entendimiento (Proverbios 3:5). Moisés explicó a los israelitas que hay *cosas secretas* que solo Dios conoce (Deuteronomio 29:29). Dijo que cuando Dios reveló su voluntad, es decir, cuando dejó las cosas claras, esas eran las palabras que debían obedecer. De la misma forma, lo único que necesitamos es pedirle a Dios que nos muestre lo que debemos hacer y luego seguirlo cuando nos lo revela.

El apóstol Pablo escribió: "Verdad digo en Cristo, no miento, y mi conciencia me da testimonio en el Espíritu Santo" (Romanos 9:1, RVR1960). Sabía que hacía lo correcto porque sus acciones daban testimonio en su espíritu, en lo más íntimo de su ser.

Esa es la actitud que necesitamos. Antes de leer o estudiar la Palabra de Dios, debemos pedirle siempre al Espíritu Santo que nos enseñe y luego depender de Dios para que nos muestre las cosas de tal manera que sepamos con una certeza interna que lo que se ha revelado en nuestra mente es correcto. Podemos sentirnos tentados a razonar y a buscar soluciones lógicas, pero el discernimiento y la revelación de Dios siempre son mejores que nuestro propio razonamiento, y podemos confiar en que el Espíritu Santo nos guiará.

Espíritu Santo, te pido que me ayudes, me guíes y me enseñes cada vez que leo la Palabra de Dios.

APRENDER
POR LAS MALAS

Se engrosó el corazón de ellos como sebo, mas yo en tu ley me he regocijado. Bueno me es haber sido humillado, para que aprenda tus estatutos.

SALMO 119:70-71 (RVR1960)

Como padres queremos que nuestros hijos escuchen lo que les decimos y obedezcan. Si no lo hacen, un padre amoroso los corregirá de alguna manera. Los niños deben aprender que la desobediencia tiene consecuencias y que esas consecuencias no son agradables.

Dios es nuestro Padre, y como tal debe corregirnos; la Biblia nos dice claramente que lo hace porque nos ama: "Hijo mío, no menosprecies la disciplina del Señor, ni desmayes cuando eres reprendido por él; porque el Señor al que ama, disciplina, y azota a todo el que recibe por hijo" (Hebreos 12:5-6, RVR1960).

En el pasaje de hoy, el salmista menciona que fue bueno para él cuando Dios le causó aflicción. Por lo general, no pensamos que ningún tipo de corrección es buena para nosotros mientras sucede, pero luego vemos (con suerte) que nos ayudó a obedecer a Dios de maneras que trajeron bendiciones a nuestra vida.

Es mejor si obedecemos la Palabra de Dios y confiamos en que lo que Él nos dice que hagamos o dejemos de hacer es por nuestro bien. Si no obedecemos, Dios nos ama tanto que nos corrige para que podamos aprender las consecuencias de no obedecerlo.

Padre, enséñame a obedecer tu palabra. Si no obedezco, doy gracias por tu corrección, y por saber que la das solo porque me amas y quieres lo mejor para mí.

LO QUE ENSEÑA LA BIBLIA SOBRE LA MEDITACIÓN

¡Oh, cuánto amo yo tu ley! Todo el día es ella mi meditación.

SALMO 119:97 (RVR1960)

En la Escritura de hoy, el salmista escribe acerca de meditar sobre la ley de Dios, es decir, su palabra, *todo el día*. Meditar sobre algo es darle vueltas y vueltas en la mente, y hasta murmurarlo de vez en cuando. Me gustaría compartir contigo tres observaciones importantes sobre la meditación.

1. La Palabra de Dios indica que la meditación es más que una lectura rápida o una pausa para hacer unas breves reflexiones. La Biblia presenta la meditación como una reflexión seria realizada por seguidores serios y comprometidos, dispuestos a concentrarse a profundidad.

2. La meditación es continua y habitual. Josué 1:8 y el Salmo 1:2 dicen que la persona piadosa medita en la ley de Dios "de día y de noche".

3. La meditación no es un ritual religioso. En algunos pasajes bíblicos donde aparece el término, el escritor continúa señalando los resultados. Josué 1:8 dice que si meditas en la Palabra de Dios "harás prosperar tu camino, y todo te saldrá bien". Y el Salmo 1:3 dice que "todo lo que hace, prosperará" (RVR1960).

Meditar en la Palabra de Dios requiere tiempo y atención, y requiere silenciar temporalmente el ruido de la vida mientras te dedicas a un estudio más profundo de la Palabra. Te sorprenderá cuánto poder libera la meditación en tu vida. Cuanto más medites en la Palabra de Dios, más fácilmente podrás aprovechar su fuerza.

Señor, oro para que me des el deseo de meditar en tu palabra para que quede profundamente establecida en mi corazón y esté disponible cuando la necesite.

DIOS HACE LO QUE ES MEJOR PARA TI

Susténtame conforme a tu palabra, y viviré; y no quede yo avergonzado de mi esperanza.

SALMO 119:116 (RVR1960)

Todos experimentamos decepciones, como cuando queremos y esperamos que algo suceda y no sucede. Nos sentimos como debió sentirse el salmista cuando escribió las palabras del pasaje de hoy: como si nuestra esperanza se hubiera frustrado. La respuesta a la decepción es confiar en que Dios siempre hará lo mejor para nosotros, pues solo por el hecho de que queramos algo no significa que sea lo adecuado para nosotros.

Somos individuos y Dios tiene un plan personalizado para cada uno. Lo que es correcto para otra persona puede no ser lo mejor para ti. Te animo a dejar de luchar contra la vida. Aprende a relajarte en Dios y, cuando te sientas decepcionado, olvídalo y sigue adelante.

Puedes sentir consuelo al experimentar la decepción si sabes que Dios te ama y tiene un plan maravilloso para tu futuro. Si no te da lo que pides, puedes estar seguro de que la razón es que está pensando en algo mejor. Su plan se desarrollará poco a poco y pronto te darás cuenta de cuánto te ama mientras obra en tu vida.

Padre, cuando esté decepcionado, ayúdame a recordar que puedo recibir tu consuelo y que siempre harás lo mejor por mí si confío en ti.

EL ENTENDIMIENTO DE LA PALABRA DE DIOS SE ABRE

La exposición de tus palabras alumbra; hace entender a los simples.

SALMO 119:130 (RVR1960)

La Palabra de Dios contiene tesoros sin igual: verdades que cambiarán nuestra vida, estímulos para seguir la voluntad de Dios hacia una vida llena de propósito y bendiciones y poderosos secretos vivificantes que Dios quiere revelarnos. Estos tesoros se dan a conocer a quienes reflexionan, estudian, piensan, practican mentalmente y meditan en las Escrituras.

El pasaje de hoy nos enseña que la comprensión de la Palabra de Dios es un proceso de continua apertura. No hay final para lo que Dios puede mostrarnos en una sola frase bíblica o en un versículo de las Escrituras. Podemos estudiar un pasaje una vez y ver un granito de verdad. Luego, cuando lo estudiamos de nuevo, vemos algo que ni siquiera habíamos notado antes. Estudiar la Palabra de Dios es como mirar un diamante; cada vez que lo miramos, vemos una nueva faceta.

El Señor no para de revelar sus secretos a quienes son diligentes en el estudio de la Palabra. No seas alguien que se conforma con construir su vida espiritual sobre la comprensión de otros sobre las Escrituras. Estúdialas tú mismo y deja que el Espíritu Santo te guíe y te anime a través de ellas. Deja que la verdad y el poder de la Palabra de Dios bendigan tu vida.

Señor, mientras estudio y medito en tu Palabra, continúa mostrándome sus tesoros.

DEDICA TUS PENSAMIENTOS A LA PALABRA DE DIOS

Me anticipé al alba, y clamé; esperé en tu palabra. Se anticiparon mis ojos a las vigilias de la noche, para meditar en tus mandatos.

SALMO 119:147-148 (RVR1960)

En el pasaje de hoy podemos sentir el compromiso del salmista con la Palabra de Dios. En lenguaje moderno, diríamos que *se levanta temprano y se queda despierto hasta tarde* para meditar en las promesas de Dios. Leer u oír la Palabra es bueno, pero cuando también le dedicamos nuestros pensamientos, al igual que el salmista, comenzamos a comprenderla con más profundidad. La Palabra de Dios está llena de poder y tiene la capacidad de cambiarnos. Así como los alimentos buenos y nutritivos deben masticarse bien y tragarse para que podamos beneficiarnos de ellos, la Palabra de Dios se debe asimilar y digerir para que llegue a formar parte de nosotros. Esta asimilación y digestión se logran en nuestra mente al pensar y enfocarnos en su Palabra, sin distraernos en ese tiempo con ella.

Te animo a que elijas un versículo de la Biblia y lo medites a lo largo del día, o tal vez durante una semana o más. Vuélvelo una costumbre. Al momento de elegir un versículo, puedes pensar en uno que sea particularmente significativo para ti, o puedes pensar en un tema que sea importante para ti en este momento, como la oración, la sanación o el manejo de tus finanzas. Luego, busca versículos sobre ese tema en línea o en una concordancia. De esta manera, la verdad bíblica se arraigará en tu corazón y será más significativa para ti.

Señor, quiero dedicar mis pensamientos a tu palabra y hacer tiempo en mi agenda para estudiarla seriamente. Ayúdame, te lo ruego.

EN TU ANGUSTIA, LLAMA AL SEÑOR

Al Señor llamé estando en mi angustia y él me respondió. Libra mi alma, oh Señor, de los labios mentirosos y de la lengua fraudulenta.

SALMO 120:1-2 (RVA-2015)

Todos tenemos momentos como los del salmista, donde la gente nos calumnia y dice cosas de nosotros que no son ciertas. Aunque nos duela, debemos confiar en que Dios nos ayudará si acudimos a Él en busca de salvación. Invoca al Señor en tu angustia. No trates de vengarte de los que te calumnian: recuerda que la venganza es de Dios (Romanos 12:19).

Dios te hará justicia a su debido tiempo. Mientras esperas, es importante no hablar mal de la persona que te hizo daño. En cambio, ora por ella y asegúrate de perdonarla por completo. Son cosas necesarias para que Dios haga su parte. La obediencia libera las bendiciones de Dios en nuestra vida.

Cuando alguien dice mentiras sobre nosotros, nuestro primer impulso es defendernos, pero Jesús nunca se defendió. La gente decía todo tipo de falsedades sobre Él, pero Él solo esperaba a que Dios hiciera justicia. Puedes seguir adelante y disfrutar tu vida mientras Dios hace la obra que solo Él puede hacer.

Padre, me duele cuando la gente miente sobre mí, pero quiero esperar en tu justicia. Ayúdame a perdonar y a esperar a que me liberes.

DIOS VELA POR TI

No permitirá que resbale tu pie ni se adormecerá el que te guarda. He aquí, no se adormecerá ni se dormirá el que guarda a Israel.

SALMO 121:3-4 (RVA-2015)

Darnos cuenta de que Dios vela por nosotros en todo momento es muy reconfortante. No hay ni un momento donde no tenga su mirada amorosa sobre nosotros. Dios no duerme, por eso, incluso cuando dormimos, nos mira.

Dios es nuestro protector y nuestro escondite. Es el lugar al que acudimos cuando estamos heridos, en problemas o en cualquier tipo de peligro. Te animo a pensar varias veces al día: "Dios me está mirando en este momento". Recordar su mirada vigilante sobre mí me consuela. Me ayuda a darme cuenta de que nada queda oculto a Dios y aumenta mi deseo de vivir una vida que le agrade.

¿Tienes miedo de algo en este momento? Si lo tienes, recuerda que Dios te cuida y está contigo. Si estás sufriendo física o emocionalmente, Él está contigo para consolarte. Todo lo que debes hacer es pedirle lo que necesitas. Dios te ama mucho y se deleita en satisfacer tus necesidades y concederte los deseos de tu corazón.

Padre, es maravilloso saber que siempre velas por mí y que me protegerás. Ayúdame a recordar que me ves en todo momento.

DIOS TE PROTEGE

El Señor te guardará de todo mal; él guardará tu vida. El Señor guardará tu salida y tu entrada desde ahora y para siempre.

SALMO 121:7-8 (RVA-2015)

Un día una amiga mía estaba en un bote, sentada en una silla de jardín, mientras leía sobre la forma como Dios encarga a sus ángeles que nos protejan (Salmo 91:11). El bote chocó con una gran ola, la silla de jardín se volcó y mi amiga se golpeó la cabeza. No resultó herida, solo acabó con un fuerte dolor de cabeza. Tras el suceso le preguntó al Señor por qué no la había protegido del pequeño incidente y sintió que Él le contestaba: *No estás muerta, ¿verdad?*

Pasamos demasiado tiempo considerando lo que Dios no hace y muy poco tiempo enfocándonos en lo que sí hace. Piensa en lo gravemente que podría haber resultado herida mi amiga; tal vez Dios le permitió caer para enseñarle que sentarse en una silla de jardín en un bote en movimiento no es prudente. Con frecuencia pienso en la cantidad de personas que conducen autos. Si se compara la cantidad de tráfico que hay en el mundo, no hay demasiados accidentes. Dios nos protege.

No sabemos de qué tanto nos protege Dios, pero las escritura de hoy dicen que vela por nosotros y que no permitirá que nos suceda ningún daño. Estas promesas son para sus hijos y podemos agradecerle que, aunque ocurran accidentes, no son tan malos como podrían haber sido.

También tenemos la promesa de Dios de que "todas las cosas les ayudan a bien" a los que lo aman y quieren su voluntad (Romanos 8:28, RVR1960), de modo que si sucede algo que no parece bueno al principio, podemos confiar en que Dios obrará. Al final, nos beneficiaremos.

Padre Dios, gracias por tu protección. Ayúdame a darme cuenta de cuánto haces para prevenir y protegerme del daño. Cuando suceda algo que no sea bueno, ayúdame a recordar que tú lo solucionarás para bien.

¿ERES SEGURO
O INSEGURO?

*Pidan por la paz de Jerusalén: "Vivan tranquilos los que te aman. Haya
paz dentro de tus murallas y tranquilidad en tus palacios".*

SALMO 122:6-7 (RVA-2015)

La inseguridad en las personas es un problema que parece haber
alcanzado proporciones epidémicas. Dios quiere que su pueblo
esté seguro de su amor y aceptación, y quiere que seamos audaces, no temerosos. El apóstol Juan escribe que "el amor perfecto
echa fuera el temor" (1 Juan 4:18, RVR1960), y el amor perfecto es el amor de Dios.

La inseguridad atormenta. Impide que disfrutemos de las cosas
buenas que Dios ha preparado para nosotros. Las personas inseguras suelen llevar una vida solitaria, pues le temen tanto al rechazo
que se aíslan porque piensan que aislarse evitará que las lastimen,
pero se lastiman a sí mismas con esa distancia.

Las personas inseguras interpretan las acciones y palabras de los
demás de forma negativa y se toman las cosas como algo personal
cuando no deberían. Por ejemplo, una persona insegura podría
imaginar que no le agrada a alguien porque esa persona no le habló
en una fiesta, pero puede que ese no sea el caso. Quizás la persona ni siquiera la vio. Las personas que luchan contra la inseg150ri-
dad no pedirán el ascenso que está disponible en su trabajo porque
temen que se los nieguen.

La cura para los inseguros es recibir y habitar el amor de Dios.
Saber que siempre está contigo y que, si fallas en algo que intentas
hacer, no te convierte en un fracaso. Tan solo significa que debes
intentarlo de nuevo o intentar otra cosa.

*Padre, quiero estar seguro de tu amor por mí y ser audaz al caminar
por la vida. Ayúdame a vivir sin inseguridades para poder tener la vida
que quieres que disfrute.*

BUSCA LA MISERICORDIA
DE DIOS

Ten compasión de nosotros, oh Señor; ten compasión de nosotros porque estamos hastiados del desprecio. Nuestra alma está sumamente hastiada de la burla de los que están en holgura, y del desprecio de los orgullosos opresores.

SALMO 123:3-4 (RVA-2015)

¿Has soportado el desprecio de personas que no te entienden o a las que no les agradas ni tampoco entienden tu decisión de servir a Dios? ¿Has soportado el escarnio de los arrogantes y orgullosos, que no saben nada de ti, pero se atreven a juzgarte con dureza? La mayoría de nosotros se ha encontrado con situaciones así. Jesús las enfrentó y, como sus siervos, no estamos por encima de nuestro maestro.

Clama a Dios por misericordia, como lo hace el salmista en el pasaje de hoy. La misericordia de Dios te consolará y te dará la gracia de perdonar a las personas que te han herido. Dios tratará con ellos a su debido momento, y mientras esperas, puedes disfrutar de tu vida.

No creas lo que la gente dice de ti más de lo que crees en lo que Dios dice de ti en su palabra. La gente juzga solo lo que ve por fuera, pero Dios ve y juzga lo que hay en el corazón (1 Samuel 16:7). Juan 15:25 dice que la gente odiaba a Jesús sin razón, y creo que este es uno de los versículos más tristes de la Biblia. Jesús vino a amar, a ayudar, a liberar y a salvar, pero la gente lo despreciaba y lo ridiculizaba por su arrogancia. Su Padre lo liberó y lo recompensó, y Él también nos librará y recompensará.

Padre, me duele cuando la gente me odia y se burla de mí, pero la gente también odió y ridiculizó a Jesús. Ten piedad de mí, oh, Dios, ten piedad de mí.

DIOS ESTÁ DE TU LADO

"Si el Señor no hubiera estado por nosotros", dígalo, por favor, Israel, "si el Señor no hubiera estado por nosotros cuando se levantaron contra nosotros los hombres, entonces nos habrían tragado vivos cuando se encendió su furor contra nosotros; entonces las aguas nos habrían inundado; el torrente habría pasado sobre nosotros".

SALMO 124:1-4 (RVA-2015)

No sé qué dificultades tienes en este momento ni tampoco conozco lo que podrás enfrentar en el futuro, pero sí sé que Dios está de tu lado, y por eso no tienes nada que temer. El apóstol Pablo pregunta en Romanos 8:31-32: "¿Qué, pues, diremos a esto? Si Dios es por nosotros, ¿quién contra nosotros? Él que no escatimó ni a su propio Hijo, sino que lo entregó por todos nosotros, ¿cómo no nos dará también con él todas las cosas?" (RVR1960). Estas Escrituras nos dan la respuesta que necesitamos para estar en paz mientras atravesamos momentos difíciles: Dios es por nosotros.

Somos "más que vencedores" por medio de Cristo que nos ama (Romanos 8:37). ¿Cuándo somos conquistadores? Justo en medio de nuestras pruebas, cuando parecemos ovejas que llevan al matadero. Es reconfortante y fortalecedor saber que somos más que vencedores cuando todo parece estar en contra de nosotros y que no hay forma de ganar (Romanos 8:36-37).

Recuerda siempre que Dios está de tu lado y llegarás a la cima. Tendrás la victoria.

Padre, ayúdame a permanecer firme durante las pruebas, y saber que estás conmigo y que soy más que vencedor en Cristo. Gracias.

AYUDA PARA EL DOLOR DEL PASADO

Nuestro socorro está en el nombre del Señor, que hizo los cielos y la tierra.

SALMO 124:8 (RVA-2015)

Todos tenemos un pasado. La mayoría tenemos una mezcla de experiencias positivas y negativas en ese pasado. No conozco a nadie que no se enfrente a ciertos problemas dolorosos de días o años pasados. Quizás cuando eras niño se burlaron de ti sin piedad y todavía te sientes inseguro o sensible debido a ese viejo dolor. Quizás alguien a quien amaste te dejó sin explicación. Quizás alguien en quien confiabas te traicionó. Quizás alguien te violó física o emocionalmente. O tal vez cometiste un error del que todavía te sientes culpable. Cualquiera que sea la fuente de tu dolor, recuerda siempre que Dios te ama y que no tienes que seguir viviendo en el dolor del pasado. No tienes que pasar la vida lamentándote por algo sobre lo que no puedes hacer nada.

Dios quiere sanar lo que ha sido dañado y restaurar lo que se perdió en cada herida, injusticia y error en tu vida. La Escritura de hoy es un poderoso recordatorio de que nuestra ayuda no está en nosotros mismos ni en otras personas, sino en Dios. Él te ayudará en todo lo que necesites. De hecho, está a la espera para ayudarte, así que hoy pídele ayuda.

Gracias, Padre, por recordarme que la ayuda está en ti. Hoy te busco en busca de ayuda para sanar el dolor de mi pasado.

VIVIR CON EXPECTATIVA

Los que confían en el Señor son semejantes al monte Sion, que jamás se mueve, que siempre está en su lugar.

SALMO 125:1 (RVC)

Amplificar el pasaje de hoy nos enseña que confiar y apoyarnos en el Señor es tener expectativas confiadas en Él. Todos y todo lo que existe en la tierra nos decepcionará en algún momento, y solo Dios es digno de nuestra expectativa confiada, porque nunca nos decepcionará.

Vivir con expectativas no es lo mismo que vivir con un sentido de derecho o privilegio, con una actitud que supone que lo merecemos todo. No merecemos nada de Dios, pero debido a su gran amor y misericordia, Él desea que vivamos en santa expectativa, y creamos que nos dará lo mejor de Él en el momento apropiado y de la manera apropiada.

Así hayas tenido un problema o una necesidad durante mucho tiempo, la situación puede cambiar si pones de tu parte. Tu parte es creer la Palabra de Dios, obedecerla, sembrar buenas semillas, tener una visión de avanzar, y pensar y hablar según la Palabra de Dios. Tu parte también es ser fiel y persistente en tu expectativa, y continuar confiando y apoyándote en Dios.

Señor, lléname hoy de una expectativa confiada y dame la gracia de persistir en ella hasta recibir lo mejor que tienes para mí.

DIOS RESTAURARÁ LO QUE HAS PERDIDO

Cuando el Señor restauró de la cautividad a Sion nos parecía que soñábamos. Entonces nuestra boca se llenó de risa; y nuestra lengua, de cantos de alegría. Entonces decían entre las naciones: "Grandes cosas ha hecho el Señor con estos".

SALMO 126:1-2 (RVA-2015)

Cuando confiamos en Dios, nuestra tristeza siempre se convierte en alegría porque Él es libertador y restaurador. Tal vez has esperado mucho tiempo y sientes que no ha pasado nada, pero te animo a que sigas creyendo, porque mientras creas, Dios puede obrar a tu favor.

¿Qué necesitas restaurar en tu vida? Hubo momentos en los que necesitaba restaurar la confianza, la seguridad, la autoestima, la creencia de que era amada, la audacia y el coraje, y la lista continúa. Honestamente, puedo decir que poco a poco Dios ha restaurado todo lo que el diablo me robó a través del abuso sexual. Muchas veces sentí que nada cambiaría y, de alguna manera, Dios me mostró un gran avance.

Me ha sucedido esto a lo largo de la vida y todavía me sucede. Dios es un Dios de restauración y, de hecho, puede hacernos mejores de lo que éramos antes de que nos hirieran o nos decepcionaran. Pon tu esperanza en Él y espera que hoy te suceda algo bueno.

Padre, confío en ti para restaurar todo lo que he perdido. Concédeme la paciencia para esperar en paz y estar lleno de esperanza de que obras en mi vida.

LAS LÁGRIMAS SE CONVIERTEN EN ALEGRÍA

Restáuranos, oh Señor, de la cautividad como los arroyos en el Néguev. Los que siembran con lágrimas, con regocijo segarán. El que va llorando, llevando la bolsa de semilla, volverá con regocijo trayendo sus gavillas.

SALMO 126:4-6 (RVR1960)

El Salmo 126 habla de los que "siembran con lágrimas" y, a veces, es lo que debemos hacer. Es decir, así todavía a suframos, debemos seguir haciendo lo correcto: seguir ayudando a los demás, seguir orando y seguir estudiando la Palabra de Dios. Al hacerlo, sembramos semillas para una eventual cosecha. Solía preguntarme por qué Dios no me daba la capacidad de resolver mis propios problemas o ayudarme a mí misma, pero mientras sufría, me daba la capacidad de ayudar a los demás. Más tarde aprendí que Él quiere que nos acerquemos a los demás y, cuando lo hacemos, sembramos semillas para una futura cosecha.

Aquellos que siembran con lágrimas recogerán gavillas (una cosecha) con cantos de alegría. Nada produce más alegría que experimentar un cambio en las malas circunstancias para que se conviertan en algo bueno. Es emocionante y nos hace felices.

La Biblia dice que el llanto dura una noche, pero "a la mañana vendrá la alegría" (Salmo 30:5, RVR1960). Es cierto que casi siempre toma más de una noche resolver nuestros problemas, pero este Salmo nos enseña un principio: Dios siempre cumple y nos da la victoria. Tus problemas terminarán y tu tristeza se convertirá en alegría.

Padre, estoy agradecido de poder depender de ti para convertir mi llanto en alegría. Eres bueno y siempre traes cosas buenas. Espero en ti y en ti pongo mi confianza.

DIOS ESTÁ A CARGO DE TU REPUTACIÓN

Si el Señor no edifica la casa en vano trabajan los que la edifican. Si el Señor no guarda la ciudad en vano vigila el guardia.

SALMO 127:1 (RVA-2015)

Cuando intentamos construir nuestra vida y reputación con nuestro propio esfuerzo, nos apoyamos en el brazo de la carne (de nosotros mismos y de otras personas). Nos esforzamos para hacer todo lo que creemos que nos ayudará a tener éxito desde una perspectiva mundana, pero las Escrituras nos dicen que ese esfuerzo es en vano. El Señor es quien edifica nuestra vida y reputación, según sus buenos planes para nuestra vida.

Filipenses 1:6 nos asegura que "el que en ustedes comenzó la buena obra, la perfeccionará hasta el día de Cristo Jesús" (RVA-2015). Podemos estar seguros de que Dios completará la buena obra que ha comenzado en ti y en mí.

Dios es quien comenzó la buena obra en ti y es Él quien la terminará. Debemos hacer siempre la parte que nos encomienda, pero nunca debemos intentar hacer algo sin apoyarnos del todo en Él. Necesitamos ser pacientes y descansar en Dios, mientras Él hace lo que hay que hacer, en lugar de intervenir con nuestras propias ideas cuando las cosas no suceden tan rápido como nos gustaría o de la manera que nos gustaría. Hay ciertas responsabilidades que debemos cumplir en nuestra vida y hay ciertas cosas que solo Dios puede hacer. Libérate de la presión apoyándote en el brazo del Señor en lugar del brazo de la carne.

Señor, ayúdame a ser paciente mientras completas la buena obra que has comenzado en mí.

NO PIERDAS EL TIEMPO CON PREOCUPACIONES

De nada sirve que ustedes madruguen, y que se acuesten muy tarde, si el pan que comen es pan de sufrimiento, y el Señor da el sueño a los que él ama.

SALMO 127:2 (RVC)

El pasaje de hoy, escrito por Salomón, nos recuerda que preocuparnos es una absoluta pérdida de tiempo. También nos hace pensar en alguien incapaz de dormir debido a la ansiedad. Estar molestos nos cansa, nos roba la alegría, desperdicia mucha energía emocional, puede afectar nuestra salud y no cambiar nada. Jesús dice que no podemos añadir ni siquiera una hora a nuestra vida preocupándonos (Mateo 6:27, NVI, NTV). Sin embargo, casi siempre no hacemos nada más que preocuparnos, lo que no nos lleva a ninguna parte. Generalmente, las cosas que nos preocupan son situaciones que no podemos cambiar; por eso nos molestamos. Cuando nos enfrentamos a algo que solo Dios puede arreglar, hacemos bien en dejar de intentar arreglarlo y descansar en Él, y saber que hará exactamente lo que hay que hacer en el momento preciso.

Uno de los mensajes de Jesús para nosotros se puede resumir al decir: *Cálmense y anímense* (Juan 14:27, Juan 15:11). Creo que estas dos acciones combinadas sirven como un doble nocaut al diablo. Cuando te das cuenta de que no puedes arreglarlo todo, te calmas, y cuando sabes que Dios puede, te animas.

Dios, ayúdame a calmarme y a animarme, al saber que tú puedes y arreglarás lo que yo no puedo.

LOS NIÑOS SON UNA BENDICIÓN

He aquí, heredad del Señor son los hijos; recompensa es el fruto del vientre. Como flechas en la mano del valiente, así son los hijos que se tienen en la juventud.

SALMO 127:3-4 (RVA-2015)

Si tienes hijos, es posible que te hayas preguntado alguna vez, como yo, si fueron realmente una bendición, porque te trajeron problemas. Tal vez eran rebeldes o tercos o hacían cosas que sabían que les traerían problemas, pero no te escucharon.

Tres de mis cuatro hijos me dieron motivos para estar bastante preocupada en diferentes momentos, pero cada uno de ellos resultó ser una bendición inmensa para Dave y para mí. Nuestros dos hijos, que a veces eran difíciles, ahora dirigen los asuntos cotidianos del ministerio. Una de mis hijas tiene un ministerio de enseñanza y le va bien. La otra hija trabaja para mí y me ayuda literalmente con todo, desde pedir mis vitaminas hasta preparar mi declaración de renta.

No podría imaginar la vida sin mis hijos. Son una maravillosa bendición y la alegría de mi corazón. Si tus hijos te están dando dificultades en este momento, recuerda que cuando crezcan verán las cosas de diferente manera, y eventualmente te regocijarás por la gran bendición que son para ti.

Padre, gracias por mis hijos. Ayúdame cuando tenga dificultades con ellos a recordar que cada niño pasa por experiencias mientras crece. Te agradezco por tu promesa de que, según Proverbios 22:6, si los instruyo en el camino que deben seguir, no se apartarán de este cuando sean mayores.

LAS BENDICIONES DE LA OBEDIENCIA

¡Dichosos todos los que honran al Señor! ¡Dichosos los que van por sus caminos! ¡Dichoso serás, y te irá bien, cuando te alimentes del fruto de tu trabajo!

SALMO 128:1-2 (RVC)

La obediencia a Dios trae recompensas. Aunque debemos obedecerlo porque lo amamos, no solo para obtener una recompensa, Él promete bendiciones y prosperidad para los que le temen y caminan en obediencia. Cuando en el pasaje de hoy se menciona que *te irá bien*, no se refiere a una acumulación de riqueza, sino a un estado continuo de éxito en todas las áreas de la vida. Si tenemos dinero, pero somos pobres de espíritu, entonces nos falta lo más importante en la vida.

Pienso en lo maravilloso que sería tener buena salud, ser espiritualmente próspero, tener una buena vida social con varios amigos realmente buenos, estar en paz emocional y tener abundantes finanzas. Creo que este panorama se acerca a la dicha. Si somos obedientes a Dios, podemos esperar que se nos bendiga y seamos prósperos. La desobediencia a Dios trae lo contrario de lo que produce la obediencia en nuestra vida. Aquellos que desobedecen a Dios no serán dichosos ni les irá bien.

La obediencia a Dios es la forma en la que demostramos nuestro amor por Él (Juan 14:15). Te animo a que examines tu corazón e identifiques si hay áreas en tu vida en las que sabes que desobedeces a Dios. Arrepiéntete, recibe su perdón y comienza a obedecerlo de inmediato.

Padre, lamento cualquier desobediencia en mi vida. Te pido que me perdones y que en el futuro me ayudes a caminar en tu voluntad. Te amo y quiero honrarte siendo obediente a ti.

NO DEJES QUE
EL DIABLO TRIUNFE

*Mucho me han angustiado desde mi juventud, puede decir ahora Israel;
mucho me han angustiado desde mi juventud; mas no prevalecieron
contra mí.*

SALMO 129:1-2 (RVR1960)

Dios nos ama, pero el diablo nos odia y es nuestro enemigo. Nos ataca implacablemente de diversas maneras, con la esperanza de desgastarnos y convencernos de que nos rindamos. El salmista en el pasaje de hoy dice, *mas no prevalecieron contra mí*, y tú y yo debemos estar decididos a dar el mismo testimonio.

Incluso en la muerte tenemos la victoria. Los cristianos son las únicas personas en la tierra que están bien cuando mueren. Piensa en esto: Según el apóstol Pablo, "el vivir es Cristo, y el morir es ganancia" (Filipenses 1:21, RVR1960), y "sorbida es la muerte en victoria" (1 Corintios 15:54, RVR1960). Somos seres eternos, lo que significa que no morimos en términos de dejar de existir; simplemente dejamos nuestro cuerpo terrenal y vamos al cielo, un lugar mucho mejor. Si Satanás no puede derrotarnos ni siquiera en la muerte, no debemos temerle en ningún aspecto de la vida.

La única manera en que el diablo puede ganar es haciendo que nos rindamos y dejemos de creer en Jesús. Te animo a que nunca dejes de creer, sin importar cuán difíciles sean tus circunstancias o cuánto tiempo persistas. Nuestra fe es la victoria que vence al mundo (1 Juan 5:4). Recuerda siempre que al final ganamos.

Padre, ayúdame a permanecer firme en la fe mientras atravieso dificultades en esta vida. Quiero poder decir con el salmista que mis enemigos no han tenido victoria sobre mí.

DIOS ME HA LIBERADO

*Los aradores araron sobre mis espaldas; hicieron largos sus surcos.
Pero el Señor es justo; cortó las cuerdas de los impíos.*

SALMO 129:3-4 (RVA-2015)

Los aradores araron sobre mis espaldas es una metáfora que hace referencia a cuando nos tratan con crueldad. Es insoportable imaginar a una persona tumbada boca abajo en el suelo a la que le pasa un arado una y otra vez sobre la espalda. La traducción del versículo de hoy de la Nueva Biblia Viva dice: *Mi espalda está cubierta de heridas.* Esta imagen nos recuerda momentos cuando hemos sentido que las pruebas y tribulaciones nos golpean implacablemente.

Sin embargo, nunca debemos olvidar lo que dice el salmista: como el Señor es justo, nos libra de las ataduras de los impíos. Dios es un Dios de justicia y rectitud, y es nuestro libertador y salvador. No nos desamparará en nuestras dificultades.

Ten en cuenta que no importa lo que el diablo intente hacer, al final no ganará. Mantente firme en tu fe y confía en Dios, porque la ayuda va en camino.

Dios ha escuchado tus oraciones y tiene un buen plan para tu vida. Aunque estés atravesando tiempos difíciles, todo saldrá bien si mantienes tu confianza en Dios (Romanos 8:28).

Padre, te amo y agradezco poder poner mi confianza en ti. Necesito que me liberes de quienes me tratan con crueldad. Ayúdame a permanecer firme y a seguir confiando en ti.

DESDE LO PROFUNDO DE MI CORAZÓN

De lo profundo de mi ser clamo a ti, oh Señor. Señor, escucha mi voz; estén atentos tus oídos a la voz de mi súplica. Oh Señor, si tienes presente los pecados, ¿quién podrá, oh Señor, mantenerse en pie?

SALMO 130:1-3 (RVA-2015)

Es bueno que Dios no lleve un registro de nuestros pecados, porque si lo hiciera, ninguno de nosotros podría estar ante Él. Es misericordioso y siempre escucha nuestro clamor por misericordia. Escucha y presta atención, en especial cuando es un clamor sincero que proviene de lo más profundo de nuestro corazón.

En el pasaje de hoy escucho un grito de desesperación, un grito que proviene de un lugar de profundo arrepentimiento por el pecado. Probablemente todos le pedimos a Dios que perdone nuestros pecados, pero hay ocasiones cuando el dolor que sentimos por nuestros pecados es tan profundo que clamamos a Dios por misericordia, pues proviene de un lugar más profundo de lo habitual.

Estoy agradecida porque Dios es misericordioso y perdona nuestros pecados. Estoy agradecida por su misericordia y estoy segura de que tú también lo estás. Alegrémonos de que no lleva registro de nuestros pecados, y de que cuando nos arrepentimos de ellos, no solo los perdona, sino que los olvida y no piensa más en ellos (Hebreos 8:12).

Oh Dios, eres muy bueno. Gracias por tu misericordia y perdón, que no tienen límites. Gracias porque cuando clamo a ti, me escuchas y vienes a ayudarme. Nunca me dejarás ni me abandonarás, y te alabo por tu bondad.

NO SOLO ESPERES:
ESPERA PACIENTEMENTE

Yo espero en el Señor; mi alma espera. En su palabra he puesto mi esperanza.

SALMO 130:5 (RVA-2015)

Muchas veces en la vida nos damos cuenta de que tenemos que esperar. Podemos esperar y dejar pasar el tiempo, o podemos esperar bien y aprovechar nuestro tiempo al máximo. Si queremos esperar bien, esperaremos con paciencia, expectativa y esperanza, como lo indica el pasaje de hoy.

La paciencia es extremadamente importante para las personas que quieren glorificar a Dios y disfrutar de su vida (Santiago 1:4). Si las personas son impacientes, las situaciones que encuentren las harán reaccionar con las emociones, lo que probablemente no será bueno. Cuando nos sentimos presionados por las circunstancias, debemos seguir el ejemplo del salmista en el Salmo 130:5 y esperar paciente y expectantemente en el Señor.

La próxima vez que tengas que esperar por algo o alguien, en lugar de impacientarte, intenta hablar un poco contigo mismo y decir: *Enfadarme no hará que esto vaya más rápido, así que mejor encuentro una manera de disfrutar la espera.* Entonces, quizás digas: *Mientras espero desarrollo la paciencia, así que estoy agradecido por esta situación.* Cuando te hablas de esta forma, actúas según la Palabra de Dios y no reaccionas con impaciencia ante una circunstancia desagradable.

Padre, cuando tenga que esperar por algo, ayúdame a no reaccionar con las emociones ni la impaciencia, sino a esperar bien: con paciencia, expectativa y esperanza.

NUNCA LO ENTENDEREMOS TODO

*Oh Señor, no se ha envanecido mi corazón ni mis ojos se han enalte-
cido ni he andado en pos de grandezas ni de cosas demasiado subli-
mes para mí.*

SALMO 131:1 (RVA-2015)

Hace varios años pasé mucho tiempo tratando de entender todo lo que pasaba en mi vida y por qué Dios hizo ciertas cosas o no. Cuanto más pensaba en estas situaciones, más confusa me sentía. Satanás se deleita al provocarnos a tratar de entender cosas que no debemos entender, pero "Dios no es Dios de confusión" (1 Corintios 14:33, RVR1960).

Según el pasaje de hoy, algunas cosas son *demasiado subli-mes* para que las entendamos. Solo Dios puede entenderlas, por-que conoce el fin desde el principio (Isaías 46:10). Sabe todas las cosas, y nosotros solo sabemos en parte (1 Corintios 13:9–12). Si supiéramos todo lo que Dios sabe, no lo necesitaríamos, y por esta razón debemos comprender que siempre habrá cosas que no entendemos ni entenderemos. Confiar en Dios implica que algu-nas preguntas queden sin respuesta.

Las personas orgullosas piensan que deberían saberlo todo, pero las que son humildes no se preocupan por lo que Dios no les muestra. Simplemente ponen su confianza en Dios y creen que, si hay algo que necesiten saber, Él se los dirá.

Si dejas de tratar de entender cosas que Dios no quiere que entiendas en este momento, disfrutarás de mucha más paz.

Padre, perdona mi esfuerzo al tratar de razonar todo en mi vida, y por pensar que debería saberlo todo. Hay cosas que solo tú puedes enten-der, y quiero ser humilde y feliz al saber solo lo que tú quieres que sepa.

ELIGE LA SATISFACCIÓN

Más bien, he sosegado y acallado mi alma como un niño destetado al lado de su madre. Como un niño destetado está mi alma dentro de mí.

SALMO 131:2 (RVA-2015)

Si estamos descontentos y, en general, insatisfechos con la vida, nos enojamos y nos frustramos con facilidad. Pero si elegimos estar satisfechos sin importar lo que suceda, nuestras emociones son estables y equilibradas. Lo que pensamos genera un impacto enorme en nuestro estado de ánimo. Algunos pensamientos mejoran nuestro estado de ánimo y aumentan nuestro nivel de satisfacción, mientras que otros hacen que nuestro estado de ánimo sea como una espiral en descenso, que nos hace sentir infelices y descontentos. Podemos pensar y sentirnos felices o podemos pensar y sentirnos tristes. Además, la forma como nos hablamos a nosotros mismos también afecta nuestras emociones y estados de ánimo, por lo tanto, si nos hablamos correctamente, podemos permanecer contentos y emocionalmente estables.

Observa en la Escritura de hoy que el salmista David escribe: "he sosegado y acallado mi alma", lo que nos dice que tomó la decisión de manejar sus emociones, en lugar de permitir que sus emociones lo controlaran. Todos podemos tomar la misma decisión. Podemos elegir estar contentos, completamente satisfechos en nuestro Dios, que nos ama y siempre trabaja para nuestro bien. Así no tengamos todo lo que queremos, podemos confiar en que Dios nos proporcionará lo que es correcto y mejor a su debido su momento.

Padre, elijo hoy calmarme y estar contento. Gracias por todo lo que me has dado y has hecho por mí. Confío en ti y estoy completamente satisfecho en ti.

LA MORADA DE DIOS

Acuérdate, oh Señor, de David y de toda su aflicción de cómo juró al Señor y prometió al Fuerte de Jacob, diciendo: "No entraré en mi morada ni subiré a mi cama. No daré sueño a mis ojos ni a mis párpados sopor hasta que halle un lugar para el Señor, una morada para el Fuerte de Jacob".

SALMO 132:1-5 (RVA-2015)

David sentía una gran pasión por construir una casa en la que Dios habitara. Al final, Dios no le permitió construirla. En cambio, la responsabilidad de su construcción recayó en Salomón, el hijo de David. Hoy no tenemos que construir casas para que Dios habite porque los creyentes son su hogar. 1 Corintios 6:19-20 dice: "¿O no saben que su cuerpo es templo del Espíritu Santo, que mora en ustedes, el cual tienen de Dios, y que no son de ustedes? Pues han sido comprados por precio. Por tanto, glorifiquen a Dios en su cuerpo" (RVA-2015).

Cuando pienso en el hecho de que Dios nos elige para que seamos templos u hogares para sí mismo, por medio del Espíritu Santo, me asombra. Él habita en nosotros y nos guía; nos enseña la verdad, nos convence de pecado y de justicia (Juan 14:17, 16:7-15). Si escuchamos y obedecemos al Espíritu Santo en nosotros tendremos una vida poderosa y placentera.

Como nuestros cuerpos son templos de Dios, debemos cuidarnos bien al alimentarnos saludablemente, hacer ejercicio, descansar lo suficiente y hacer todo lo que podamos para beneficiarnos físicamente. Dios quiere hacer muchas cosas a través de nosotros y debemos siempre recordar que nunca está lejos. Está con nosotros y en nosotros, todos los días de nuestra vida.

Padre, gracias por vivir en mí por el Espíritu Santo. Ayúdame a honrarte al cuidarme bien. Quiero seguir tu ejemplo y cooperar con el trabajo que quieres hacer a través de mí.

GENERACIONES DE BENDICIÓN

Con verdad juró el Señor a David, y no se apartará de ello: "Del fruto de tu cuerpo pondré sobre tu trono. Si tus hijos guardan mi pacto y este testimonio que yo les enseño, sus hijos también se sentarán en tu trono para siempre".

SALMO 132:11-12 (RVA-2015)

Como padres, queremos que nuestros hijos hereden todo por lo que hemos trabajado. El salmista David, como padre, quiso lo mismo. Deseaba que sus hijos se sentaran en su trono y, en el pasaje de hoy, Dios le prometió que lo harían si seguían sus mandamientos.

Si enseñamos y formamos a nuestros hijos adecuadamente, y si siguen la voluntad de Dios, heredarán todo por lo que trabajamos. Es mi deseo que mi ministerio continúe mucho después de que yo me haya ido. Le pedí a Dios que me lo concediera, y nuestros dos hijos actualmente dirigen las actividades cotidianas de los Ministerios Joyce Meyer. Además, tres de nuestros nietos forman parte de nuestro personal y creo que continuarán el trabajo que Dios me ha permitido comenzar.

Hoy te animo a que les enseñes a tus hijos todo lo que puedas enseñarles sobre los caminos de Dios y a que seas un ejemplo para ellos. Vive frente a ellos la vida que sabes que Dios quiere que vivas y ora para que lo sigan todos los días de su vida.

Padre, aprecio todo lo que has hecho en mi vida y quiero que mis hijos hereden lo que me has dado. Oro para que caminen contigo y que mi familia te sirva por generaciones.

DIOS LIDIARÁ CON NUESTROS ENEMIGOS

A sus enemigos vestiré de confusión, mas sobre él florecerá su corona.

SALMO 132:18 (RVR1960)

Todos tenemos enemigos, y nuestro instinto natural es vengarnos de ellos. Pero Dios promete lidiar con nuestros enemigos y bendecirnos si esperamos en Él y no tratamos de tomar el asunto en nuestras manos. En la Escritura de hoy, Dios habla de los enemigos de David y dice que los vestirá de confusión.

Dios nos dice que perdonemos a nuestros enemigos, los bendigamos y oremos por ellos, y es exactamente lo que debemos hacer. Esta semana, alguien me lastimó y me acusó en falso, y yo he orado por esa persona todos los días; a veces, hasta dos veces al día. Prefiero tener la justicia de Dios que la mía propia.

Te animo a seguir los mandamientos de Jesús en este ámbito. Ama a tus enemigos y hazles el bien (Mateo 5:44; Lucas 6:27). No te rebajes a su nivel al tratar de recuperarlos. Dios será tu vindicador. Te defenderá, te bendecirá y te exaltará.

Padre, quiero vivir mi vida según tu voluntad. A veces, me es difícil esperar en ti, en especial cuando se trata de lidiar con mis enemigos. Ayúdame a obedecerte. Ayúdame a perdonar, bendecir y orar por quienes me lastiman. Gracias.

PON DE TU PARTE PARA INCENTIVAR LA UNIDAD

¡He aquí, cuán bueno y cuán agradable es que los hermanos habiten juntos en armonía!

SALMO 133:1 (RVA-2015)

Una vez, nuestro hijo mayor, David, y su esposa necesitaban un lugar para vivir temporalmente mientras construían su casa nueva. Mi hijo y yo nos parecemos en muchos aspectos, y ambos tenemos una voluntad fuerte, lo que no siempre es un buen ingrediente en espacios reducidos. No había sucedido nada negativo entre nosotros, pero antes de la mudanza mi mente no paraba de pensar *qué pasa si*.

Me sorprendí al darme cuenta de que constantemente hablaba sobre cosas negativas que podrían suceder: "¿Qué pasa si se acaba el agua caliente para mi ducha de la mañana después de que todos los demás se hayan bañado? ¿Qué pasa si dejan desorden para que yo lo limpie?". David y su esposa ni siquiera se habían mudado y todavía no había sucedido nada malo, pero el enemigo quería que yo criticara y dijera cosas negativas sobre la situación de antemano, lo que pudo haber saboteado la unidad que Dios quería que tuviéramos durante una temporada corta y única con nuestro hijo y nuestra nuera.

Si el diablo puede hacer que seamos negativos, puede proporcionarnos circunstancias negativas. Con frecuencia, nos creamos nuestros propios problemas. Llamamos "las cosas que no son, como si fuesen" (Romanos 4:17, RVR1960), solo que lo hacemos en el sentido negativo, y sembramos semillas negativas.

Nuestro hijo y nuestra nuera vivieron con nosotros durante un mes y todo salió bien.

Te animo a promover la unidad al pensar y hablar de forma positiva sobre otras personas y tu relación con ellas.

Ayúdame, Señor, a promover la unidad y a no sabotearla de antemano con mis pensamientos y palabras.

ALABANZA FRECUENTE

Ustedes todos, siervos del Señor, que por las noches vigilan su templo, ¡bendigan al Señor!

SALMO 134:1 (RVC)

La Escritura de hoy es un buen recordatorio para alabar a Dios, al que debemos alabar constantemente, porque es digno de nuestra alabanza. Te animo a que le agradezcas por las cosas grandes y pequeñas con regularidad. No pierdas el tiempo meditando en tonterías que no te hacen ningún bien; en cambio, dedica tiempo a alabar y a agradecer a Dios por sus muchas bendiciones en tu vida. Cuanto más agradecidos estemos, más felices seremos. La acción de gracias nos lleva a la presencia de Dios. Necesitamos más de Dios que cualquier otra cosa. Pablo dijo que su *anhelo* era conocer a Cristo y el poder de su resurrección (Filipenses 3:10, RVA-2015). Podemos estar tan cerca de Dios como queramos, dependiendo de cuánto tiempo estemos dispuestos a invertir en conocerlo a Él y su carácter.

Debes estar atento a las bendiciones en tu vida, y alabarlo y agradecerle por cada una de ellas.

Padre, por favor ayúdame a ser consciente de todo lo que haces por mí y luego recordar alabarte y agradecerte.

EL SEÑOR ES GRANDE

Yo sé bien que el Señor nuestro Dios es grande, ¡que es más grande que todos los dioses! El Señor hace todo lo que él quiere, en los cielos y en la tierra, en los mares y en los abismos profundos.

SALMO 135:5-6 (RVC)

Siempre es bueno recordar lo grande que es Dios y que es más grande que cualquier otra cosa. Ningún problema que encontremos es más grande que nuestro Dios. ¿Estás posando por algo que parece ser una situación imposible? No es imposible para Dios (Mateo 19:26).

Entrega a Dios las cosas por las que estás tentado a preocuparte y obsérvalo obrar y hacer milagros en tu vida. Dios quiere ayudarnos, pero debemos pedir y luego dejarlo ir, pues no debemos tratar de controlar la situación. Pedir es fácil, pero dejarlo ir a veces es difícil. Podemos dejar de lado un problema, pero luego podemos caer en la tentación de retomarlo e intentar solucionarlo nosotros mismos.

Dios hace lo que le agrada y le agrada ayudarte y verte libre de preocupaciones y disfrutar de la vida. Confía en Él y asegúrate de estar atento a su respuesta porque llegará en el momento preciso.

Padre, sé que eres grande y que todo lo puedes. Ayúdame a entregarte mis problemas y a confiar en que me cuidarás.

DIOS ES NUESTRO VINDICADOR

Señor, tu nombre permanece para siempre; tu fama, Señor, es conocida por todas las generaciones. Porque el Señor restituirá a su pueblo, y tendrá compasión de sus siervos.

SALMO 135:13-14 (NBV)

El pasaje de hoy nos asegura que Dios *restituirá a su pueblo*. Restituir significa reivindicar, justificar o corregir ante los ojos de Dios. Cuando nos tratan injustamente o cuando alguien nos lastima, nuestro instinto natural es reivindicarnos, pero Dios quiere hacerlo por nosotros. Él es nuestro vindicador y es un Dios de justicia, lo que significa que corrige las cosas malas.

Recientemente lidié con alguien que sentía que había recibido un trato injusto. Estaba enojado y necesitaba una solución para su problema, pero no podía resolverlo por sí mismo. Lo insté a perdonar a la persona que lo había lastimado y a dejar que Dios fuera su vindicador, pero le resultó una idea difícil. Lamentablemente, continuó enojado hasta el punto de que el enojo le costó su trabajo y algunas amistades valiosas.

Si te han maltratado, oro para que entregues la situación a Dios y confíes en Él para que sea tu vindicador. Tu restitución puede tomar tiempo, pero la espera al final valdrá la pena. Puedes disfrutar de tu vida mientras Dios lidia con tus enemigos.

Padre, ayúdame a dejar ir la ira que siento hacia quienes me han lastimado y tratado injustamente. Quiero confiar en ti para que seas mi vindicador.

DA GRACIAS AL SEÑOR

*Den gracias al Señor, porque él es bueno; su gran amor perdura para
siempre.*

SALMO 136:1 (NVI)

El Salmo 136 tiene un total de veintiséis versículos, cada uno de
los cuales termina con *su gran amor perdura para siempre*. El salmista no solo trataba de ser repetitivo, sino que quería señalar un
punto que deberíamos recordar siempre.

Dios hace mucho por su pueblo y, a lo largo de este salmo, el
escritor afirma que Dios es bueno y su amor es eterno. Es importante que recordemos siempre estas dos cosas. Cuando tenemos
problemas, Dios siempre es bueno y nos ama. Meditar en estas verdades nos ayudará a superar situaciones difíciles y a no perder la fe.

El tiempo de Dios no siempre es como nos gustaría que fuera, pero siempre es perfecto. Si tenemos que esperar más tiempo
del que quisiéramos para que Él haga algo, existe una razón, aunque no la veamos. Lo único que necesitamos recordar es que Dios
es bueno y su amor perdura para siempre. Si en este momento te
enfrentas a un desafío, medita en estas verdades, pues fortalece-
rán tu fe. Si la Palabra de Dios dice algo veintiséis veces, sin duda
debemos considerarlo importante y creerlo.

*Padre, ayúdame a recordar siempre que eres bueno y que tu amor per-
dura para siempre. Ayúdame a nunca dudarlo, sin importar lo difíciles
que puedan ser mis circunstancias.*

LAS GRANDES ACCIONES DE DIOS

Alabemos al Señor de señores; ¡su misericordia permanece para siempre! El Señor hace grandes maravillas. ¡Su misericordia permanece para siempre!

SALMO 136:3-4 (RVC)

El Salmo 136 nos recuerda las muchas cosas que ha hecho Dios, y el pasaje de hoy dice que solo Él *hace grandes maravillas*. Nadie más puede hacer lo que Dios hace. Este salmo dice que creó la tierra, los cielos, la luna, el sol y las estrellas (vv. 5–9). Protegió al pueblo de Israel mientras estaba en Egipto; lo liberó de la esclavitud al dividir el Mar Rojo para que pudiera atravesarlo en tierra firme (vv. 10–14), pero ahogó al ejército egipcio en el mismo mar (v. 15).

Guio a su pueblo por el desierto y mató a reyes poderosos que querían hacerle daño (vv. 16–20). Le dio su tierra, tal y como lo había prometido (vv. 21–22). Dios todavía nos libera de nuestros enemigos (vv. 23–24) y da alimento a todas las criaturas (v. 25).

Veo muchos programas de televisión sobre la naturaleza y los animales. Siempre me sorprende ver cuánta variedad ha creado Dios. También me sorprende cómo le da a cada animal una forma de protegerse y cómo lo alimenta. Aunque algunos animales deben cazar para alimentarse, Dios siempre provee.

Cuando pensamos en todas las personas y criaturas de la tierra y nos damos cuenta de la forma como Dios se preocupa por cada una, nos asombramos. Cuanto más pensamos en la grandeza de Dios, más fácil es confiar en que Él cuidará de nosotros y de nuestros problemas. Te animo a que te tomes un tiempo para pensar en estas cosas.

Padre, la forma en que cuidas de cada ser viviente es asombrosa. Eres grande y seguramente te preocupas por toda tu creación. Ayúdame a confiar en ti para que me cuides.

TEN UN CONOCIMIENTO ACTIVO DEL AMOR DE DIOS

Al que hizo los cielos con entendimiento, porque para siempre es su misericordia.

SALMO 136:5 (RVR1960)

Mientras me preparaba para mi primera reunión cuando comencé el ministerio, le pregunté al Señor qué era lo que quería que enseñara, y estas palabras llegaron a mi corazón: *Dile a mi pueblo que lo amo.* A lo que respondí: *Eso lo sabe por la escuela dominical. Quiero enseñarle algo realmente poderoso.* El Señor me recordó que si las personas fueran activamente conscientes de cuánto las amaba, como lo fue el salmista en el Salmo 136, sería realmente poderoso y actuarían de manera diferente. Si supiéramos lo perfectamente que nos ama Dios, eliminaríamos el temor de nuestra vida (1 Juan 4:18).

Cuando comencé a estudiar el tema de recibir el amor de Dios, me di cuenta de que necesitaba desesperadamente el mensaje. Tenía una especie de comprensión vaga y subconsciente de que Dios me amaba, pero necesitaba una revelación más profunda de esta verdad que transforma la vida. El amor de Dios debe ser una fuerza poderosa en nuestra vida, una fuerza que nos llevará a través de las pruebas más difíciles sin que jamás dudemos de su amor profundo, incondicional y personal por nosotros.

Si necesitas una comprensión más profunda del amor de Dios por ti, te recomiendo orar y pedirle que te ayude a darte cuenta y a experimentar su amor a nivel personal, y luego estudiar y meditar sobre todos los pasajes que puedas encontrar acerca de su amor. La combinación de la oración y la Palabra de Dios es poderosa.

Gracias, Dios, por tu fiel amor por mí. Ayúdame a nunca dudar de que existe.

NO DEBEMOS OLVIDAR A DIOS

Si me olvido de ti, oh Jerusalén, que mi mano derecha olvide su destreza. Mi lengua se pegue a mi paladar si no me acuerdo de ti, si no ensalzo a Jerusalén como principal motivo de mi alegría.

SALMO 137:5-6 (RVA-2015)

En el pasaje de hoy, el salmista hace hincapié en la importancia de no olvidar a Dios y a su pueblo. Si lo olvidan, reza para que pierdan sus destrezas y para que su lengua se pegue al paladar, lo que sería muy incómodo, creo.

Casi siempre estamos ocupados y somos culpables de olvidarnos de Dios durante largos períodos de tiempo, pero debemos pensar en Él con frecuencia, decirle que lo amamos y agradecerle todo lo que hace por nosotros. Cuanto más pensemos en Dios, más cerca estaremos de Él. Aunque siempre está con nosotros y ha prometido que nunca nos dejará ni nos desamparará (Deuteronomio 31:8), si no recordamos esta verdad, no nos beneficiará.

Dios está contigo ahora mismo y tiene un buen plan para ti. Obra a tu favor y lo único que te pide es que no lo olvides. Nunca está a más de un pensamiento de distancia de ti. El simple hecho de pensar en Él te lleva a su presencia, así que piensa en Él con frecuencia.

Padre, ayúdame a no olvidarte y a pensar en ti con frecuencia. Eres bueno y sé que estás conmigo. Gracias por todo lo que haces por mí.

FORTALECIDOS POR DIOS

El día que clamé, me respondiste; me fortaleciste con vigor en mi alma.

SALMO 138:3 (RVR1960)

En la Escritura de hoy, el salmista David escribe que Dios lo fortaleció con vigor. Cuando invocamos el nombre del Señor y le oramos, Él nos da gran valor para enfrentar la vida y sus dificultades. Nos ayuda a afrontar lo que necesitamos afrontar y a lidiar con las situaciones que intentan asustarnos.

2 Timoteo 1:7 dice: "Porque no nos ha dado Dios espíritu de cobardía, sino de poder, de amor y de dominio propio" (RVR1960). El miedo es algo terrible y es la herramienta favorita de Satanás contra nosotros, pues no quiere que progresemos en la vida y utiliza el miedo para frenarnos. Pero Dios nos dará valentía cuando oremos y lo busquemos.

Decídete a no ser temeroso y tímido en la vida, sino a ser audaz y a seguir el liderazgo del Espíritu Santo. Sal con valentía y haz lo que Él te guíe a hacer. No tengas miedo de probar cosas nuevas y recuerda siempre que fallar en algo no te convierte en un fracaso. El fracaso simplemente te muestra que necesitas intentarlo de nuevo o que tal vez deberías intentar algo más. Vive con valentía. Enfrenta tus miedos y haz lo que quieras hacer, incluso si debes hacerlo con miedo.

Padre, gracias por hacerme valiente. Con tu ayuda, me niego a inclinarme ante el espíritu del temor, porque no proviene de ti. En tu nombre, Señor, haré grandes cosas.

DIOS NO ABANDONARÁ LA OBRA DE SUS MANOS

Aunque yo camine en medio de la angustia, tú me preservarás la vida. Contra la ira de mis enemigos extenderás tu mano y me salvará tu diestra. El Señor cumplirá su propósito en mí. Oh Señor, tu misericordia es para siempre; no desampares la obra de tus manos.

SALMO 138:7-8 (RVA-2015)

Mientras vivamos en este mundo, caminaremos *en medio de la angustia*, como dice el pasaje de hoy. Pero Dios promete sostener nuestra vida, lidiar con nuestros enemigos y salvarnos. Podemos relajarnos y disfrutar la vida que Jesús puso a nuestra disposición cuando murió en la cruz y resucitó (1 Corintios 15:3-4).

Dios nos ama y nunca nos abandonará. Nunca nos dejará, pues estará con nosotros siempre. Sugiero que varias veces al día detengas tus actividades diarias y digas en voz alta: *Dios está conmigo ahora mismo.*

No debemos tener miedo, porque el apóstol Pablo nos enseña que, incluso en medio de los problemas, somos más que vencedores (Romanos 8:37). ¿Por qué? Porque este mundo no es nuestro hogar, sino que es un lugar de paso en el camino hacia nuestro hogar celestial. Jesús ya obtuvo la victoria sobre Satanás y nos la dio. La recibimos por fe ahora, y la recibiremos en realidad cuando termine nuestro tiempo en esta tierra.

Si miramos más allá de los problemas de esta vida, todo lo que veremos serán las cosas buenas que Dios tiene guardadas para nosotros.

Padre, gracias porque no tengo que preocuparme, aunque viva en medio de dificultades. Puedo relajarme y disfrutar de tu presencia y de la buena vida que has dispuesto de antemano para que viva.

DIOS TE CONOCE

Oh Señor, tú me has examinado y conocido. Tú conoces cuando me siento y cuando me levanto; desde lejos entiendes mi pensamiento. Mi caminar y mi acostarme has considerado; todos mis caminos te son conocidos.

SALMO 139:1-3 (RVA-2015)

Dios nos conoce mejor que nosotros mismos; sabe todo acerca de nosotros, hasta lo que haremos antes de que lo hayamos hecho. Lo sorprendente es que, a pesar de saber todo sobre nosotros, hasta los pecados que cometeremos, nos ama incondicionalmente.

Dios conoce todos nuestros pensamientos, y si eres como yo, no todos tus pensamientos son buenos. Dios conoce todas nuestras maneras y muchas de ellas tampoco son las mejores.

He oído que el amor verdadero es saber todo acerca de alguien y amarlo de todos modos, por lo que podemos decir con certeza que, incluso si nadie nos ama completamente, Dios sí lo hace.

El amor de Dios nos libra del miedo. Si sabemos que Él está con nosotros y que nos ama, también debemos saber que siempre nos cuidará. El apóstol Juan escribe que el amor perfecto expulsa al temor, y que si sentimos temor es porque aún no conocemos el amor perfecto de Dios (1 Juan 4:18). Si estás sintiendo temor, sugiero que en lugar de que estudies el temor en la Palabra de Dios, estudies su amor y dejes que este te libere del miedo.

Padre, gracias porque aun cuando sabes todo sobre mí, me amas incondicionalmente. Ayúdame a comprender la altitud, la profundidad y la amplitud de tu amor por mí para poder estar totalmente libre del miedo.

DIOS TE AYUDARÁ
A CUMPLIR SU PROPÓSITO

*Pues aún no está la palabra en mi lengua, y tú, oh Señor, ya la sabes
toda. Detrás y delante me rodeas, y sobre mí pones tu mano. Tal conocimiento me es maravilloso; tan alto que no lo puedo alcanzar.*

SALMO 139:4-6 (RVA-2015)

Según el pasaje de hoy, Dios conoce cada palabra que hablaremos
incluso antes de que esté en nuestra lengua. Es difícil imaginar
que alguien pueda conocernos tan profundamente, pero Dios nos
conoce así. El salmista David escribe que Dios nos rodea *detrás y
delante*, lo que para mí significa que Dios nos tiene en lugares de
los que no podemos escapar para que podamos cumplir sus desig-
nios. Casi siempre quiere enseñarnos lecciones en situaciones de
las que huiríamos si no nos pusiera en una posición de la que no
pudiéramos escapar.

¿Alguna vez has querido renunciar a algo, pero Dios no te lo
permitió? Yo sí. Muchas veces durante la construcción de nuestro
ministerio, quise renunciar, pero mi corazón estaba tan apasiona-
do por hacer lo que Dios me había llamado a hacer que, aunque
quise dejarlo, no me lo permitió. Me tenía en un lugar del que no
podía escapar. A veces era incómodo, pero en ese lugar Dios puso
su mano sobre mí y me cambió.

No entendemos los caminos de Dios. Son demasiado maravillosos y asombrosos para que podamos comprenderlos con nuestra mente finita. Tratar de entender a Dios y sus caminos es una
pérdida de tiempo. Es demasiado elevado para nosotros, entonces
¿para qué intentarlo? Debemos aceptar esos caminos sin cuestionarlos, y creer que siempre resultarán en nuestro beneficio.

*Padre, ayúdame a aceptar tus caminos en mi vida sin cuestionarlos ni
luchar por comprenderlos. Quiero confiar en ti por completo.*

NO PODEMOS ESCONDERNOS DE DIOS

¿A dónde me iré de tu Espíritu? ¿A dónde huiré de tu presencia? Si subo a los cielos, allí estás tú; si en el Seol hago mi cama, allí tú estás. Si tomo las alas del alba y habito en el extremo del mar, aun allí me guiará tu mano y me asirá tu diestra.

SALMO 139:7-10 (RVA-2015)

Dios es omnipresente, lo que significa que está en todas partes todo el tiempo. No importa cuánto tiempo meditemos en esta verdad: siempre tendremos dificultades para comprenderla. Podemos tratar de escondernos de Dios, pero no importa a dónde vayamos, Él estará allí.

David se escondió del rey Saúl en unas cuevas, pero Dios sabía exactamente dónde estaba. Agar corrió al desierto para esconderse de Sara, pero Dios la encontró porque estaba con ella todo el tiempo (Génesis 16). Podemos tratar de ocultarle nuestro pecado a Dios, pero Él sabe lo que haremos antes de hacerlo.

Me emociona pensar que donde quiera que vaya, Dios está ahí. Es maravilloso meditar en su poder y presencia y saber que nos ama y nos favorece, y no está en nuestra contra. No podemos escondernos de Dios, y podemos ser completamente abiertos con Él, sin vergüenza ni temor a que descubra lo que hacemos, porque ya lo sabe.

Dios te ve y está contigo ahora mismo, sin importar dónde estés. Si estás en una iglesia, está en ella contigo. Si estás en una discoteca o en un bar, está contigo. Él continuará llamándote y atrayéndote hacia Él, sin importar a dónde vayas. Tiene un plan para tu vida y cuanto antes te entregues a él, mejor será esa vida.

Padre, la idea de que estás donde quiera que vaya es demasiado grande para mi comprensión. Descubro que a veces trato de esconderme de ti, pero me doy cuenta de que es inútil. Ayúdame a rendirme a tu voluntad y a planificar mi vida.

ACEPTA TU SINGULARIDAD

Porque tú formaste mis entrañas; tú me hiciste en el vientre de mi madre. Te alabaré; porque formidables, maravillosas son tus obras; estoy maravillado, y mi alma lo sabe muy bien.

SALMO 139:13-14 (RVR1960)

En el pasaje de hoy, el salmista David habla con Dios y deja ver su asombro frente la manera única en la que Dios lo creó. El Señor ha creado de manera única a cada ser humano que jamás haya existido, incluyéndonos a ti y a mí. Me pregunto: ¿puedes decir junto a David: *fui creado de manera formidable y maravillosa*? Así es como Dios te ve, y es la forma en que deberías verte a ti mismo. La forma como crees que Dios te ve y se siente hacia ti, y la forma como te ves y te sientes hacia ti mismo, determinan tu calidad de vida. Por esta razón, es vital que aprendas a verte a ti mismo como Dios te ve.

Es importante preguntarse qué tipo de relación tienes contigo mismo. ¿Te gusta pasar tiempo solo? ¿Eres capaz de perdonarte (recibir el perdón de Dios) y darte la gracia cuando cometes errores? ¿Eres paciente contigo mismo mientras Dios obra para cambiarte? ¿Te sientes cómodo contigo mismo y libre de ser el individuo único que Dios te creó para ser?

Cuando respondas estas preguntas con honestidad, podrás comenzar a comprender qué tipo de relación tienes contigo mismo. Si necesitas mejorar, la Palabra de Dios te enseñará cómo amarte de manera equilibrada, y siempre puedes orar y pedirle que te ayude a amarte a ti mismo como Él te ama.

Gracias Señor por crearme de una manera tan única y especial. Ayúdame a amarme como tú quieres que me ame y muéstrame cómo tener una buena relación conmigo mismo.

DIOS PIENSA EN TI

No fue encubierto de ti mi cuerpo, bien que en oculto fui formado, y entretejido en lo más profundo de la tierra. Mi embrión vieron tus ojos, y en tu libro estaban escritas todas aquellas cosas que fueron luego formadas, sin faltar una de ellas. ¡Cuán preciosos me son, oh Dios, tus pensamientos! ¡Cuán grande es la suma de ellos! Si los enumero, se multiplican más que la arena; despierto, y aún estoy contigo.

SALMO 139:15-18 (RVR1960)

Dios nos vio incluso antes de nuestra formación. De hecho, Él te formó con sus propias manos en el vientre de tu madre. También registró cada día de tu vida en su libro antes de que vivieras uno solo de ellos.

El conocimiento de Dios es tan vasto que no podemos entenderlo. Es omnisciente y lo sabe todo. Dios piensa en nosotros todo el tiempo, y eso hace que David se sienta humilde, y pregunte en el Salmo 8:4: "¿Qué es el hombre, para que tengas de él memoria, y el hijo del hombre, para que lo visites?" (RVR1960). Qué asombroso. Dios se acuerda de nosotros.

Tómate el tiempo para pensar a fondo lo que dice el pasaje de hoy. Los pensamientos de Dios hacia nosotros son tan vastos que superarían en número a todos los granos de arena en todas las playas y en todos los océanos del mundo.

Imagínate tratar de contar los granos de arena y luego darse cuenta de que Dios piensa en nosotros más que eso. Sus pensamientos sobre ti son todos buenos. Él cree en ti incluso cuando tú no crees en ti mismo y tiene planes maravillosos para ti. Vive con expectativa.

Padre, te agradezco que te tomes el tiempo para pensar en mí. Cuando me sienta solo, ayúdame a recordar que estoy en tu mente y que tienes planes maravillosos para mí.

INVITA A DIOS A BUSCARTE

Examíname, oh Dios, y conoce mi corazón; pruébame y conoce mis pensamientos; y ve si hay en mí camino de perversidad, y guíame en el camino eterno.

SALMO 139:23-24 (RVR1960)

¿Estarías dispuesto a pedirle a Dios que examine tu corazón para ver si hay algo en ti que le parezca ofensivo, aunque sea un pensamiento ansioso?

Para invitar a Dios a examinarnos, debemos confiar en su amor por nosotros y desear que nos corrija en cualquier área que no le agrade. Antes de comprender cuánto me ama Dios, cuando el Espíritu Santo me condenó por el pecado, me sentí mal y culpable. Pero ahora agradezco que me hubiera condenado porque no quiero hacer nada que le desagrade. Me doy cuenta de que, incluso con mis defectos, todavía me ama.

También me doy cuenta de que el corregirnos es un acto de amor de Dios, no de desagrado. Te animo a que invites a Dios a examinar tu corazón y a que te deje saber si debes cambiar algo. Si es así, arrepiéntete y pídele que te ayude. Hebreos 12:6 dice que el Señor disciplina a los que ama, y Proverbios 3:12 dice que "el Señor disciplina al que ama, como el padre al hijo a quien quiere" (RVA-2015).

No te sientas mal cuando Dios te corrige. Por el contrario, agradécele porque te ama tanto que no te deja en tu pecado.

Padre, gracias por tomarte el tiempo para corregirme cuando peco y te ofendo. Realmente lamento esos momentos e invito tu corrección.

DIOS NOS RESCATA

Líbrame, oh Señor, del hombre malo; guárdame del hombre violento. Ellos maquinan males en su corazón, y cada día entablan contiendas. Agudizan su lengua como una serpiente; veneno de víbora hay debajo de sus labios.

SALMO 140:1-3 (RVA-2015)

Me gusta mucho la valentía con la que ora el salmista David. Siempre se apoya en Dios para que lo libre de sus enemigos, que no eran pocos. Según el pasaje de hoy, David sabía que Dios era su salvador, y también es el nuestro. Me alegra mucho no tener miedo a tener que quedarme sola y sin nadie que me cuide.

Cuando era niña, mis padres abusaban de mí y nunca me sentí segura. Siempre sentí que tenía que cuidarme sola. No fue hasta que renací varios años después, cuando supe que Dios quería cuidar de mí y pude sentirme segura.

Quizás te sientas o te hayas sentido de la misma forma, y el mensaje de hoy te llegue como una buena noticia. Dios es tu salvador. Clama a Él como lo hizo David y pídele que te rescate de tus enemigos. Puedes descansar en Él, al saber que tiene un plan para tu liberación.

Padre, gracias por ser mi salvador. Rescátame de mis enemigos, Señor, y enséñame a confiar en ti en todo momento.

CUIDADO CON EL ENGAÑO

Guárdame, oh Señor, de manos del impío; protégeme del hombre violento, quienes han planeado trastornar mis pasos. Los arrogantes me han escondido trampa y cuerdas; han tendido red junto a la senda y me han puesto lazos.

SALMO 140:4-5 (RVA-2015)

Satanás y esos a través de quienes actúa son maestros del engaño. Debemos orar con regularidad para poder discernir entre el bien y el mal y para que Dios nos proteja del engaño.

A veces pienso que el diablo parece conocernos mejor que nosotros mismos. Conoce nuestros puntos débiles y, muchas veces lo digo, nos tiende trampas para molestarnos. Una cosa que deleita al diablo es que perdamos la paz. Por ejemplo, si te molesta tener que gastar dinero en arreglos en tu casa, el diablo se encargará de que todo se dañe. Me frustro con facilidad y a veces hasta me enojo si un técnico no cumple una cita para arreglar algo en nuestra casa o ni siquiera se molesta en llamar para cancelar. Pero enfadarse no sirve de nada. No cambia nada excepto que me roba la paz y hace feliz al diablo.

En el pasaje de hoy puedes ver que Satanás nos tiende trampas, pero podemos evitarlas si somos conscientes de sus tácticas. La Biblia dice que debemos resistir al diablo en "sus ataques" (1 Pedro 5:9, NBV), es decir, justo al darnos cuenta de que está trabajando en contra nuestra. Él, "el diablo, como león rugiente, anda alrededor buscando a quien devorar" (1 Pedro 5:8, RVR1960). Pero no tenemos que dejar que nos devore. Dios nos ayudará y nos enseñará a estar atentos al engaño del enemigo, y debemos resistirlo de inmediato, al saber que Dios está de nuestro lado.

Padre, ayúdame a reconocer las trampas que me tiende el enemigo y dame discernimiento para evitar sus malos caminos.

JUSTICIA PARA LOS POBRES

Yo sé que el Señor amparará la causa del pobre y el derecho de los necesitados. Ciertamente los justos darán gracias a tu nombre; los rectos morarán en tu presencia.

SALMO 140:12-13 (RVA-2015)

Que Dios haga justicia significa que corrige lo que está mal y promete justicia para los pobres y necesitados. Podemos ser pobres de muchas maneras, pues la carencia financiera es solo un tipo de pobreza. Las personas también pueden ser pobres de espíritu. Quizás no conozcan el evangelio y necesiten que alguien les comparta la verdad. Debemos orar para que Dios envíe el obrero perfecto a todos los que no lo conocen.

Las personas también pueden ser pobres de físico. Pueden estar enfermas o tener dolor crónico. He estado en lugares del mundo donde la gente ni siquiera tiene acceso a una aspirina. Cuando se rompe un brazo o una pierna, tiene que dejar que se cure en una posición torcida, y luego queda discapacitada por el resto de su vida. He visto personas con dolores casi insoportables porque tienen los dientes cariados. Los Ministerios Joyce Meyer, a través de las generosas donaciones de nuestros fieles aliados, han tenido el privilegio de brindar tratamiento médico y dental gratuito a muchas de estas personas. Hemos llevado a cabo más de 130 campañas médicas misioneras, y creo que son una excelente manera de alcanzar a los perdidos con el evangelio.

Las personas también pueden ser pobres de mente. No tienen a disponibilidad ningún tipo de educación, y siguen estancadas en un patrón de pobreza. Nuestro ministerio se deleita en construir escuelas en todo el mundo y observar a las personas prosperar a medida que comienzan a aprender.

Ora para que Dios lleve su justicia a los pobres y necesitados, como promete.

Padre, por favor lleva tu justicia a los pobres y necesitados. Úsame de cualquier forma que quieras para hacer que sea posible.

NUESTRAS ORACIONES SON COMO INCIENSO

Oh Señor, a ti clamo; acude pronto a mí. Escucha mi voz cuando te invoco. Sea constante mi oración delante de ti, como el incienso; mis manos alzadas, como el sacrificio del atardecer.

SALMO 141:1-2 (RVA-2015)

Como hemos visto en muchos de sus salmos, David le dice a Dios exactamente lo que quiere con valentía. En el Salmo 141, como en otros, no solo quiere y necesita la ayuda de Dios, sino que la quiere rápidamente.

David pide que su oración llegue ante Dios como incienso. La quema de incienso era un símbolo de las oraciones del pueblo que se elevaban al Señor. Cuando elevamos nuestras oraciones y nuestra vida a Dios, ambas se ofrecen como un sacrificio fragante.

En Apocalipsis 5:8 y 8:3–4, vemos que las copas de oro estaban llenas de incienso: las oraciones del pueblo de Dios. Me gusta la imagen de mis oraciones que se dirigen a Dios como un sacrificio fragante, que le agrada.

Cuando levantamos nuestras manos en oración, es como un sacrificio vespertino al Señor. La oración es un privilegio y podemos orar por cualquier cosa, en cualquier momento y en cualquier lugar. Ora con valentía, como lo hizo David, y sé consciente de que Dios se deleita en tus oraciones.

Padre, gracias por el privilegio de la oración. Deléitate en mis oraciones, Señor, y respóndelas prontamente.

LA PALABRA DE DIOS
TIENE PODER

Pon, oh Señor, guardia a mi boca; guarda la puerta de mis labios.

SALMO 141:3 (RVA-2015)

Leer, estudiar y meditar en la Palabra de Dios son acciones muy importantes que cambiarán tu vida. Pero ¿sabías que decir la Palabra de Dios en voz alta, a veces llamado *confesar* la Palabra, también es vital si quieres estar fuerte de espíritu? A veces, la Palabra puede no reflejar cómo te sientes sobre una situación, pero si la confiesas y sigues confesándola, tus sentimientos cambiarán. La palabra siempre es correcta, mientras que las emociones rara vez lo son. Decir la Palabra de Dios en voz alta no solo ayudará a que nuestros sentimientos se alineen con su verdad, sino que su palabra también nos brinda consuelo y calma nuestras emociones angustiadas.

En el pasaje de hoy, el salmista David quiere que Dios ponga *guardia* sobre su boca y *guarde* la puerta de sus labios. En la versión de la traducción en lenguaje actual, que Dios guarde la puerta de sus labios significa que no lo deje "decir ni una sola tontería" (TLA).

Según Eclesiastés 3:7, hay "tiempo de callar, y tiempo de hablar" (RVR1960). A veces, lo mejor que podemos hacer es no decir nada. Cuando hablamos, debemos tener intención en lo que decimos y pensar en nuestras palabras de antemano. Proverbios 18:21 nos enseña que nuestras palabras están llenas de vida o de muerte, y cuando hablamos la Palabra de Dios, siempre hablamos de vida.

Ayúdame, Señor, a recordar que tu palabra tiene poder y a hablarla en voz alta con frecuencia.

LA MISERICORDIA
DE DIOS

Con mi voz clamo al Señor; con mi voz pido al Señor misericordia.
Delante de él derramo mi lamento; delante de él expreso mi angustia.

SALMO 142:1-2 (RVA-2015)

En el pasaje de hoy, David clama por misericordia mientras le cuenta a Dios sus molestias y problemas. Consideremos Hebreos 4:15-16, que nos dice cómo podemos obtener la gran misericordia de Dios: "Porque no tenemos un sumo sacerdote que no pueda compadecerse de nuestras debilidades, sino uno que fue tentado en todo según nuestra semejanza, pero sin pecado. Acerquémonos, pues, confiadamente al trono de la gracia, para alcanzar misericordia y hallar gracia para el oportuno socorro" (RVR1960).

El profeta Jeremías también escribe sobre la misericordia de Dios, recordándonos que, sin ella, habríamos sido consumidos (Lamentaciones 3:22). Sus misericordias son nuevas cada mañana (Lamentaciones 3:23), y yo, por mi parte, me alegro.

Dios quiere que pidamos misericordia, que la recibamos y que luego la extendamos a los demás, lo cual significa que, aunque alguien merezca el castigo, podemos mostrarle misericordia, tal como Dios nos la muestra.

Tómate el tiempo para respirar la misericordia de Dios y cree que te da misericordia, como le has pedido. Él es un Dios misericordioso. Recíbela hoy y no pierdas el tiempo sintiéndote culpable por un pecado pasado. Deja que la misericordia de Dios fluya hacia ti y luego déjala fluir hacia los demás.

Padre, muchas gracias por tu misericordia. Ayúdame a ser misericordioso con los demás y a extenderles la misericordia al igual que me la has extendido a mí.

DIOS VIGILA TU CAMINO

Cuando mi espíritu se angustiaba dentro de mí, tú conociste mi senda.

SALMO 142:3 (RVR1960)

A veces hay días en los que nos sentimos fuertes, optimistas y listos para conquistar el mundo. Pero también hay días o épocas de la vida en las que nos sentimos débiles, incluso momentos en los que nuestro corazón está tan desanimado o cansado que sentimos que no podemos avanzar. Creo que estas experiencias pueden ser a lo que se refiere el salmista David cuando escribe: "Cuando mi espíritu se angustiaba dentro de mí". Cuando le sucedió, le dijo a Dios: "tú conociste mi senda".

La Escritura de hoy nos anima al hacernos saber que no importa lo cansados o desanimados que a veces nos sintamos, nunca estamos solos ni abandonados a nuestra suerte. Dios siempre nos vigila, no solo en general, sino que vigila nuestro *camino*; es decir, vigila los caminos que tomamos en la vida. No solo ve cada paso que damos, sino que nos cuida y nos guía con amor, en especial cuando no nos sentimos fuertes ni confiados y no estamos abiertos a apoyarnos en Él por completo.

Gracias Dios por sostenerme y velar por mí en todo momento, en especial cuando me siento débil.

CLAMA A DIOS CON DESESPERACIÓN

Escucha mi clamor, porque estoy muy afligido. Líbrame de los que me persiguen, porque son más fuertes que yo.

SALMO 142:6 (RVR1960)

Ahora que has leído partes de casi todo el Libro de los Salmos, estoy segura de que puedes ver que David, que escribió más salmos que nadie, era una persona que contaba con emociones muy profundas y, en muchos sentidos, nos enseña a través de sus salmos cómo manejar nuestras emociones.

En el Salmo 142, David se siente abrumado, y en nuestra Escritura de hoy, clama a Dios, y le dice que está muy afligido. Se esconde en una cueva porque el rey Saúl quiere matarlo y sabe que Saúl y sus tropas son demasiado fuertes para él.

Su respuesta a sus sentimientos de depresión y de angustia (Salmo 142:3) fue no meditar en su problema. En cambio, lo abordó en este salmo al elegir clamar al Señor, su refugio y porción en la tierra de los vivientes (v. 5). En otras palabras, pensó en el Señor, su Salvador, y esto le ayudó a superar la desesperación.

Quizás hoy te encuentras en una situación desesperada. Quizás sientas, como le ocurrió a David, que tus enemigos son demasiado fuertes para ti. Es posible que tus enemigos no sean personas; pueden ser situaciones que te hagan sentir solo, abrumado, deprimido, frustrado o confundido. Sin importar tus circunstancias, el mismo Dios que escuchó el clamor de David te escuchará cuando le clames.

Señor, enséñame a gestionar mis emociones. Cuando mis sentimientos sean profundos e intensos, ayúdame a clamar a ti.

JESÚS ES
NUESTRA JUSTICIA

*Y no entres en juicio con tu siervo; porque no se justificará delante de
ti ningún ser humano.*

SALMO 143:2 (RVR1960)

David esperaba con ansias la venida del Mesías y todas las bendiciones que traería, pero no llegó a experimentarlas. En el versículo de hoy, dice que nadie que vive es justo ante Dios, lo que es
todavía cierto para nosotros hoy si dependemos de nuestras buenas obras para hacernos justos. Pero si dependemos de Jesús para
estar bien ante Dios, entonces, debido a nuestra fe en Él, podemos decir algo diferente de lo que dijo David. Podemos decir que
somos justicia de Dios en Jesucristo (2 Corintios 5:21).

Nadie es justo, ni siquiera una sola persona, si depende de
algo o de alguien que no sea Jesús. Solo Él hace posible la justicia.
Tenemos una buena posición ante Dios solo a través de Cristo, ¡y
son buenas noticias!, pues no tenemos que sentirnos culpables y
mal con nosotros mismos si acudimos a Jesús en busca de perdón,
misericordia, gracia y justicia.

Romanos 3:20–22 nos enseña que la ley existe para dar a conocer la justicia de Dios, que llega solo por la fe en Jesús. Y Romanos 3:23–24 dice: "por cuanto todos pecaron, y están destituidos
de la gloria de Dios, siendo justificados gratuitamente por su gracia, mediante la redención que es en Cristo Jesús" (RVR1960).
Esta es la promesa de Dios para todo aquel que pone su fe en Jesús.

*Padre, aprecio la posición correcta que me has provisto a través de
Jesús. Ayúdame a nunca olvidar que la justicia es mía a través de la fe
y solo por la fe. Amén.*

PIENSA EN DIOS

Y mi espíritu se angustió dentro de mí; está desolado mi corazón. Me acordé de los días antiguos; meditaba en todas tus obras; reflexionaba en las obras de tus manos.

SALMO 143:4-5 (RVR1960)

El salmista David escribe con frecuencia acerca de meditar o pensar en todas las obras maravillosas y los milagros del Señor. Pensó acerca del nombre del Señor, la misericordia de Dios, el amor de Dios y muchas otras cosas similares.

Mencioné antes que David fue audaz en su honestidad frente a sus sentimientos. Cuando estaba alegre, escribía, y cuando estaba deprimido, escribía, así como en el pasaje de hoy. Vemos en estos versículos que su respuesta fue no meditar en su problema. En cambio, se opuso activamente al problema y eligió recordar los buenos momentos de los días pasados. Reflexionó deliberadamente sobre las acciones de Dios y las obras de sus manos. En otras palabras, David centró con intención sus pensamientos en algo bueno, lo que le ayudó a superar la depresión.

Nunca lo olvides: tu mente desempeña un papel importante en tu victoria. Escribe pensamientos que agregarán poder a tu vida, no pensamientos que agoten tu fuerza y energía.

Ayúdame, Señor, a elegir tener pensamientos positivos, edificantes y alentadores: pensamientos acerca de ti, no pensamientos acerca de mis problemas.

CLAMA A DIOS CUANDO NECESITES AYUDA

Extiendo mis manos hacia ti; mi alma te anhela como la tierra sedienta. Selah. Respóndeme pronto, oh Señor, porque mi espíritu desfallece. No escondas de mí tu rostro para que no sea yo como los que descienden a la fosa. Hazme oír por la mañana tu misericordia porque en ti confío. Hazme conocer el camino en que he de andar porque hacia ti levanto mi alma.

SALMO 143:6-8 (RVA-2015)

En el pasaje de hoy, el salmista David una vez más clama a Dios por ayuda, y creo que es bueno ver con qué frecuencia lo hace. Dios nunca se cansa de escucharnos clamar por su ayuda. Siempre escucha y está listo para venir a ayudarnos.

Cuando necesitamos la ayuda de Dios, podemos seguir el ejemplo de David. Podemos extender las manos en oración y súplica. Podemos invocarlo para que nos responda rápidamente porque confiamos en Él. Podemos recordar su amor inagotable. Podemos elevar a Él nuestra alma, nuestro ser interior, y pedirle que nos muestre el camino a seguir, declarándole una vez más que en Él confiamos.

Todos estos son actos de fe, y el Señor responde a la fe. Si estamos bajo un ataque menor, su intervención puede tardar solo unas pocas horas o días. Pero si estamos bajo un ataque importante, puede llevar mucho más tiempo. Por mucho tiempo que necesitemos esperar en Él, debemos mantenernos firmes y seguir clamando a Dios, para recibir la ayuda y el aliento que solo Él puede darnos. El Señor nos librará, así como libró a David en cada situación. De eso podemos estar seguros.

Gracias, Señor, por ser mi salvador. Ayúdame a estar siempre firme mientras espero que respondas mi clamor. Amén.

ESTABILIDAD EMOCIONAL

Líbrame de mis enemigos, oh Señor, porque en ti me refugio. Enséñame a hacer tu voluntad porque tú eres mi Dios; tu buen Espíritu me guíe a tierra de rectitud.

SALMO 143:9-10 (RVA-2015)

En el pasaje de hoy, David ora para que Dios lo guíe por terreno llano. Me ha parecido siempre que le está pidiendo a Dios que lo mantenga emocionalmente estable. Sus enemigos perseguían a David y él declaró que Dios era su escondite. Cuando oro, casi siempre le pido a Dios que me esconda en Él, pues en Él estamos seguros.

David tuvo muchas oportunidades de sentirse frustrado y permitir que sus emociones lo afectaran de forma negativa, pero oró para que Dios lo mantuviera nivelado o estable. La estabilidad emocional es muy importante. Todos tenemos emociones, pero no debemos dejar que nos dominen. Con la ayuda de Dios, podemos aprender a controlarlas y así evitar que nos controlen. Podemos vivir más allá de nuestros sentimientos al conocer y actuar según la Palabra de Dios y no según lo que sentimos.

Pero no podemos lograrlo solo con fuerza de voluntad; necesitamos la gracia de Dios. Necesitamos su ayuda y poder porque las emociones pueden ser muy fuertes y sin la ayuda de Dios, nos llevarán en la dirección equivocada. ¿Has permitido que tus sentimientos te controlen? Entonces comienza hoy a pedirle a Dios que te guíe por un terreno llano.

Padre, lamento permitir a veces que mis emociones me guíen y te pido que me mantengas estable y me guíes por un terreno llano.

GANA TUS BATALLAS
A LA MANERA DE DIOS

*Bendito sea el Señor, mi roca, quien adiestra mis manos para la bata-
lla y mis dedos para la guerra. Misericordia mía y castillo mío; mi refugio y mi libertador; mi escudo en quien he confiado; el que sujeta los
pueblos debajo de mí.*

SALMO 144:1-2 (RVA-2015)

En el pasaje de hoy, David dice que el Señor adiestra sus manos
para la batalla, y creo que se refiere a levantar las manos en alabanza a Dios. El Señor sometió a los que vinieron contra él, pero
David también hizo lo que tenía que hacer. Debemos recordar
siempre que somos socios de Dios. Él tiene una parte y nosotros
tenemos otra. No podemos hacer la parte de Dios y Él no hará la
nuestra. Esa es la clave para ganar cualquier tipo de batalla espiritual que el enemigo libre contra nosotros: miedo, desánimo, ira,
celos, depresión y otras. Cuando esos pensamientos y emociones
nos invaden, podemos seguir el ejemplo de David y someter nuestra lucha al Señor, pedirle ayuda y luchar con la fuerza y el poder
del Espíritu Santo.

Luchamos al pasar tiempo con Dios, al orar y hablar su palabra. También luchamos al levantar nuestros ojos, cabeza, manos y
corazón hacia Él y al ofrecer el sacrificio de alabanza y acción de
gracias al Señor, nuestra roca y fortaleza, aquel que somete a los
que vienen contra nosotros.

*Ayúdame, Señor, a hacer mi parte cuando peleo una batalla espiritual, y
saber que tú harás tu parte para someter todo lo que esté en mi contra.*

DIOS TE CUIDA

Oh Señor, ¿qué es el hombre para que pienses en él? ¿Qué es el hijo del hombre para que lo estimes? El hombre es semejante a un soplo; sus días son como la sombra que pasa.

SALMO 144:3-4 (RVA-2015)

El salmista David sentía asombro de que Dios se tomara el tiempo de cuidar a los mortales, siendo Él tan grande y nosotros tan débiles y fugaces. Al igual que David, deberíamos preguntarnos sobre esto, pues me parece que nos hemos acostumbrado tanto al cuidado y la ayuda de Dios que lo damos por sentado en lugar de sorprendernos, como deberíamos.

Piensa en una lata de aerosol y en lo que pasa si la activas una vez en el aire. Piensa en lo rápido que desaparece el rocío. David ve a los humanos así: fugaces y, al parecer, no merecedores de estar en los pensamientos y el cuidado amoroso de Dios. Sin embargo, Dios se preocupa por nosotros y nos piensa todo el tiempo porque nos ama incondicionalmente. Nos considera muy importantes.

Dios nos creó porque quería alguien con quien tener comunión. Nos creó a su imagen porque solo dos seres similares pueden disfrutar de una verdadera fraternidad y una relación íntima. Solo disfrutamos de la intimidad con otros seres humanos y con Dios, porque nos creó para tener una relación personal y profunda con Él.

Todo esto es tan maravilloso que incluso es difícil saber cómo pensarlo adecuadamente, por eso debería asombrarnos tal y como asombró a David.

Padre, el hecho de me hayas creado a tu imagen y que desees una relación conmigo es asombroso y maravilloso. Ayúdame siempre a anteponer mi relación contigo a otras cosas menos importantes y a valorarla profundamente.

DÍA 346 · EL PODER DE LA MÚSICA

Señor, voy a dedicarte un canto nuevo; lo cantaré al son del arpa y del salterio.

SALMO 144:9 (RVA-2015)

El canto y el tocar instrumentos musicales se mencionan en los Salmos con regularidad, y se nos anima a utilizar ambos como guía en la adoración y la alabanza a Dios. ¿Alguna vez has pensado en lo maravillosa que es la música? Lo he pensado, pero no tan profundamente como debería. Solo Dios podría tomar muchos sonidos diferentes y combinarlos de una manera tan hermosa.

Ayer me tomé aproximadamente una hora para escuchar la aplicación de música en mi televisor y quedé sorprendida por la forma como la música me animó el alma y me suscitó la adoración a Dios. Mientras escuchaba las canciones, quise levantar los brazos en alabanza a Dios, y lo hice.

Por fortuna Dios nos dice que podemos aclamarlo con alegría (Salmo 100:1), porque no todos podemos cantar con voces maravillosas. A pesar de esto, es probable que Dios piense que nuestras voces son hermosas y que deberíamos usarlas para cantarle. Podemos cantar canciones que conocemos e incluso inventar otras nuevas que nadie ha escuchado. Los salmos del Libro de los Salmos se escribieron no solo como oraciones, sino también como cánticos, que revelaban la forma como se sentía el salmista sobre su confianza en Dios o sobre sus enemigos.

La música es asombrosa porque se combina para producir hermosos sonidos que elevan nuestra alma a la presencia de Dios y nos hacen adorarlo. Canta con frecuencia y disfruta al escuchar música porque te puede llenar el corazón de alegría.

Padre, gracias por los cantos de alabanza y adoración, tus maravillosos regalos. Hoy más que nunca quiero cantar y escuchar música sobre ti.

ELIGE BUENOS PENSAMIENTOS Y PALABRAS

Te exaltaré, mi Dios, mi Rey, y bendeciré tu nombre eternamente y para siempre. Cada día te bendeciré, y alabaré tu nombre eternamente y para siempre.

SALMO 145:1-2 (RVR1960)

No sabemos cómo comenzó el día de David ni cómo iba cuando escribió las palabras del pasaje de hoy. Pero sí vemos que alaba a Dios y que está decidido a alabar su nombre *eternamente y para siempre*. Se ha propuesto de antemano usar sus palabras para alabar y ensalzar al Señor.

Las palabras son maravillosas cuando se usan con buenas intenciones, como las usó David. Pueden animar, bendecir, consolar, reafirmar y dar confianza. Cuando comprendemos el poder de las palabras y nos damos cuenta de que podemos elegir lo que pensamos y hablamos, nuestra vida puede transformarse. Las palabras no se nos imponen: se formulan en nuestros pensamientos y luego las pronunciamos. Podemos aprender a elegir nuestros pensamientos, a resistir los incorrectos y a pensar en los buenos, saludables y correctos.

Si necesitas hacer algo que no deseas hacer, puedes elegir cómo pensar y hablar sobre eso cuando te levantes por la mañana. Puedes decir: *aborrezco este día*, o puedes hablar como habló David, y decir: *Te exaltaré, mi Dios, mi Rey, y bendeciré tu nombre eternamente y para siempre*. Si eliges pensar y decir palabras de alabanza a Dios, Él te dará la fuerza para hacer lo que necesites hacer hoy con alegría.

Señor, elijo exaltar hoy tu nombre y alabarte eternamente y para siempre.

FORMAR A
LA PRÓXIMA GENERACIÓN

Generación a generación celebrará tus obras, y anunciará tus poderosos hechos. En la hermosura de la gloria de tu magnificencia, y en tus hechos maravillosos meditaré.

SALMO 145:4-5 (RVR1960)

En la cultura occidental tendemos a pensar solo en el aquí y el ahora, en lo que sucede en este momento. Pero Dios también quiere que su gente comparta sus preceptos con la próxima generación y que le hable de las grandes cosas que ha hecho por ella para que los que siguen puedan confiar en que Dios hará lo mismo por ellos.

El Salmo 78:4 dice: "A la generación venidera contaremos las alabanzas del Señor, y de su poder y de las maravillas que hizo" (RVA-2015).

El pueblo de Israel debía asegurarse de que cada año sus hijos observaran las fiestas tradicionales, porque cada fiesta celebraba una acción grande que Dios había realizado. Esos niños debían contárselo a sus hijos y así sucesivamente, a lo largo de todas las generaciones.

Me parece que hoy en día dependemos demasiado de las iglesias o de la escuela dominical para enseñar a nuestros hijos, en lugar de hacerlo nosotros mismos. Te animo a que lleves a tus hijos a la iglesia, pero debes saber que ni siquiera eso es tan poderoso como enseñarles tú mismo, pues necesitan saber que lo que les dices que hagan es importante para ti y necesitan verte hacer lo que les pides que hagan. Es urgente que comencemos a capacitar a la próxima generación, porque cuanto más esperemos, más se perderá.

Padre, ayúdame a recordar lo importante que es que hable con mis hijos sobre todas las cosas grandes y poderosas que has hecho. Recuérdame animarlos a que se lo cuenten también a sus hijos.

SER LENTO PARA LA IRA

Clemente y compasivo es el Señor, lento para la ira y grande en misericordia.

SALMO 145:8 (RVA-2015)

Debemos ser lentos para la ira porque la ira no promueve la justicia que Dios desea. Nuestro trabajo como embajadores de Dios en la tierra no solo es decirles a los demás cómo es Dios, sino también mostrárselo.

No podemos limitarnos a orar para que la ira desaparezca de nuestra vida, sino que debemos usar la disciplina y el autocontrol para afrontarla, con la ayuda de Dios. Colosenses 3:8 dice: "Pero ahora deben abandonar también la ira, el enojo, la malicia, la blasfemia y las conversaciones obscenas" (RVC).

Proverbios 16:32 es uno de mis pasajes bíblicos favoritos sobre la ira. Dice: "Mejor es el que tarda en airarse que el fuerte; y el que se enseñorea de su espíritu, que el que toma una ciudad" (RVR1960).

Es una afirmación muy poderosa. Piénsalo: una persona que puede controlar su ira es mejor que una persona que podría tomar una ciudad entera.

La ira entristece al Espíritu Santo, según Efesios 4:26–31. Esto es algo que deberíamos tomar en serio. Podemos sentir ira, pero no debemos permitir que habite en nuestro corazón. No debemos dejar que el sol se ponga sobre nuestra ira, o le daremos al diablo un lugar en nuestra vida.

Perdona rápido. El diablo gana más terreno en la vida de los creyentes mediante la falta de perdón que mediante cualquier otra cosa. Si estás enojado con alguien o por algo, déjalo ir ahora para que puedas ser fuerte y sentirte libre de los ataques del diablo.

Padre, ayúdame a ser obediente a tus mandamientos con respecto a la ira. Concédeme la gracia de dejarla ir rápidamente y caminar en el amor.

DIOS ES BUENO

Bueno es el Señor para con todos, y su misericordia está en todas sus obras.

SALMO 145:9 (RVA-2015)

Dios es bueno con todos. Es compasivo, y la palabra griega para compasión se refiere a una emoción que es más fuerte que la lástima, pues nos obliga a actuar.

Debemos amar a todas las personas. Jesús nos dice que bendigamos a nuestros enemigos (Mateo 5:43–46), por lo tanto, debemos hacer el bien y mostrar bondad a los que no lo merecen, y recordar que no merecemos el bien y la bondad que Dios nos muestra.

Dios es lento para la ira y longánimo; su bondad lleva a las personas al arrepentimiento (Salmo 145:8; Romanos 2:4). No sabemos cuánto durará su paciencia, pero creo que es paciente, incluso cuando sabe que una persona nunca lo aceptará.

Dios trata con esmero de llegar a las personas a través de su bondad; sin embargo, su paciencia eventualmente se acabará y los impíos verán su ira (Romanos 1:18). Algunas personas dicen: *No creo que un Dios amoroso enviaría a una persona al infierno*, y tienen razón. Dios no envía a la gente al infierno; la gente elige el infierno al negarse a creer en Dios y a obedecerlo. Se enfrenta a la ira de Dios debido a su propia maldad.

Muchos tienden a pensar que Dios pasa todo por alto debido a su gracia, que pasa por alto todo pecado, pero no es cierto. Dios dice: "Llamo hoy por testigos contra ustedes a los cielos y a la tierra, de que he puesto delante de ustedes la vida y la muerte, la bendición y la maldición. *Escoge*, pues, la vida para que vivas, tú y tus descendientes" (Deuteronomio 30:19, RVA-2015; mis cursivas). Al final cosechamos las consecuencias de nuestras decisiones. Elige a Dios y su camino porque la otra opción es demasiado miserable para siquiera pensar en ella. Elige la compasión.

Padre, ayúdame a ser paciente, longánimo y compasivo con las personas, tal como tú lo eres. Que todas las personas te elijan y experimenten la buena vida que has planeado para ellas.

DIOS ES DIGNO
DE CONFIANZA

Tu reino es reino de todos los siglos, y tu señorío en todas las generaciones.

SALMO 145:13 (RVR1960)

Hoy en día, parece ser cada vez más difícil encontrar personas en las que podamos confiar por completo. Es triste, pero si ninguno de nuestros conocidos es fiel, podemos estar seguros de que Dios sí lo es, pues hace todo lo que dice que hará.

Puede que Dios no haga todo exactamente como quieres, pero si no te da ni hace lo que pediste, es porque tiene reservado algo mucho mejor. Puede que no lo veas de inmediato, pero eventualmente lo verás.

Tal vez estás cansado de esperar en Dios, pero te aseguro que su tiempo es perfecto. Todo es hermoso a su tiempo (Eclesiastés 3:11), pues si llega demasiado pronto, podría no ser saludable. Dios sabe cosas que nosotros no sabemos y conoce el momento adecuado para cada cosa. Debes saber que Dios es fiel y debes poner toda tu confianza en Él. No te preocupes ni te inquietes por nada porque, aunque no llegue temprano, tampoco llegará tarde.

Padre, a veces me canso de esperar a que respondas mis oraciones, pero confío en que tu tiempo siempre es mejor que el mío. Hágase tu voluntad.

DIOS CUIDA
DE TODO SER VIVO

*Los ojos de todos esperan en ti, y tú les das su comida a su tiempo.
Abres tu mano, y colmas de bendición a todo ser viviente.*

SALMO 145:15-16 (RVR1960)

Si meditamos sobre lo que debe ser el trabajo de cuidar no solo de todas las personas vivas sino de todos los seres vivos, nos damos cuenta de que está más allá de nuestra comprensión. Dios nos alimenta a nosotros y a todos los animales del mundo entero. También riega y proporciona suficiente luz solar para todas las plantas. La gran cantidad y variedad de plantas y animales que hay en la Tierra se cuentan por millones. Lo que el mundo llama Madre Naturaleza es realmente asombroso, pero sabemos que toda la creación es diseño de Padre Dios, no de Madre Naturaleza.

Dios satisface los deseos de todo ser viviente, incluyéndote. ¿Qué deseas? La Palabra de Dios dice que si nos deleitamos en Él, nos concederá los deseos de nuestro corazón (Salmo 37:4). Cuando nos deleitamos en Dios, lo buscamos, es decir, lo ponemos en primer lugar sobre todas las cosas. Aunque le he pedido a Dios varias cosas, también le he dicho que si no son buenas para mí, por favor no me las dé. Solamente quiero lo que Dios sabe que puedo manejar y tenerlo a Él como prioridad en mi vida. Sé que me dará lo que he pedido o, si no, me dará algo mejor.

Pon tu confianza en Dios y recuerda que Él se deleita en ti y quiere que tengas lo que puedas manejar mientras lo tienes a Él primero en tu vida.

Padre, te amo y aprecio tu generosidad. Concédeme los deseos de mi corazón según tu promesa y ayúdame a ser paciente mientras espero en ti.

¿SERÁS FIEL?

Justo es el Señor en todos sus caminos y bondadoso en todas sus obras.

SALMO 145:17 (RVA-2015)

Según el pasaje de hoy, *justo es el Señor en todos sus caminos*, lo que significa que todo lo que hace es correcto. También es *bondadoso en todas sus obras*, lo que significa que jamás nos defraudará. Podemos depender de Él completamente. Conocer a Dios es saber que Él es perfectamente fiel en todos los sentidos.

Es importante que nosotros también seamos fieles. Mientras estemos en nuestro cuerpo carnal, nunca seremos perfectos, como solo Dios es, pero podemos disponer nuestro corazón para ser fieles en todo sentido y hacer lo mejor que podemos cada día. Podemos elegir ser fieles en los buenos tiempos y en los no tan buenos, fieles cuando tenemos mucho y cuando estamos necesitados, y fieles para hacer lo correcto así parezca que somos los únicos.

Ser fiel es ser confiable, leal y devoto. Las personas fieles son dignas de la confianza de los demás. Son confiables, estables, constantes y firmes, lo que significa que no abandonarán una tarea, una oportunidad o una relación cuando se ponga difícil. Permanecerán donde Dios los sitúe hasta que los libere, y serán fieles a las personas que ha puesto en su vida.

Debemos imitar a Dios, y Dios es fiel.

Eres perfectamente fiel, Dios, y oro para también ser fiel.

CONFÍA EN DIOS
MÁS QUE EN NADIE

*No confíen en príncipes ni en hijo de hombre porque no hay en él libe-
ración.*

SALMO 146:3 (RVA-2015)

¿Alguna vez te has sentido herido o decepcionado por alguien en
quien confiabas porque no estuvo ahí para ti cuando más lo necesi-
taste? O tal vez confiaste en él para que te ayudara en una situación
importante, pero no te ayudó. Creo que todos hemos experimentado esos sentimientos, pero cuando empezamos a pensar que
ningún ser humano nos hará daño ni nos decepcionará, nos pre-
paramos para que nos lastimen.

En Juan 2:24-25, Jesús dice que no se encomendaba a las personas porque las conocía, "y porque no tenía necesidad de que
nadie le diera testimonio acerca de los hombres, pues él conocía
lo que había en el hombre" (RVA-2015).

No es que Jesús no confiara en las personas, sino que no se
encomendaba a ellas. La diferencia es que creía lo mejor de ellas,
pero sabía que podrían decepcionarlo, y probablemente lo decep-
cionarían. Se entregó totalmente a Dios Padre, porque Él es el único totalmente digno de confianza.

Pedro decepcionó a Jesús (Mateo 26:33-35, 69-75) y Judas lo
decepcionó (Mateo 26:21-25, 47-49). Los discípulos de Jesús lo
decepcionaron porque se quedaron dormidos cuando los necesitaba para orar con Él en el Huerto de Getsemaní (Mateo 26:31,
36-45). Pablo descubrió que no podía confiar en aquellos a quienes había ministrado, porque en la primera prueba todos lo aban-
donaron (2 Timoteo 4:16).

Hay situaciones en las que debemos confiar solo en Dios. Él es
el único en quien podemos poner toda nuestra confianza. Confía
en las personas y no sospeches de ellas, pero date cuenta de que
son humanos y pueden decepcionarte.

Padre, ayúdame a poner mi confianza entera solo en ti y en nadie más.

TEN ESPERANZA

Bienaventurado aquel cuya ayuda es el Dios de Jacob, cuya esperanza está puesta en el Señor su Dios.

SALMO 146:5 (RVA-2015)

Hoy es un día para estar lleno de esperanza. De hecho, cada día que camines con Dios puedes estar lleno de esperanza. Lo único que tienes que hacer es elegir la esperanza sobre el cinismo, la esperanza sobre el miedo y la esperanza sobre todo tipo de negatividad. La esperanza te mantendrá positivo, lleno de fe y feliz.

La mayoría de las personas que no son felices en la vida eligen centrarse en cosas infelices. Ven lo peor en los otros, hablan de lo que está mal en su vida y, en general, tienen una perspectiva negativa. La esperanza hace lo contrario. La esperanza ve lo mejor en los demás, habla de lo que va bien, anuncia cosas buenas y busca lo positivo en las circunstancias de la vida. Por encima de todo, la esperanza espera que Dios haga algo bueno en cada situación. Por eso la esperanza nos hace felices.

Hoy te animo a tener una actitud de esperanza. Al igual que el salmista, sitúa tu esperanza en el Señor tu Dios, no en un trabajo ni en un sueldo, ni en una relación, ni en otra persona. Dios es el dador de toda buena dádiva (Santiago 1:17) y quiere bendecirte. Espera hoy a que Él haga algo bueno en tu vida.

Hoy, Señor, elijo esperar en ti. ¡Espero que hagas algo bueno!

VER LA VERDAD

Quien hace justicia a los oprimidos y da pan a los hambrientos. El Señor suelta a los prisioneros; el Señor abre los ojos a los ciegos; el Señor levanta a los que han sido doblegados; el Señor ama a los justos.

SALMO 146:7-8 (RVA-2015)

Dios hace muchas cosas maravillosas por nosotros, pero una de las más importantes es que nos ayuda a ver la verdad. El pasaje de hoy dice que Él abre los ojos a los ciegos. Jesús sanó a personas ciegas, pero también sana a quienes están espiritualmente ciegos y no pueden ver la verdad.

Los ateos y las personas que forman parte de religiones o sectas falsas están ciegos espiritualmente. Incluso algunos de nosotros cristianos a veces estamos espiritualmente ciegos en muchas áreas de nuestras vidas. Fui cristiana durante muchos años, pero creía las mentiras que me decía el diablo porque no conocía la verdad de la Palabra de Dios. Jesús dijo que si continuamos en su palabra, conoceremos la verdad y la verdad nos hará libres (Juan 8:31–32).

Cuando comencé a estudiar con seriedad la Palabra de Dios, comencé a aprender la verdad que me abrió los ojos espirituales y me liberó para vivir la vida que gracias a la muerte de Jesús puedo disfrutar. Lo mismo te ha pasado o te puede pasar a ti.

Una lección que aprendí es que Dios me ama incondicionalmente. Antes de conocer esta verdad, casi siempre sentía que Dios estaba enojado conmigo incluso después de que me había arrepentido del pecado. Me sentía culpable la mayor parte del tiempo hasta que aprendí que no hay condena para los que están en Cristo Jesús (Romanos 8:1). Te recomiendo encarecidamente que estudies la Palabra de Dios y permitas que Él abra tus ojos ciegos al mostrarte la verdad.

Padre, gracias por abrirme los ojos ciegos y enseñarme la verdad a través de tu palabra.

CÓMO TRATAR A LOS QUE ESTÁN SOLOS

El Señor guarda a los forasteros; sostiene al huérfano y a la viuda, pero trastorna el camino de los impíos.

SALMO 146:9 (RVA-2015)

Pareciera que Dios tiene un lugar especial en su corazón para los que se sienten solos y quiere que seamos buenos con ellos. El Salmo 68:6 dice que Él "hace habitar en familia a los desamparados" (RVR1960). Si conoces a alguien que no tiene familia, puedes incluirlo en algunos de tus eventos familiares. Invítalos a tu casa para la cena de Acción de Gracias, la celebración del 4 de julio y otros eventos similares.

Dios dio a los israelitas órdenes sobre la forma como debían incluir a los extranjeros y a los extraños (Deuteronomio 10:19; Levítico 19:34). Y Hebreos 13:2 instruye a los creyentes a mostrar hospitalidad a los extraños. Tendemos a gravitar hacia las personas que conocemos y con las que nos sentimos cómodos, pero Dios quiere que vayamos más allá de nuestra zona de confort y pensemos en cómo se sentiría incluir a los solitarios en nuestra vida.

El Señor menciona con frecuencia a los huérfanos y a las viudas en las Escrituras, y nos instruye a ser buenos con ellos y a ayudarles a satisfacer sus necesidades. Santiago escribe que la religión pura e inmaculada se trata de visitar y ayudar a cuidar a las viudas y a los huérfanos en sus angustias (Santiago 1:27).

Elige una persona viuda en tu iglesia y dale atención especial. Puedes adoptarla informalmente en tu familia. Si vas a almorzar después de la misa del domingo, puedes incluirla. Hay muchas maneras de ministrar a los solitarios si lo pensamos un poco, y cuando lo hagamos, pondremos una sonrisa en el rostro de Dios.

Padre, ayúdame a recordar lo que sientes por los que se sienten solos y muéstrame a quién puedo ministrar y ayudar a aliviar su soledad.

DIOS SANA A LOS QUE TIENEN EL CORAZÓN ROTO

El Señor edifica a Jerusalén y reúne a los dispersados de Israel. Sana a los quebrantados de corazón y venda sus heridas.

SALMO 147:2-3 (RVA-2015)

Cuando las personas tienen el corazón quebrantado, su alma está debilitada o herida; son personas disfuncionales, especialmente en las relaciones. No tienen pensamientos saludables y sus emociones están lesionadas. Solo Dios puede sanar a los que tienen el corazón quebrantado, porque solo Él puede llegar al alma de una persona y tocarla exactamente donde duele, en el momento justo y de la manera correcta. Alguna vez fui una persona con el corazón herido, y tal vez tú también lo hayas sido. Es posible que en este momento estés desconsolado. Si lo estás, te aseguro que Dios te sanará si se lo pides y sigues su ejemplo.

Casi siempre se enseña que Dios perdona los pecados, pero con casi nunca se enseña que Dios puede sanar las almas heridas. La gente sabe que irá al cielo cuando muera, pero rara vez disfruta de su vida en la tierra.

Durante muchos años de mi niñez soporté el abuso y el abandono. No sabía qué eran la paz o la alegría hasta que las vi en la vida de Dave y descubrí que Dios me las daría a mí también.

Tuve que invitarlo a las regiones heridas de mi alma, afrontar la verdad de lo que me había pasado, dejar de sentir lástima de mí misma, perdonar a quienes habían abusado de mí y hacer otras cosas. Pero como seguí el plan de Dios para la restauración, ya no tengo el corazón quebrantado, y tú tampoco tienes que tenerlo. Que hoy sea el día en el que inicies tu viaje de sanación si lo necesitas.

Padre, oro para que sanes todos los lugares quebrantados en mi vida. Enséñame a someterme a tus maneras y ayúdame a no rendirme hasta estar del todo completo. Gracias.

NO HAY NADA QUE DIOS NO PUEDA HACER

Él cuenta el número de las estrellas; a todas ellas llama por sus nombres. Grande es el Señor nuestro, y de mucho poder; y su entendimiento es infinito.

SALMO 147:4-5 (RVA-2015)

Leí que, según las personas que estudian las estrellas, la galaxia en la que vivimos contiene aproximadamente trescientos mil millones de estrellas, y hay aproximadamente cien mil millones de galaxias en el universo. No tengo idea de cómo alguien, excepto Dios, pudo contar las galaxias, pero baste decir que hay más de las que podemos concebir. El pasaje de hoy dice que Dios es grande y poderoso, pero decir que nuestro Dios es grande y poderoso es poco porque Él está a años luz más allá. Es tan asombroso que dudo que tengamos una palabra que se acerque siquiera a describirlo.

En tus pensamientos más descabellados, ¿podrías imaginarte nombrar trescientos mil millones de estrellas en una galaxia y tener cien mil millones de galaxias por recorrer, que también incluyen estrellas? No tengo palabras para expresar lo que siento cuando pienso en esto.

Dios no solo cuenta las estrellas, sino que también le ha dado un nombre a cada una. Al escribir esto me da un poco de risa. Saber que este mismo Dios se preocupa por nosotros me da mucha alegría.

Estoy seguro de que Dios puede solucionar cualquier problema que podamos tener y no hay razón para preocupemos. Entonces, estemos en paz, porque servimos a un Dios sin límites.

Padre, estoy asombrado de tu creatividad. Perdóname por hacerte siempre demasiado pequeño en mis pensamientos. No hay nada que no puedas hacer.

¿QUÉ AGRADA A DIOS?

No se deleita en la fuerza del caballo ni se complace en los músculos del hombre. El Señor se complace en los que le temen y en los que esperan en su misericordia.

SALMO 147:10-11 (RVA-2015)

No importa lo fuertes que pensemos que somos, Dios no se deleita en nuestra fuerza. Se deleita en los que le temen. La Palabra de Dios habla frecuentemente del temor reverencial a Dios, pero apenas oímos hablar de este en nuestras iglesias o en los sermones. ¿Por qué? O la gente no entiende bien lo que significa o prefiere vivir la vida según sus propios deseos.

No debemos temer a Dios, pero debemos sentir un temor reverencial ante Él, es decir, un profundo respeto que sea lo suficientemente fuerte como para hacernos obedecerle rápidamente. El temor reverencial es un sentimiento de santo temor que dice que no se debe probar a Dios (considerado como algo sin importancia, sin seriedad ni respeto).

Por ejemplo, no debemos tomar el nombre del Señor en vano, hacer bromas sobre cosas santas como el Espíritu Santo o las Escrituras, salir de la iglesia durante un llamado al altar para la salvación, enviar mensajes de texto o estar en nuestro teléfono durante el culto o la predicación, ni realizar ningún acto de desobediencia o tener una actitud casual hacia lo sagrado.

Observa también en el pasaje de hoy que Dios se deleita en los que ponen su esperanza en su amor inagotable. Dios quiere que confiemos en Él y lo honra que lo hagamos. Vivamos para agradar y glorificar a Dios.

Padre, lamento las veces que no te he mostrado mi temor reverencial. Ayúdame a comprender más lo que significa y ayúdame a no deshonrarte de ninguna forma.

DEJA QUE TODO LO CREADO ALABE AL SEÑOR

¡Alabado sea el Señor desde los cielos! ¡Alabado sea el Señor en las alturas! ¡Que alaben al Señor todos sus ángeles! ¡Que alaben al Señor todos sus ejércitos! ¡Que alaben al Señor el sol y la luna! ¡Que alaben al Señor las estrellas refulgentes! ¡Que alaben al Señor los cielos de los cielos, y las aguas que están sobre los cielos! ¡Alabado sea el nombre del Señor! El Señor dio una orden, y todo fue creado. Todo quedó para siempre en su lugar; el Señor dio una orden que no se debe alterar.

SALMO 148:1-6 (RVC)

Si todas las cosas creadas son para alabar al Señor, ¿cuánto más deberíamos alabarlo? *Alabar* significa expresar aprobación, dar adoración, elogiar o ensalzar y ofrecer un homenaje agradecido. También leí una definición de alabanza que decía que es un cuento o una narración. En otras palabras, es contarle a alguien la historia de lo que Dios ha hecho por ti o por otra persona.

La Biblia está llena de escrituras que nos instruyen a alabar a Dios. El Salmo 100:4 nos instruye a que "entremos por sus puertas con canciones de alabanza y gratitud" (NBV). A menudo pienso en esto cuando empiezo a orar. Con demasiada frecuencia, comenzamos nuestras oraciones con peticiones o solicitudes, pero según el Salmo 100, la manera de entrar en la presencia de Dios es primero alabarlo y agradecerle por lo que ha hecho, lo que está haciendo y lo que hará en el futuro.

Adquiere el hábito de comenzar tus oraciones con alabanza y agradecimiento. Alaba a Dios durante todo el día y con la mayor frecuencia posible.

Padre, eres verdaderamente digno de alabanza por parte de todas las cosas creadas. La Tierra y todo lo que hay en ella te pertenece. Te pertenezco y te alabo, porque solo tú eres digno de recibir alabanza.

LOS NOMBRES REDENTORES DE DIOS

Alaben el nombre del Señor porque solo su nombre es sublime; su majestad es sobre tierra y cielos. Él enaltece el poderío de su pueblo; la alabanza de todos sus fieles, los hijos de Israel, el pueblo a él cercano. ¡Aleluya!

SALMO 148:13-14 (RVA-2015)

La Biblia habla de siete nombres redentores de Dios. Cada uno representa algo que Él hace o es. Su nombre, Yahvé, era tan santo que ni siquiera los israelitas más religiosos lo pronunciaban en voz alta. Quitaron las dos vocales, la a y la e, por lo que YHVH se convierte en una palabra impronunciable. Se dice que Yahvé significa "Él trae a la existencia todo lo que existe".

Los siete nombres redentores de Dios, mencionados a lo largo de las Escrituras, son:

- *Jehová-Jireh*, es decir, el Señor nuestro proveedor
- *Jehová-Rapha*, es decir, el Señor nuestro sanador
- *Jehová-Shammah*, es decir, el Señor (que) está presente
- *Jehová-Tsidkenu*, es decir, el Señor, nuestra justicia.
- *Jehová-Shalom*, es decir, el Señor, nuestra paz.
- *Jehová-Raah*, es decir, el Señor nuestro pastor
- *Jehová-Nissi*, es decir, el Señor, nuestro estandarte (o refugio).

A Jesús se le ha dado el nombre sobre todos los demás nombres (Filipenses 2:9–11), y su nombre incluye el poder y la obra de los siete nombres redentores mencionados anteriormente. Los nombres de Dios son preciosos y deben respetarse en todo momento.

Padre, si he hecho mal uso de tu nombre, perdóname y ayúdame a darme cuenta de lo importante que es y que debo honrarlo siempre.

EL HUMILDE RECIBE
LA AYUDA DE DIOS

Porque el Señor se deleita en su pueblo; él corona al humilde con victoria.

SALMO 149:4 (NTV)

La Biblia dice: "Dios resiste a los soberbios, y da gracia a los humildes" (Santiago 4:6, RVR1960) y que si somos humildes bajo su mano poderosa, Él nos ensalzará a su debido tiempo (1 Pedro 5: 5–6). Dios odia el orgullo, porque las personas orgullosas dependen de sí mismas en lugar de depender de Él. Tienen una opinión inflada de sí mismas y un concepto de sí mismos más alto de lo que deberían.

Humilde en el Nuevo Testamento significaba modesto o bajo. Significa hacerse inferior a Dios y depender enteramente de Él. Casi siempre somos independientes, lo que es opuesto a lo que Dios quiere que seamos.

Jesús dice que debemos permanecer en Él y que separados de Él nada podemos hacer (Juan 15:5).

Depender significa vivir, morar y permanecer; depender continuamente. Como no tenía a nadie que realmente me cuidara cuando era niña, me volví independiente y muchas veces me dije que podía cuidarme sola y que no necesitaba a nadie. Sin embargo, cuando entré en una relación con Dios a través de Jesús, tuve que dejar que Él fragmentara mi actitud independiente y aprendí a depender de Él.

He descubierto, como descubrirás o tal vez ya descubriste, que la vida es mucho mejor cuando somos humildes y dejamos que Dios tome la iniciativa.

Padre, perdóname por las veces que con orgullo dependo de mí mismo en lugar de ti. Ayúdame a aprender a depender siempre de ti para todo.

LA ALABANZA DERROTA AL ENEMIGO

Regocíjense los santos por su gloria, y canten aun sobre sus camas.
Exalten a Dios con sus gargantas, y espadas de dos filos en sus manos.

SALMO 149:5-6 (RVR1960)

El pasaje de hoy está lleno de alabanza y claves para la victoria. En estos versículos, el salmista nos da instrucciones sobre la posición que debe adoptar el pueblo de Dios contra sus enemigos. Dice que la exaltación a Dios debe estar en nuestra boca y que debemos tener *espadas de dos filos* en las manos (que representan la Palabra de Dios, según Efesios 6:17). En lo que sigue del Salmo 149, se cuenta que el pueblo de Dios adopta esta posición para derrotar a sus enemigos.

La alabanza sincera y sentida a Dios confunde al enemigo y lo derrota más rápido que cualquier otro plan de batalla. También nos protege de la derrota y la negatividad en nuestra mente. La alabanza genuina involucra la Palabra de Dios. Alabamos a Dios según su palabra y su carácter. A medida que alabamos a Dios por quién es y por sus atributos, por su capacidad y poder, veremos ese poder y atributos liberados en nuestro beneficio.

¿Sientes que estás en algún tipo de batalla hoy? Si es así, utiliza el arma de la alabanza. Comienza a adorar a Dios y a decir su palabra. Mantente firme en esta posición y Dios actuará en tu situación, derrotará al enemigo y te traerá la victoria.

Dios nunca pierde una batalla. Siempre gana, y cuando lo alabamos, también ganamos nosotros.

Gracias, Dios, porque nunca pierdes una batalla. Hoy te alabo y te adoro, y creo que la alabanza vence al enemigo.

DEJA QUE TODO LO QUE RESPIRE ALABE AL SEÑOR

¡Alabado sea Dios en su templo! ¡Alabado sea en la majestad del firmamento! ¡Alabado sea por sus proezas! ¡Alabado sea por su imponente grandeza! ¡Alabado sea el Señor al son de trompetas! ¡Alabado sea el Señor con salterio y arpa! ¡Alabado sea al ritmo del pandero! ¡Alabado sea con flautas e instrumentos de cuerda! ¡Alabado sea con campanillas sonoras! ¡Alabado sea con campanillas jubilosas! ¡Que todo lo que respira alabe al Señor! ¡Aleluya!

SALMO 150 (RVC)

El Salmo 150 es el último del Libro de los Salmos y nos recuerda una vez más que debemos alabar al Señor con todo lo que tenemos. Alabar a Dios debe ir más allá de los momentos que estamos en la iglesia; nuestra vida debe estar llena de alabanza a Dios. La alabanza y la acción de gracias están estrechamente relacionadas, y te animo a que permitas que tus días se llenen de ambas.

En todo lo que está escrito en los Salmos, podemos ver que Dios es digno de nuestra alabanza, y no importa con qué frecuencia lo alabemos y le agradezcamos, nunca será suficiente. Nuestro Dios ha hecho tantas cosas asombrosas y maravillosas que nunca podrían enumerarse. Su grandeza está más allá de nuestra comprensión. En lugar de tratar de entender lo que Dios hace en tu vida, simplemente confía en Él.

Cuanto más confíes en Dios, más feliz serás. Una de las formas más rápidas de aliviar el estrés y la ansiedad en nuestra vida es depender de Dios y confiarle todo lo que nos concierne. Descarga todas tus preocupaciones en el Señor, porque Él tiene cuidado de ti (1 Pedro 5:7). Recuerda que te ve todo el tiempo, piensa en ti todo el tiempo y está contigo todo el tiempo. Alábalo por quien es. Alábalo no solo por todo lo que ya ha hecho en tu vida, sino también por todas las cosas buenas que ha planeado para ti.

Padre, gracias por el Libro de los Salmos y todos los salmos que me han enseñado. Ayúdame a recordar lo que he aprendido, especialmente el poder de la alabanza y la gratitud.

¿Tienes una relación real con Jesús?

¡Dios te ama! Te creó para que fueras un individuo único, especial y sin réplica alguna, y tiene un propósito y un plan específicos para tu vida. Y a través de una relación personal con tu creador, Dios, puedes descubrir una forma de vida que verdaderamente satisfará tu alma.

No importa quién seas, qué hayas hecho o en qué etapa de tu vida te encuentres: el amor y la gracia de Dios son mayores que tu pecado y tus errores. Jesús dio su vida voluntariamente para que pudieras recibir el perdón de Dios y tener vida nueva en Él, y lo único que espera es que lo invites a ser tu Señor y Salvador.

Si estás listo para entregar tu vida a Jesús y seguirlo, lo único que tienes que hacer es pedirle que perdone tus pecados y que te dé un nuevo punto de partida en la vida que debes vivir. Comienza por rezar esta oración:

Señor Jesús, gracias por dar tu vida por mí y perdonar mis pecados para que pueda tener una relación personal contigo. Lamento sinceramente los errores que he cometido y sé que necesito que me ayudes a vivir de la forma correcta. Tu palabra dice en Romanos 10:9: "Si confiesas con tu boca que Jesús es el Señor, y crees en tu corazón que Dios lo levantó de los muertos, serás salvo" (RVC).

*Creo que eres el Hijo de Dios
y te confieso como mi Señor y Salvador.
Tómame tal como soy y trabaja en mi corazón,
convirtiéndome en la persona que quieres que sea.
Quiero vivir para ti, Jesús, y estoy muy agradecido
de que me des hoy un nuevo comienzo en mi
nueva vida contigo.*

¡Te amo, Jesús!

¡Es sorprendente saber que Dios nos ama tanto! Él quiere tener una relación profunda e íntima con nosotros que crezca cada día a medida que pasamos tiempo con Él en oración y el estudio de la Biblia. Queremos animarte en tu nueva vida en Cristo.

Visita joycemeyer.org/salvation (en inglés) para solicitar el libro de Joyce *A New Way of Living* (Una nueva forma de vida), nuestro regalo para ti. También tenemos otros recursos gratuitos en línea para ayudarte a progresar en la búsqueda de todo lo que Dios tiene para ti.

¡Felicitaciones por el nuevo comienzo en tu vida en Cristo! Esperamos saber de ti pronto.

SOBRE LA AUTORA

Joyce Meyer es una de las maestras bíblicas prácticas más importantes del mundo. Los libros de Joyce, autora de *bestsellers* del *New York Times*, han ayudado a millones de personas a encontrar esperanza y restauración a través de Jesucristo. El programa de Joyce, *Enjoying Everyday Life* (Disfrutando la vida diaria), se transmite en todo el mundo por televisión, radio y en línea. A través de los Ministerios Joyce Meyer, Joyce enseña alrededor del mundo una serie de temas con un enfoque particular en la forma como la Palabra de Dios se aplica a nuestra vida diaria. Su estilo de comunicación sincero le permite compartir de forma abierta y práctica sus experiencias para que otros puedan aplicar lo que ha aprendido a su vida.

Joyce es autora de más de 135 libros, que se han traducido a más de 160 idiomas, y más de 37 millones de sus libros se han distribuido gratuitamente en todo el mundo. Los más vendidos incluyen *El poder del pensamiento, Mujer segura de sí misma*; *Luzca estupenda, siéntase fabulosa*; *Empezando tu día bien*; *Termina bien tu día*; *Adicción a la aprobación*; *Cómo oír a Dios – Manual de estudio*; *Belleza en lugar de ceniza*, y *El campo de batalla de la mente*.

La pasión de Joyce por ayudar a las personas que sufren es fundamental para la visión de Mano de Esperanza (Hand of Hope*)*, el brazo misionero de los Ministerios Joyce Meyer. Hand of Hope proporciona millones de comidas a los hambrientos y desnutridos, instala pozos de agua dulce en zonas pobres y remotas, proporciona ayuda crítica después de desastres naturales, rescata a mujeres y niños de la trata de personas, ofrece atención médica y dental gratuita a miles de personas a través de sus hospitales y clínicas en todo el mundo, y mucho más, siempre compartiendo el amor y el evangelio de Cristo.

MINISTERIOS JOYCE MEYER

DIRECCIONES DE LAS OFICINAS EN ESTADOS UNIDOS Y OTROS PAÍSES

Ministerios de Joyce Meyer
P.O. Box 655
Fenton, MO 63026
Estados Unidos
(636) 349–0303

**Ministerios de Joyce Meyer –
Canadá**
P.O. Box 7700
Vancouver, BC V6B 4E2
Canadá
(800) 868–1002

**Ministerios de Joyce Meyer –
Australia**
Locked Bag 77
Mansfeld Delivery Centre
Queensland 4122
Australia
(07) 3349 1200

**Ministerios de Joyce Meyer –
Inglaterra**
P.O. Box 1549
Windsor SL4 1GT
Inglaterra
01753 831102

**Ministerios de Joyce Meyer –
Sudáfrica**
P.O. Box 5
Ciudad del Cabo 8000
Sudáfrica
(27) 21–701–1056

**Ministerios de Joyce Meyer –
Francofonía**
29 avenue Maurice Chevalier
77330 Ozoir la Ferriere
Francia

**Ministerios de Joyce Meyer –
Alemania**
Postfach 761001
22060 Hamburgo
Alemania
+49 (0)40 / 88 88 4 11 11

**Ministerios de Joyce Meyer –
Holanda**
Lorenzlaan 14
7002 HB Doetinchem
Holanda
+31 657 555 9789

**Ministerios de Joyce Meyer –
Rusia**
P.O. Box 789
Moscú 101000
Rusia
+7 (495) 727–14–68